新刑事诉讼法适用指导丛书

总主编 | 孙 谦 童建明

新刑事诉讼法
证据制度解读与适用

冯承远/著

中国检察出版社

图书在版编目（CIP）数据

新刑事诉讼法证据制度解读与适用/冯承远著. —北京：中国检察出版社，2012.4
（新刑事诉讼法适用指导丛书/孙谦，童建明总主编）
ISBN 978－7－5102－0640－5

Ⅰ.①新… Ⅱ.①冯… Ⅲ.①刑事诉讼－证据－法律解释－中国 ②刑事诉讼－证据－法律适用－中国 Ⅳ.①D925.213.5

中国版本图书馆 CIP 数据核字（2012）第 050185 号

新刑事诉讼法证据制度解读与适用

冯承远/著

出版发行：中国检察出版社
社　　址：北京市石景山区鲁谷东街 5 号（100040）
网　　址：中国检察出版社（www.zgjccbs.com）
电　　话：(010)68682146(编辑)　68650015(发行)　68636518(门市)
经　　销：新华书店
印　　刷：保定市中画美凯印刷有限公司
开　　本：720mm×960mm　16 开
印　　张：15.75 印张　插页 4
字　　数：294 千字
版　　次：2012 年 4 月第一版　　2014 年 1 月第四次印刷
书　　号：ISBN 978－7－5102－0640－5
定　　价：36.00 元

序　言

孙　谦*

2012年3月14日，十一届全国人大五次会议审议通过了《全国人民代表大会关于修改〈中华人民共和国刑事诉讼法〉的决定》。这是刑事诉讼法继1996年之后的又一次重大修订，以国家立法的形式体现了近十几年来司法改革的成果，在更高层次和水平上实现了控制犯罪与保障人权的平衡、司法公正与司法效率的统一，在前所未有的深度和广度上完善和创新了我国刑事诉讼制度，对于建设公正高效权威的刑事司法制度具有重要而深远的意义。全国检察机关要准确理解、全面贯彻新刑事诉讼法，忠实履行法律监督职责，保证新刑事诉讼法的统一正确实施。

准确理解和全面把握新刑事诉讼法的内容和意义。首先，要从我国社会主义民主法治进程上把握新刑事诉讼法的历史方位。这次修改是我国刑事诉讼制度发展的重大成果，也是充分反映我国国情和刑事司法实践要求的一个阶段性成果。随着我国经济社会发展和民主法治的推进，刑事司法制度必将进一步发展和完善。其次，要从立法原则上把握新刑事诉讼法的精神，自觉地更新执法理念。这次修改工作，秉持中国特色社会主义法治理念，坚持实事求是，从国情出发，总结司法实践经验，循序渐进地推进我国刑事诉讼制度的完善；坚持分工负责、互相配合、互相制约的原则，完善刑事诉讼中各司法机关的权力配置，以适应诉讼活动的需要；坚持贯彻宽严相济的刑事政策，惩罚犯罪与保障人权并重，既注意及时、准确地惩罚犯罪，维护公民、社会和国家利益，又注意对刑事诉讼参与人包括犯罪嫌疑人、被告人合法权利的保护。把握这些原则，是我们全面理解新刑事诉讼法立法精神的基本点。最后，要从“改了什么”、“为什么改”、“为

* 最高人民检察院副检察长，法学博士、教授、博士生导师。

什么这样改”三个方面理解和把握新刑事诉讼法各条款的内涵和要求。新刑事诉讼法内容丰富，涉及面广，不仅有大量条款的修改，而且有许多新条款，特别是增设了一些新程序、新制度。我们既要理解和把握各条款的内涵和要求，又要了解各条款的前因和后果，还要从程序和制度的整体上把握各条款的定位和意义。检察职能贯穿刑事诉讼始终，每个条款都与检察工作直接或者间接相关，不仅要熟悉并严格执行直接规范检察活动的条款，而且要熟悉规范其他执法和司法机关活动的条款，全面履行法律监督职责。

首先，要把贯彻落实好新刑事诉讼法作为当前的一项重要任务。新刑事诉讼法与检察工作关系密切，能否贯彻落实好新刑事诉讼法直接关系到检察工作的全局。我们一定要高度重视，结合实际，认真谋划，扎实做好准备。其次，要按照新刑事诉讼法的要求，尽快建立健全检察工作机制和执法规范，譬如，证人的保护制度和强制出庭制度，侦查程序中的技术侦查和秘密侦查措施，以及逮捕、监视居住和取保候审条件的细化和完善，犯罪嫌疑人、被告人辩护权的扩大和强化，简易程序适用范围的扩大和完善等。最后，要组织好新刑事诉讼法的培训和学习，把自学与培训、交流结合起来，以高度的责任感、使命感把新刑事诉讼法贯彻好、执行好。

为了配合广大检察人员全面深入地学习贯彻新刑事诉讼法，最高人民检察院组织编写了《新刑事诉讼法适用指导丛书》。这套丛书共有8本，即《新刑事诉讼法理解与适用》、《检察机关贯彻新刑事诉讼法学习纲要》、《新刑事诉讼法与诉讼监督》、《新刑事诉讼法与职务犯罪侦查适用》、《新刑事诉讼法强制措施解读》、《新刑事诉讼法证据制度解读与适用》、《新刑事诉讼法适用疑难问题解答》、《中华人民共和国刑事诉讼法·中华人民共和国刑法》。这套丛书的内容基本能够满足广大检察人员学习掌握新刑事诉讼法内容的需要。

贯彻落实新刑事诉讼法是提高检察工作水平的重要契机。广大检察人员要以深化社会矛盾化解、社会管理创新、公正廉洁执法三项重点工作为着力点，以开展“忠诚、为民、公正、廉洁”政法干警核心价值观教育实践活动为动力，深入学习掌握新刑事诉讼法，全面提升检察工作水平，为促进经济平稳较快发展、维护国家安全和社会和谐稳定作出新贡献。

2012年3月16日

目　录

第一章　修改后的刑事诉讼法对我国刑事证据制度的修改和完善

2012年3月14日第十一届全国人民代表大会第五次会议通过了《关于修改〈中华人民共和国刑事诉讼法〉的决定》，对刑事诉讼法进行了重新修改，在2010年7月1日由最高人民法院、最高人民检察院、公安部、国家安全部和司法部联合发布的《关于办理死刑案件审查判断证据若干问题的规定》和《关于办理刑事案件排除非法证据若干问题的规定》（以下合称《两个证据规定》）和其他一系列有关刑事诉讼的法律法规和司法解释的基础上，对刑事诉讼证据及证据规则进行了进一步的修改和完善，系统规定了我国刑事诉讼证据规则，修订和增加了刑事证据种类，对刑事证据的收集、审查、定案等诉讼各个环节都作了比较详细的规定，使我国的刑事诉讼证据制度有了重大进步。修改后的刑事诉讼法和《两个证据规定》等所确立的证据裁判原则、程序法定原则、证据质证原则，以及死刑案件证明标准的规定、刑事诉讼证据规则，都是我国刑事诉讼法学、证据法学的新内容，是对我国刑事诉讼制度的改革和完善，全面发展了我国刑事诉讼证据制度，这是我国刑事司法制度改革中的一件大事。

修改后的刑事诉讼法和《两个证据规定》，最高人民法院、最高人民检察院的相关司法解释以及公安部等部门制定的相关刑事诉讼、刑事侦查的有关规定，已经基本形成了中国特色的刑事证据法律体系，其中所规定的刑事诉讼证据原则、规则以及证据的收集、审查、判断和运用是刑事证据法律体系的重要内容。

第一节　刑事诉讼法的修改对我国刑事证据制度的影响和意义

1996年刑事诉讼法及相关司法解释对刑事诉讼证据规则的规定比较原则，1996年刑事诉讼法中“证据”一章只规定了八条，内容过于原则，可操作性不强，明显不能适应刑事诉讼中复杂的证据运用实践活动的需要。2010 年，《关于办理死刑案件审查判断证据若干问题的规定》（以下简称《死刑案件证据规定》），全面规定了我国刑事诉讼证据的基本原则和主要规范，具体规定了对各类证据的收集、审查、判断和运用。《关于办理刑事案件排除非法证据若干问题的规定》（以下简称《非法证据排除规定》）对审查和排除非法证据的程序、证明原则及讯问人员的出庭等问题进行了具体规定。从当时的总体情况看，《两个证据规定》是全新的，既是对我国刑事证据制度的总结和概括，也是对我国刑事证据制度的创新和突破，全面发展了我国证据法学和刑事诉讼法学。2012 年修改后的刑事诉讼法肯定了《两个证据规定》的内容并以法律的形式予以规定，使我国刑事诉讼制度有了进一步的发展。

一、刑事诉讼法的修改是对我国刑事证据制度的客观总结

新中国成立以来特别是 1979 年我国第一部刑事诉讼法颁布以来，党领导人民运用法律同犯罪进行了长期、坚决的斗争，积累了大量经验，特别是在收集、审查、判断和运用证据方面形成了具有鲜明特色的实事求是的证据制度，用客观确实存在的事实检验、证明证据是否真实可靠和决定证据的取舍。实践证明，实事求是的证据制度所要求的正确认识客观事实、运用证据所要求遵循的重证据、重调查研究，不轻信口供，严禁刑讯逼供，一切证据必须查证属实、忠于案件事实真相等原则以及事实清楚、证据确实充分的证明标准都是正确的。1996 年刑事诉讼法所规定的证据必须经过查证属实，才能作为定案的根据；审判人员、检察人员、侦查人员必须依照法定程序，收集能够证实犯罪嫌疑人、被告人有罪或者无罪、犯罪情节轻重的各种证据。严禁刑讯逼供和以威胁、引诱、欺骗以及其他非法的方法收集证据；对一切案件的判处都要重证据，重调查研究，不轻信口供；只有被告人供述，没有其他证据的，不能认定被告人有罪和处以刑罚；没有被告人供述，证据充分、确实的，可以认定被告人有罪和处以刑罚等，都是对打击犯罪、保障人权的实践总结，都是正确的。在实践中，广大司法工作人员在收集、审查、判断、运用证据过程中总结出大量的具有普遍意义的经验，如收集证据时要求司法工作人员迅速及时、全面细致，在审查证据时要求司法工作人员注意审查证据材料的来源、与案件事实的联系、对全案证据进行综合分析判断，运用证据时要求仅有个别证据没有其他证据的不能认定被告人有罪，作为定案依据的证据之间存在矛盾没有得到合理消除的不能认定被告人有罪等。这些成功的经验做法只是司法工作人员工作的总结，散布于教材、文件或者材料中，缺乏系统整理，也没有上升到法律法规、司法解释的高度，在一定程度上处于不成文状态，难以保证在司法实践中

统一地贯彻执行。《两个证据规定》系统地总结了现有法律和实践工作中对证据原则的有关规定，总结了实践中收集、审查、判断和运用刑事证据的具体方法，使刑事证据的收集、审查、判断和运用具有了成文规则，形成了较为完整的刑事证据制度，进而规范、指导和协调刑事司法中证据的证明活动。修改后的刑事诉讼法充分肯定了《两个证据规定》的内容，在客观地总结了我国刑事证据制度的基础上对刑事诉讼证据进行了重新规定。修改后的刑事诉讼法关于证据的规定有16个条款，法律条文增加了一倍，内容较1996年刑事诉讼法要丰富得多，具有一定的可操作性，在司法实践的可适应性上有了较大的进步。

二、刑事诉讼法的修改是对我国刑事证据制度的发展和完善

从刑事证据的理论上，由于长期以来，我国的证据理论研究将运用证据认定案件事实的活动基本等同于办案人员主观认识客观世界的活动，研究的对象主要局限于认识论范畴，研究的目的着眼于武装办案人员头脑，提高办案人员认识，忽略证据法律的完善和证据规则的制定。于是形成脱离诉讼活动研究诉讼证据，脱离诉讼法律研究诉讼证据的奇特现象。[①] 以辩证唯物主义认识论的普遍指导思想作为认识具体刑事案件的实践方法，不免空泛和缺乏实际效果，所以不能适应刑事审判和公平正义的需要。因此应当根据刑事案件的具体特点，明确刑事诉讼证据审查、判断和运用的具体要求。《两个证据规定》特别是《死刑案件证据规定》以死刑案件为对象，明确了证据一般审查和采信原则，制定了各类证据的审查、运用和排除规则等，丰富和完善了我国刑事证据制度。修改后的刑事诉讼法用5条8款（第54—58条）比较完整地确立了“非法证据排除规则”，明确规定了非法言词证据的内涵、非法证据的处理、非法证据调查程序、非法证据排除程序、检察机关对非法取证的监督等，基本确立了中国特色的非法证据排除规则。非法证据排除规则的确立，标志着民主与法治的进程与进步，更是诉讼民主、诉讼文明的必然要求。[②]

追求公平正义和公开民主是时代对刑事诉讼活动的客观要求，也是刑事诉讼活动追求的目标，刑事审判活动的公开在某种程度上就是证据出示、审查和运用的公开。证据出示、审查和运用的公开要求其采信也是公开的，这种公开采信需要一定的规则来保证其公正，而现有法律缺乏证据出示、质证、审查判断和排除的规则，无法实现刑事诉讼公开、公正的目的。修改后的刑事诉讼法

① 卞建林：《铸证据基石，促司法公正》，载《证据科学》2010年第5期。

② 樊崇义：《“五条八款”确立非法证据排除规则》，载《检察日报》2012年3月21日。

为保证证据的公开，分别在辩护人权利和司法机关义务等方面进行了规定。如修改后的刑事诉讼法规定：人民检察院审查批准逮捕，可以询问证人等诉讼参与人，听取辩护律师的意见；辩护律师提出要求的，应当听取辩护律师的意见。人民检察院审查（起诉）案件，应当讯问犯罪嫌疑人，听取辩护人、被害人及其诉讼代理人的意见，并记录在案。辩护人、被害人及其诉讼代理人提出书面意见的，应当附卷。在开庭以前，审判人员可以召集公诉人、当事人和辩护人、诉讼代理人，对回避、出庭证人名单、非法证据排除等与审判相关的问题，了解情况，听取意见等。这些规定有力地保障了证据的公开，切实维护了犯罪嫌疑人、被告人的合法权益。

再如修改后的《刑事诉讼法》第 193 条第 1 款规定："法庭审理过程中，对与定罪、量刑有关的事实、证据都应当进行调查、辩论。"对定罪证据和量刑证据进行了划分，并纳入了法庭审理程序，使相关证据的运用有了新的发展。

此外，修改后的刑事诉讼法将 1996 年刑事诉讼法证据种类中的鉴定结论修改为鉴定意见，同时规定了电子数据、辨认、侦查实验等笔录这些法定证据种类，同时将物证作为独立的证据种类，使我国刑事证据成为物证，书证，证人证言，被害人陈述，犯罪嫌疑人、被告人供述和辩解，鉴定意见，勘验、检查、辨认、侦查实验等笔录，视听资料、电子数据八类，丰富了我国的刑事证据制度，对我国的刑事证据制度有了新的创新发展。

第二节　修改后的刑事诉讼法关于证据制度的相关规定

一、证据的种类和分类

（一）证据的种类

1996 年刑事诉讼法规定了七种法定证据种类。修改后的刑事诉讼法顺应刑事证据理论的发展和司法实务的要求，对证据的种类作了更科学的分类。

1. 将书证与物证区别开来，单独作为一种证据。法定证据的种类由原来的 7 种增加到了 8 种。

2. 将鉴定结论修改为鉴定意见。鉴定结论是具有专门知识的鉴定人接受公安机关、人民检察院和人民法院的指定或者聘请，就案件中的专门问题进行鉴定后得出的结论性意见，是 1996 年刑事诉讼法规定的法定证据种类。考虑到由于鉴定人对相关知识和专门性问题可能存在不同的观点和判断，以及科学技术在具体运用中的差别，形成的结论性意见并不是确定和唯一的，所以并不当然地是对鉴定问题的定论，《全国人大常委会关于司法鉴定管理问题的决定》中将鉴定结论修改为鉴定意见，表明在审查运用鉴定意见时应当持有相当的谨慎。修改后的刑事诉讼法吸收了这一认识，将1996年刑事诉讼法所规定的“鉴定结论”修改为“鉴定意见”，并对鉴定制度作了较为具体的规定。

3. 增加了辨认笔录、侦查实验笔录证据 。我国1979年和1996年刑事诉讼法均规定了侦查实验这一侦查方式，但是并未规定侦查实验这一侦查活动产生何种证据。此外，1996年刑事诉讼法虽没有规定辨认这一侦查活动方式，但《人民检察院刑事诉讼规则》和《公安机关办理刑事案件程序规定》中都作了规定，而且辨认笔录是在刑事诉讼中大量使用的证据，《两个证据规定》将其正式纳入了刑事诉讼活动。修改后的刑事诉讼法将实践中经常使用的辨认笔录、侦查实验笔录规定为法定证据种类，从而结束了辨认笔录、侦查实验笔录证据身份不明的尴尬局面。

4. 增加了电子数据。1996年刑事诉讼法没有规定电子数据这一证据种类。《死刑案件证据规定》在证据的分类审查与认定中规定了电子证据，并将电子证据的范围界定为电子邮件、电子数据交换、网上聊天记录、网络博客、手机短信、电子签名、域名等。修改后的刑事诉讼法明确地将电子数据纳入进来，和视听资料一起作为八大法定证据之一。

（二）证据的分类

我国理论界通常将刑事证据分为原始证据与传来证据、言词证据与实物证据、有罪证据与无罪证据、直接证据与间接证据。在司法实务中，根据刑事审判的阶段来分，有罪证据实际上包括定罪证据和量刑证据两部分。但在实践中，往往偏重于定罪证据的收集和审查。近年来，随着司法体制改革的深入，量刑活动越来越受到重视。2010年9月“两高三部”联合发布了《关于规范量刑程序若干问题的意见（试行）》，对量刑证据收集、审查和运用作了较为明确具体的规范，《两个证据规定》也要求注重对定罪证据和量刑证据的审查。如《死刑案件证据规定》第36条规定：“在对被告人作出有罪认定后，人民法院认定被告人的量刑事实，除审查法定情节外，还应审查以下影响量刑的情节：（一）案件起因；（二）被害人有无过错及过错程度，是否对矛盾激化负有责任及责任大小；（三）被告人的近亲属是否协助抓获被告人；（四）被告人平时表现及有无悔罪态度；（五）被害人附带民事诉讼赔偿情况，被告人是否取得被害人或者被害人近亲属谅解；（六）其他影响量刑的情节。”

修改后的刑事诉讼法吸收了上述内容，第193条第1款规定：“法庭审理过程中，对与定罪、量刑有关的事实、证据都应当进行调查、辩论。”这一规定明确了有罪证据的内部划分，增加了定罪证据与量刑证据这一分类，进一步丰富和发展了我国刑事诉讼证据制度。

二、刑事证据的审查和运用

（一）规定了证据的审查内容、重点和方法

证据的审查和运用向来是刑事诉讼的重点和难点问题。修改后的刑事诉讼法对证据的收集、审查作了较为详细的规定。如第56条第1款规定：“法庭审理过程中，审判人员认为可能存在本法第54条规定的以非法方法收集证据情形的，应当对证据收集的合法性进行法庭调查。”第57条规定：“在对证据收集的合法性进行法庭调查的过程中，人民检察院应当对证据收集的合法性加以证明。现有证据材料不能证明证据收集的合法性的，人民检察院可以提请人民法院通知有关侦查人员或者其他人员出庭说明情况；人民法院可以通知有关侦查人员或者其他人员出庭说明情况。有关侦查人员或者其他人员也可以要求出庭说明情况。经人民法院通知，有关人员应当出庭。”其规定详细程度是前所未有的，特别是规定了非法证据、瑕疵证据转化、排除的情形，直接指导了证据的运用。

（二）明确了行政执法中获取的证据材料的使用

行政执法机关依照法律、法规或者规章的规定，对破坏社会主义市场经济秩序、妨害社会管理秩序以及其他违法行为进行查处，在执法过程中收集的物证、书证、视听资料、电子数据以及物品清单、有关检验报告或者鉴定结论等证据材料，以及查处的违法事实涉及的金额、违法事实的情节、违法事实造成的后果等，根据刑法和最高人民法院、最高人民检察院的司法解释的规定，行政执法机关发现违法行为涉嫌犯罪时，应当向公安机关移送。修改后的《刑事诉讼法》第52条第2款规定：“行政机关在行政执法和查办案件过程中收集的物证、书证、视听资料、电子数据等证据材料，在刑事诉讼中可以作为证据使用。”直接将这些行政执法中获取的证据材料规定为可以在刑事案件中使用，将其转化为了刑事证据，解决了行政机关在行政执法和案件查办中获取的证据材料的资格问题。

三、相关证据制度

（一）举证责任

1996年刑事诉讼法没有对举证责任作出规定。在实践中，公诉人通过讯

问被告人，向被害人、证人、鉴定人等发问，申请传唤证人、鉴定人出庭作证，出示证据、宣读未到庭证人的书面证言等方式，承担了提供证据证明其指控成立的举证责任。修改后的《刑事诉讼法》第 49 条明确规定："公诉案件中被告人有罪的举证责任由人民检察院承担，自诉案件中被告人有罪的举证责任由自诉人承担。"即明确了"谁主张，谁举证"的原则。同时，修改后的刑事诉讼法还规定，在对证据收集的合法性进行法庭调查的过程中，人民检察院还应当对证据收集的合法性加以证明。公诉案件中，如果人民检察院不能举证或未达到证明标准，就会承担败诉或者证据被排除的风险。

（二）证明标准

1996 年刑事诉讼法将定罪的证明标准表述为"案件事实清楚，证据确实、充分"，但过于原则，可操作性不强。修改后的刑事诉讼法对该证明标准进行了细化，即"证据确实、充分"应当符合以下条件：（1）定罪量刑的事实都有证据证明；（2）据以定案的证据均经法定程序查证属实；（3）综合全案证据，对所认定事实已排除合理怀疑。

（三）非法证据排除制度

修改后的刑事诉讼法重点完善了非法证据排除制度。明确规定了"不得强迫任何人证实自己有罪"，明确规定了对非法言词证据排除和非法实物证据的裁量排除；明确规定了排除非法证据的诉讼阶段和义务机关，即公安机关、人民检察院、人民法院在侦查、审查起诉、审判阶段发现有应当排除的证据负有依法排除的义务；还比较具体地规定了非法证据排除的调查程序等。

（四）证人出庭和证人保护制度

修改后的刑事诉讼法从三个方面完善了证人出庭制度：一是规定了证人强制出庭制度。这是解决证人出庭作证少这一困境的有力措施，修改后的《刑事诉讼法》第 187 条至 188 条对强制出庭的条件和保障措施作了明确。如第 188 条规定："证人没有正当理由拒绝出庭或者出庭后拒绝作证的，予以训诫，情节严重的，经院长批准，处以十日以下的拘留。"二是加强对证人作证的保护，而且规定了较为具体的保护措施。修改后的《刑事诉讼法》第 61 条规定，保障证人及其近亲属的安全是人民法院、人民检察院和公安机关的法定义务。对证人及其近亲属进行威胁、侮辱、殴打或者打击报复的应当依法打击，对构成犯罪的，依法追究刑事责任；对尚不够刑事处罚的，依法给予治安管理处罚。第 62 条规定，对危害国家安全犯罪、恐怖活动犯罪、黑社会性质的组织犯罪、毒品犯罪等案件，证人、鉴定人、被害人因在诉讼中作证，本人或者其近亲属的人身安全面临危险的，人民法院、人民检察院和公安机关应当采取不公开真实姓名、住址和工作单位等个人信息；采取不暴露外貌、真实声音等出庭作证措施；禁止特定的人员接触证人、鉴定人、被害人及其近亲属；对人身和住宅采取专门性保护措施和其他必要的保护措施等中的一项或者多项予以保护。如果证人、鉴定人、被害人认为因在诉讼中作证，本人或者其近亲属的人身安全面临危险的，可以向人民法院、人民检察院、公安机关请求予以保护。人民法院、人民检察院、公安机关依法采取保护措施，有关单位和个人应当配合。为保证证人的经济利益，修改后的《刑事诉讼法》第63条规定："证人因履行作证义务而支出的交通、住宿、就餐等费用，应当给予补助。证人作证的补助列入司法机关业务经费，由同级政府财政予以保障。有工作单位的证人作证，所在单位不得克扣或者变相克扣其工资、奖金及其他福利待遇。"三是规定了家庭成员的出庭作证的免证权，即人民法院不能强制被告人的配偶、父母、子女到庭作证。

第三节　刑事诉讼法修改后对检察工作的影响

一、对检察人员的举证能力提出了更高的要求

修改后的《刑事诉讼法》第49条规定，公诉案件中被告人有罪的举证责任由人民检察院承担；第57条规定，在对证据收集的合法性进行法庭调查的过程中，人民检察院应当对证据收集的合法性加以证明；第53条要求定罪量刑的事实都应有证据证明；第193条规定，法庭审理过程中，对与定罪、量刑有关的事实、证据都应当进行调查、辩论。这就意味着检察人员在审查批准逮捕、审查起诉过程中不但要审查犯罪事实、情节是否清楚，证据是否确实、充分，犯罪性质和罪名的认定是否正确，有无遗漏罪行和其他应当追究刑事责任的人等实体内容，还要将侦查活动是否合法特别是收集证据的合法性作为审查的重要内容；在法庭审理过程中，不但要承担公诉任务，还要就证据收集的合法性加以证明；不但要承担被告人有罪的举证责任，还要承担量刑的举证责任。

二、对程序证据的审查和运用提出了更高的要求

程序证据是指证明有关刑事诉讼程序是否合法进行的证据。在刑事诉讼中重视程序证据的收集、审查和运用具有重要的意义。第一，能够保障当事人的各种诉讼权利的实现；第二，能够监督国家公权力的行使，保证刑事诉讼的顺

利进行。随着修改后的刑事诉讼法对非法证据排除制度的完善，程序证据的重要性也日益凸显。刑事诉讼包括立案、侦查、提起公诉、审判和执行等诉讼阶段，其中所进行的侦查、检察、审判活动的合法性以及侦查人员、检察人员、审判人员所进行的收集、审查、核实刑事案件活动的守法性都是程序证据证明的对象。作为检察机关，主要承担着在法庭上就证据收集是否合法的证明责任。这就要求其在审前的各个诉讼环节，注重对程序证据的收集、审查和运用。不仅要规范自己的诉讼活动，注意固定、保存相关的程序证据，而且要引导侦查机关（部门）做好程序证据的收集和固定。在程序证据的固定方面，录音录像是重要的方法之一。

三、对相关策略和技能的运用能力提出了更高的要求

修改后的《刑事诉讼法》第50条明确规定“不得强迫任何人证实自己有罪”，对犯罪嫌疑人、被告人供述特别是庭前供述取得的严格限制，使得对犯罪嫌疑人、被告人供述这一证据的依赖程度将会大大地降低，加之证人出庭制度和非法证据排除制度的完善，也都对公诉人的出庭策略、交叉询问等提出了新的更高的要求。

第二章　我国刑事证据制度的基本原则

我国没有统一的刑事证据法，但是刑事证据法律规范是广泛存在的，其自身具有较为完整的体系。在这一体系中，存在指导全部刑事证据法律规范的统一准则，即证据原则和一般的证据规则。刑事证据制度的基本原则是刑事证据法律规范本身所具有的，贯穿于刑事证据法律规范始终，具有全局性的，指导公安机关、人民检察院、人民法院和诉讼参与人进行刑事证据的收集、审查、运用的基本准则。刑事证据制度的原则有其自身特点。

第一，刑事证据制度的基本原则是由法律明确规定并为刑事证据法所特有的原则。我国各个部门法都有自己特有的原则，作为刑事证据法虽没有统一形式，但也具有有别于其他法律的特有原则。修改后的《刑事诉讼法》第 53 条规定，“对一切案件的判处都要重证据，重调查研究”。《死刑案件证据规定》第 2 条规定：“认定案件事实，必须以证据为根据。”这里规定了证据是认定案件事实的基础，明确了证据裁判原则。

第二，刑事证据制度的基本原则贯穿于刑事证据法律规范，是具有全局性、根本性的准则。我国刑事证据法律规范是刑事诉讼法的组成部分，只有在刑事诉讼法中规定的贯穿于刑事证据法律规范的基本原则才能成为证据基本原则。刑事证据基本原则是规范和调整整个刑事诉讼过程中收集、审查、运用证据活动的原则，指导公检法机关和诉讼参与人的证据使用，贯穿于整个刑事证据法律规范，具有全局性和根本性。修改后的《刑事诉讼法》第 50 条规定，“审判人员、检察人员、侦查人员必须依照法定程序，收集能够证实犯罪嫌疑人、被告人有罪或者无罪、犯罪情节轻重的各种证据”。《死刑案件证据规定》第 3 条规定：“侦查人员、检察人员、审判人员应当严格遵守法定程序，全面、客观地收集、审查、核实和认定证据。”依照法定程序，刑事证据基本原则必然适用于整个刑事法律证据的收集、运用过程。

第三，刑事证据制度的基本原则是在证据收集、运用中普遍遵循的准则，也是认定证据必须遵守的准则。刑事证据制度的基本原则本身具有一定的权利、义务内容，对公检法机关和诉讼参与人明确什么证据可以采用、什么证据不可以采用，以及对其运用证据都有一定的制约作用，如果违反必将产生一定的法律后果。修改后的《刑事诉讼法》第 59 条规定，“证人证言必须在法庭上经过公诉人、被害人和被告人、辩护人双方质证并且查实以后，才能作为定案的根据”。法庭上的质证是查实所有证据的必经途径，任何证据必须经法庭的质证并查证属实才能成为定案的根据，没有经过质证的证据不能采用。

可见，证据裁判原则、程序法定原则和质证原则是我国刑事证据制度的基本原则。

第一节　证据裁判原则

一、证据裁判原则概述

证据裁判，是指对于案件争议事实的认定应当依据证据。证据裁判原则是现代证据法的基本原则。证据裁判原则，是指法庭只能依据证据认定案件事实，法庭断案必须依据证据。一些国家的刑事诉讼法明确规定了证据裁判原则，如《日本刑事诉讼法》第 317 条规定，认定事实，应依证据。这里表明的“认定事实，应依证据”，有三层含义：不得以证据以外的方法认定事实；不得仅凭审判官个人的推测、印象等认定事实；审判官认定事实以有证据存在为前提，无证据即无从自由判断。①

我国刑事诉讼法没有明文规定证据裁判原则，但是在法律条文中还是体现了证据裁判的基本精神的，修改后的《刑事诉讼法》第 6 条所确定的“以事实为根据，以法律为准绳”原则，明确了人民法院、人民检察院和公安机关进行刑事诉讼必须以事实为根据。证据是查明案件事实的依据，认定案件事实必须以查证属实的证据为根据。修改后的《刑事诉讼法》第 53 条又明确规定，对一切案件的判处都要重证据；第 195 条规定，在被告人最后陈述后，审判长宣布休庭，合议庭进行评议，根据已经查明的事实、证据和有关的法律规定，分别作出判决。这些都体现了刑事案件的判处要根据证据。《死刑案件证据规定》第 2 条明确规定：“认定案件事实，必须以证据为根据。”这是我国法律规范性文件首次明文确认证据裁判原则，是对“以事实为根据，以法律为准绳”原则的深化，也是对刑事诉讼法证据裁判基本精神的落实。因为办理案件以事实为根据，实际上也就是以证据所认定的事实为根据，离开了证

① 孙永久主编：《刑事诉讼证据与程序》，中国检察出版社 2003 年版，第 383 页。

据，办案人员不可能有据以裁判的事实。①

二、证据裁判原则的内容

证据裁判原则强调，人民法院、人民检察院、公安机关、国家安全机关认定案件事实，应当依据证据，无证据证明的犯罪事实不得认定。这实际上是无罪推定原则在刑事证据制度上的体现。办理和审理刑事案件，对被告人犯罪事实的认定，必须依据证据；一切依靠证据说话，没有证据不能认定案件事实。作为认定被告人犯罪事实依据的证据，必须达到确实、充分的证明标准。这里的证明标准，是指控诉方或原告方说服事实裁定者被告人有罪或控告事实成立的程度。当前，裁判定罪的“确实、充分”的证据标准发生了变化。根据《死刑案件证据规定》第5条的规定，证据确实、充分是指：定罪量刑的事实都有证据证明；每一个定案的证据均已经法定程序查证属实；证据与证据之间、证据与案件事实之间不存在矛盾或者矛盾得以合理排除；共同犯罪案件中，被告人的地位、作用均已查清；根据证据认定案件事实的过程符合逻辑和经验规则，由证据得出的结论为唯一结论。这里的唯一结论也就是排他性的结论，所谓的排他性，就是指犯罪实施者是谁必须确证无误，而不可能是其他的人。修改后的《刑事诉讼法》第53条规定，证据确实、充分，应当符合以下条件：（1）定罪量刑的事实都有证据证明；（2）据以定案的证据均经法定程序查证属实；（3）综合全案证据，对所认定事实已排除合理怀疑。

在我国刑事诉讼中，对证据的证明标准要求是“确实、充分”。以往认为这里的“确实”，指的是证据的质，即证据的客观性、相关性、合法性。具体指：证据必须是真实的、客观存在的，而不是假设、估计、捏造、歪曲的东西；证据必须与案件事实有客观的联系；证据必须符合法律规定的来源、形式、收集和固定的程序。这里的“充分”，指的是证据的量，即具有上述质的要求的证据在数量上也必须符合法律关于定罪的要求，是证明力度在数量上的体现。只有一定量的证据，才能达到一定的证明力度。证据的质和量是密不可分的。一方面，证据的质须由一定的量来证明；另一方面，证据的量是指具有一定质的证据的量。只有质与量的高度统一，才能达到证明力度，即达到我国刑事诉讼中对证据所要求的“确实、充分”。按照我国学者的解释，证据的充分性依下列标准判断：第一，案件事实均有必要的证据予以证明；第二，证据之间、证据与案件事实之间的矛盾得到合理排除；第三，得出的结论是唯一的，排除了其他可能性。对于什么是“合理怀疑”，法律没有明确规定，学者

① 陈光中：《改革完善刑事证据制度的重大成就》，载《人民法院报》2010年6月1日。

也各有不同的解释。有人认为，“合理怀疑”应该是有客观基础的怀疑，不能是毫无根据的猜测；有人认为，“合理怀疑”是理智正常而且不带有偏见的人都会产生的怀疑；有人认为，“合理怀疑”一词是不言而明的，任何进一步解释都是多余的；还有人试图从概率的角度说明“排除合理怀疑”的证明标准，即要求公诉方证明其指控之犯罪事实存在的概率在90%以上。无论如何解释，这都是一个很高的证明标准，但是并非要求排除一切怀疑，而是要求排除确有理由、确有根据的怀疑，不是无中生有、主观臆断的猜测。①

三、证据裁判原则的运用

坚持证据裁判原则是司法机关的法定职责。司法机关应当依法履行法定职责，即人民法院、人民检察院、公安机关、国家安全机关在刑事诉讼中应当相互配合，相互制约，各司其职。公安机关、国家安全机关侦查终结移送审查起诉的案件、人民检察院决定提起公诉的案件、人民法院作出有罪判决的案件，应当做到事实清楚，证据确实、充分。人民法院、人民检察院、公安机关、国家安全机关应当依据法律规定对证据和事实作出判断，不受案外其他因素的影响。证据裁判原则要求在刑事诉讼不同阶段作出的各类决定、裁判均必须依靠证据进行，如《非法证据排除规定》第3条规定，人民检察院在审查批准逮捕、审查起诉中，对于非法言词证据应当依法予以排除，不能作为批准逮捕、提起公诉的根据；修改后的《刑事诉讼法》第54条规定，在侦查、审查起诉、审判时发现有应当排除的证据的，应当依法予以排除，不得作为起诉意见、起诉决定和判决的依据。这就是侦查机关在侦查阶段、人民检察院在批准逮捕和提起公诉阶段、人民法院在审判阶段决定案件应当依据证据进行的规定。

坚持证据裁判原则必须做到四点：

第一，必须做到案件的事实和情节要有相应的证据予以证明，即定罪的事实要有定罪的证据证明，量刑的事实要有量刑的证据证明，没有证据不得认定案件事实。没有证据既包括没有任何证据，也包括证据不充分的各种情形。没有证据或者仅有一部分证据，或者有证据但没有达到法定证明标准的程度时，都不能对事实进行认定。没有证据既包括证明犯罪事实的证据数量不多，即不充分，也包括证明犯罪事实的证据质量不高，即不确实的情形。已经查证属实的证据不能达到足以证明犯罪事实成立的程度，或者说不足以排除对事实认定的合理怀疑的，均不得认定案件事实。当然，并不是所有事实均需要证据证

① 何家弘主编：《外国证据法》，法律出版社2003年版，第68页。

明，如常识性的事实、自然规律和定理、国内法律的规定及其解释、司法职务上应当知悉的其他事实等，即无须运用证据加以证明。《人民检察院刑事诉讼规则》第334条规定，公诉人在法庭审理中，对下列事实不必提出证据进行证明：（1）为一般人共同知晓的常识性事实；（2）人民法院生效裁判所确认的并且未依审判监督程序重新审理的事实；（3）法律、法规的内容以及适用等属于审判人员履行职务所应当知晓的事实；（4）在法庭审理中不存在异议的程序事实；（5）法律规定的推定事实。

第二，必须做到存疑的证据不能采信。证据存疑包括两种情况：一种情况是证据自身存在疑点，如被害人陈述前后矛盾，缺乏合理解释，造成同一证据存在疑点；另一种情况是各个证据本身没有疑点，但是证据之间存在疑点，如据以定罪的证据之间存在矛盾，且这些矛盾不能合理排除，这就造成证据存疑，此时也不能采信。

第三，必须做到用合法的证据来证明案件事实。证明案件事实所依据的必须是具有证据资格即具有法律规定的形式和由法定人员依照法定程序收集的证据，对于非法取得的证据和不具有法定证据形式的证据均应当排除。违反法定程序如以刑讯逼供、非法拘禁、非法搜查、违法扣押等手段收集的证据均不能用来证明案件事实。对这些非法取得的证据不一定要有确实的证明，只要有合理怀疑也可以排除。如在一定事实的基础上怀疑证据不真实，是刑讯逼供所得，无法查证属实，对此存在疑点的证据就不应当采信。

第四，裁判所依据的必须是经过法庭调查的证据。修改后的《刑事诉讼法》第48条第3款规定，“证据必须经过查证属实，才能作为定案的根据”。《法国刑事诉讼法》第427条明确规定，在轻罪的审判中，“除法律另有规定外，罪行可通过各种证据予以确定，法官根据其内心确信判决案件。法官只能以提交审理并经双方辩论的证据为依据作出判决”。修改后的《刑事诉讼法》第59条规定，“证人证言必须在法庭上经过公诉人、被害人和被告人、辩护人双方质证并且查实以后，才能作为定案的根据”。在现有刑事诉讼模式下，一切证据需要在法庭上公开出示、质证、辩论，进行调查之后才能被采信，这样避免了不具有证据能力的证据被作为认定案情的依据，也避免了法官的主观臆断，增强了刑事判决的公信力。

贯彻证据裁判原则要求司法机关依据法律提出证明案件事实的证据，对于被告人的身份；指控的犯罪事实存在，犯罪行为系被告人实施；被告人实施犯罪行为的时间、地点、方法、手段、结果以及其他情节，行为的动机、目的，犯罪后的表现；被告人责任能力，犯罪故意或者过失；犯罪集团或者其他共同犯罪案件中参与犯罪人员的各自地位和应负的责任；法定的从重或者从轻、减轻或者免除处罚的情节；犯罪对象、作案工具、与犯罪有关的财物的来源、数量以及去向等与定罪量刑有关的事实，均有证据证明，在此基础上才能由法庭作出裁判。

贯彻证据裁判原则要求司法机关采用法律规定的证据调查方法，并且根据不同的事实情况采用不同的证明标准作出认定。即将有证据资格、证明能力的证据作为认定事实的依据，区别不同事实进行认定。《死刑案件证据规定》明确将刑事证据分为定罪证据与量刑证据，对其采用完全一致的证明标准已不能适应刑事诉讼发展的客观要求。另外，在其他诉讼中，法律也规定了不同的证明标准，可以借鉴。最高人民法院在《关于民事诉讼证据的若干规定》第 73 条规定："双方当事人对同一事实分别举出相反的证据，但都没有足够的依据否定对方证据的，人民法院应当结合案件情况，判断一方提供证据的证明力是否明显大于另一方提供证据的证明力。并对证明力较大的证据予以确认。"据此解释，民事诉讼中的证明标准可以被界定为"明显优势"。可见，我国刑事诉讼中的证明标准也可能突破证据现有的确实、充分的标准，而分别采用不同的证明标准。如有学者认为，对于案件事实应当采用严格证明的方法，对量刑事实、犯罪事实以外的事实可以采取自由证明的方式。① 在刑事诉讼中，需要证据的事实包括案件事实、量刑事实、犯罪事实以外的事实等，对这些事实应当采用不同的证明标准：对案件事实采用严格证明方法，对量刑事实、犯罪事实以外的事实可以采取低于上述证明方法的方式。如在美国，"排除合理疑问"的证明标准适用于控诉方对指控犯罪事实和对被告人应处死刑的事实以及供述合法性的事实的证明；对于控诉方对被告人有争议的一般量刑事实的证明、被告人承担提供证据责任时的证明、对证人适格性的证明以及供述以外的证据可采性的证明，采用"优势证据"的证明标准。在法庭上，证据调查方法可以采用讯问被告人，询问证人、鉴定人，出示物证，宣读未到庭的证人的证言笔录、鉴定人的鉴定结论、勘验笔录和其他作为证据的文书等方式，还可以采用由公诉人、当事人和辩护人、诉讼代理人对证据和案件情况发表意见、互相辩论等方式。合议庭对证据有疑问的，可以休庭，对证据进行勘验、检查、扣押、鉴定和查询、冻结等。

---

① 程荣斌主编：《外国刑事诉讼法教程》，中国人民大学出版社 2002 年版，第 483 页。

第二节　程序法定原则

一、程序法定原则概述

程序法定原则，是指刑事诉讼的程序是由国家法律加以规定的，侦查人员、检察人员、审判人员进行刑事诉讼活动包括对证据的收集、审查和运用应当依据法律规定的程序进行。程序法定原则是刑事诉讼法的基本原则。确定程序法定原则是由刑事诉讼涉及权益的重大性决定的，由国家的立法机关以法律的形式明确规定刑事诉讼程序，规范刑事诉讼活动，保证刑事诉讼的有序性和公正性，既有利于保护公民的合法权益，又能彰显国家法律的权威。遵守程序法定原则的目的就是通过对各种刑事诉讼活动的程序规定，规范国家追诉犯罪的行为，保证程序公正，保障诉讼当事人特别是犯罪嫌疑人、被告人的诉讼权利，文明规范地进行刑事诉讼活动。刑事诉讼是发现真理的一种方法，刑事实体法确定应当提什么问题，合理的诉讼程序规定应当采取什么步骤以及如何实施才能得到必要的答案。①

刑事诉讼的重要任务在于保证准确、及时地查明犯罪事实，正确应用法律，惩罚犯罪分子，保障无罪的人不受刑事追究，尊重和保障人权。惩罚犯罪分子，保障无罪的人不受刑事追究，要依赖于及时地查明犯罪事实。查明犯罪事实必须以诉讼证据作为证明的手段，而证据的收集和运用必须遵循特定的程序和规则，这样就真正将证据纳入法定程序之中，并通过法定程序保护公民的合法权益。进行刑事诉讼活动必然会影响公民个人的基本权利，因此必须保证所有诉讼行为包括对收集、审查和运用证据的行为都要严格遵守法律规定的条件、步骤、方法，既要保障查明事实，又要保障公民的合法权益。通过法定程序，保证证据的准确、合法、有效，特别是对刑事诉讼证据的收集、审查、判断和运用作出具体规定，尤为必要。经过法定程序收集、审查和运用证据才能切实保证提交法庭的证据在证据的主体、形式以及收集、提取的程序和手段等方面都符合法律的有关规定，防止伪证和诬陷，防止刑讯逼供，取得真实而且能够查证属实的证据，为正确认定案件事实提供可靠的依据。

---

① 陈卫东主编：《刑事诉讼法教学参考书》，中国人民大学出版社 2004 年版，第 2 页。

二、程序法定原则的内容

修改后的《刑事诉讼法》第3条第2款规定："人民法院、人民检察院和公安机关进行刑事诉讼，必须严格遵守本法和其他法律的有关规定。"这一规定确定了我国刑事诉讼法中的严格依法办案原则。严格依法办案原则的基本含义包括：一是刑事诉讼程序只能由国家的立法加以规定。在我国，刑事诉讼程序是由刑事诉讼法、人民法院组织法、人民检察院组织法、法官法、检察官法、人民警察法等法律规定的，这些法律都是由国家立法机关制定和颁布，其他机关无权制定和颁布这些法律规定。二是人民法院、人民检察院和公安机关、国家安全机关进行刑事诉讼的职权是由以上法律规定的。具体而言，人民法院审判刑事案件，人民检察院行使检察权、批准逮捕、提起公诉、对直接受理的案件进行侦查，公安机关、国家安全机关侦查、执行逮捕、预审等职权都是由法律明文规定的，均不能行使其职权以外的权力。三是人民法院、人民检察院、公安机关、国家安全机关进行刑事诉讼活动必须严格遵循法定的立案、侦查、提起公诉、审判和执行等程序的操作规程和要求，同时严格履行互相配合、互相制约的职责。人民法院、人民检察院和公安机关、国家安全机关的职能活动都属于刑事诉讼活动，必须严格依照刑事诉讼法规定的具体要求和程序进行。严格依程序诉讼，既是准确查明犯罪事实并查获犯罪人，并公正地加以处罚的保证，也是司法活动的当事人或参与者的正当权利的保障。人民法院、人民检察院、公安机关、国家安全机关不得违背法律、不得滥用法律赋予的职权侵犯公民的合法权益。刑事诉讼法将刑事诉讼程序基本上分成立案、侦查、提起公诉、审判和执行等阶段，收集、审查、运用证据既是各个诉讼阶段重要的诉讼活动，也是刑事诉讼法规定的重要内容，必须有一系列的法定规则保障和推动程序的正常、顺利进行，证据规则就是这些规则中不可或缺的组成部分。

人民法院、人民检察院、公安机关、国家安全机关依照刑事诉讼法规定的程序进行刑事诉讼，是程序法定原则的必然要求，依法收集、审查、运用证据是人民法院、人民检察院和公安机关依程序法定原则进行刑事诉讼的重要表现。《死刑案件证据规定》第3条对人民法院、人民检察院、公安机关、国家安全机关收集、审查、运用证据明确规定："侦查人员、检察人员、审判人员应当严格遵守法定程序，全面、客观地收集、审查、核实和认定证据。"这一规定把严格依法办案的原则明确规定为"严格遵守法定程序"，凸显了程序的功能与作用，而且将这一规定落实在证据的收集、审查、核实和认定上，将严格依法办案的原则变成了一个实在的程序法定的证据规则。

程序法定原则在刑事证据收集、审查、运用上的基本含义包括：一是刑事诉讼中收集、审查、运用证据的活动只能由国家的立法加以规定。刑事诉讼活动是由国家法律规定的，作为刑事诉讼活动重要内容的收集、审查、运用证据活动必然只能由国家法律加以规定，其他任何规章制度等都无权规定。二是人民法院、人民检察院、公安机关、国家安全机关收集、审查、运用证据必须严格依照法定程序进行。收集、审查、运用证据的主体是人民法院、人民检察院、公安机关、国家安全机关的侦查人员、检察人员、审判人员，其他任何人不能决定这些证据进入刑事诉讼程序。收集、审查、运用证据等活动的顺序、方法与刑事诉讼的程序密切相关，司法机关不能违背刑事诉讼法所明确规定的诉讼程序而任意决定诉讼的进程，不能不分诉讼阶段随意地收集、审查、运用证据。刑事诉讼法对司法机关收集、审查、运用证据的职能、方法有明确规定，司法机关应当严格履行这些职权，不得违法滥用。三是收集、审查、核实和认定证据的要求是客观、全面。所谓客观，就是收集、审查、运用证据时尊重其原始内容和状态，不掺杂办案人员的主观偏见和情绪；所谓全面，就是对不利于和有利于犯罪嫌疑人、被告人的证据都要注意收集，在作出处理决定时对这两方面证据都要予以充分考虑。程序法定原则要求在办案过程中，人民法院、人民检察院、公安机关、国家安全机关应当客观、全面地收集、移送、审查、判断、认定所有证据，包括可能证明犯罪嫌疑人、被告人有罪、罪重的证据和可能证明犯罪嫌疑人、被告人无罪、罪轻的各种证据，不能片面地审查、核实和认定证据，也不能故意隐瞒事实真相，任意隐匿、伪造证据、毁损证据，更不能以刑讯逼供和威胁、引诱、欺骗以及其他非法的方法收集证据。在侦查、审查起诉、审判过程中，通过收集、审查、核实和认定证据，准确地查明犯罪事实，惩罚犯罪人。

三、程序法定原则的运用

程序法定原则贯穿于办案机关收集、审查、运用刑事诉讼证据的全过程。办案机关收集证据应当严格执行修改后的刑事诉讼法规定的有关程序。例如，侦查中讯问犯罪嫌疑人时必须遵守程序性规定，讯问犯罪嫌疑人必须由人民检察院或者公安机关的侦查人员负责进行；讯问的时候，侦查人员不得少于2人。犯罪嫌疑人被送交看守所羁押以后，侦查人员对其进行讯问，应当在看守所内进行。对不需要逮捕、拘留的犯罪嫌疑人，可以传唤到犯罪嫌疑人所在市、县内的指定地点或者到他的住处进行讯问，但是应当出示人民检察院或者公安机关的证明文件，对在现场发现的犯罪嫌疑人，经出示工作证件，可以口头传唤，但应当在讯问笔录中注明。传唤、拘传持续的时间不得超过12小时；

案情特别重大、复杂，需要采取拘留、逮捕措施的，传唤、拘传持续的时间不得超过24小时。传唤、拘传犯罪嫌疑人，应当保证犯罪嫌疑人的饮食和必要的休息时间。侦查人员在讯问犯罪嫌疑人的时候，应当首先讯问犯罪嫌疑人是否有犯罪行为，让他陈述有罪的情节或者无罪的辩解，然后向他提出问题；犯罪嫌疑人对侦查人员的提问，应当如实回答，但是对与本案无关的问题，有拒绝回答的权利。侦查人员在讯问犯罪嫌疑人的时候，应当告知犯罪嫌疑人如实供述自己罪行可以从宽处理的法律规定。讯问聋、哑的犯罪嫌疑人，应当有通晓聋、哑手势的人参加，并且将这种情况记明笔录。讯问笔录应当交犯罪嫌疑人核对，对于没有阅读能力的，应当向他宣读；如果记载有遗漏或者差错，犯罪嫌疑人可以提出补充或者改正；犯罪嫌疑人承认笔录没有错误后，应当签名或者盖章；侦查人员也应当在笔录上签名；犯罪嫌疑人请求自行书写供述的，应当准许。必要的时候，侦查人员也可以要犯罪嫌疑人亲笔书写供词。侦查人员讯问犯罪嫌疑人的时候，可以对讯问过程进行录音或者录像；对于可能判处无期徒刑、死刑的案件或者其他重大犯罪案件，应当对讯问过程进行录音或者录像。录音或者录像应当全程进行，保持完整性。讯问不满18周岁的犯罪嫌疑人，应当通知其法定代理人到场。讯问犯罪嫌疑人应当个别进行等。侦查中询问证人、勘验、检查、鉴定、辨认、通缉、侦查实验、侦查期限、搜查、查封、扣押物证、书证等，也应当严格遵守程序性规定。

办案机关审查证据应当严格执行刑事诉讼法、司法解释所规定的有关程序，《死刑案件证据规定》中对审查证据也作了相应的规定。如《死刑案件证据规定》第6条规定，对物证、书证应当着重审查以下内容：（1）物证、书证是否为原物、原件，物证的照片、录像或者复制品及书证的副本、复制件与原物、原件是否相符；物证、书证是否经过辨认、鉴定；物证的照片、录像或者复制品和书证的副本、复制件是否由2人以上制作，有无制作人关于制作过程及原件、原物存放于何处的文字说明及签名。（2）物证、书证的收集程序、方式是否符合法律及有关规定；经勘验、检查、搜查提取、扣押的物证、书证，是否附有相关笔录或者清单；笔录或者清单是否有侦查人员、物品持有人、见证人签名，没有物品持有人签名的，是否注明原因；对物品的特征、数量、质量、名称等注明是否清楚。（3）物证、书证在收集、保管及鉴定过程中是否受到破坏或者改变。（4）物证、书证与案件事实有无关联。对现场遗留与犯罪有关的具备检验鉴定条件的血迹、指纹、毛发、体液等生物物证、痕迹、物品，是否通过DNA鉴定、指纹鉴定等鉴定方式与被告人或者被害人的相应生物检材、生物特征、物品等作同一认定。（5）与案件事实有关联的物证、书证是否全面收集。另外，审查证人证言、被害人陈述、被告人供述和辩解、鉴定意见、勘验笔录、检查笔录、视听资料、电子证据、辨认证据、说明证据时，也应当严格执行《死刑案件证据规定》所规定的有关程序。

证据的采用也应当遵守法定的程序。修改后的《刑事诉讼法》第59条规定，“证人证言必须在法庭上经过公诉人、被害人和被告人、辩护人双方质证并且查实以后，才能作为定案的根据”。随着直接言词原则在刑事案件审理中的广泛运用，各种证据只有经过法庭上的质证这一法定程序，才能进入刑事诉讼成为定案的依据。修改后的《刑事诉讼法》第187条第3款规定：“公诉人、当事人或者辩护人、诉讼代理人对鉴定意见有异议，人民法院认为鉴定人有必要出庭的，鉴定人应当出庭作证。经人民法院通知，鉴定人拒不出庭作证的，鉴定意见不得作为定案的根据。”鉴定人不出庭作证也就无法进行质证，此时鉴定意见不得作为定案的根据。

严格贯彻程序法定原则还应当保障一切违反法定程序的行为依法受到处理。其处理方式是对那些违法证据予以排除，不得作为定案的根据；对其中制作不规范的证据要求作出补正等。这样可以有效地制约和规范司法人员收集、审查、核实和认定证据的行为，保证刑事诉讼行为符合程序法定原则的要求。

四、程序法定原则不排除其他程序的启动

程序法定原则不排斥法律赋予诉讼当事人和司法机关启动法定程序的权利，这也是程序法定原则的重要内容。赋予诉讼当事人权利的法律规定属于授权性规范。所谓授权性规范，是指规定人们有权作出某种行为的法律规范。这种规范的内容有二：一种是赋予公民以某种权利。授权性规范赋予公民以某种权利，这种权利是否行使，一般由公民自行决定。如《非法证据排除规定》第5条规定：“被告人及其辩护人在开庭审理前或者庭审中，提出被告人审判前供述是非法取得的，法庭在公诉人宣读起诉书之后，应当先行当庭调查。法庭辩论结束前，被告人及其辩护人提出被告人审判前供述是非法取得的，法庭也应当进行调查。”对被告人供述的当庭审查程序是法律规定的，但这一程序是由被告人及其辩护人依法启动的，虽然不是司法机关的职权，但并不影响程序法定原则在刑事诉讼中的贯穿。另一种是授予国家机关某种职权。法律赋予国家机关某种职权，这种职权必须执行。这种职权对国家机关来说，不但是权利，而且也是义务，如《非法证据排除规定》中规定的对被告人供述的当庭审查程序。被告人及其辩护人提出被告人审判前供述是非法取得的，法庭必须启动对被告人供述的当庭审查程序，不能不启动；如果对于被告人及其辩护人提出的被告人审判前供述是非法取得的意见，第一审人民法院没有审查，并以被告人审判前供述作为定案根据的，第二审人民法院应当对被告人审判前供述

取得的合法性进行审查。对被告人供述的当庭审查程序是刑事诉讼中程序法定原则的重要体现，表明作为法庭调查的被告人供述这一证据先要具有证明能力，而在证明能力问题上产生异议时，应当就此进行必要的调查，这显示了对被告人人权的保护和程序优先的基本要求。另外，被告人及其辩护人如果提出有自首的事实及理由，有关机关未予认定，或者被告人协助、如何协助抓获同案犯的证明材料不全，司法机关应当提供证明材料或者要求相关人员作证，并结合其他证据，作出自首、立功是否成立的认定。

第三节 质证原则

一、质证原则概述

质证，是指在刑事案件审判过程中，法定的质证主体采用讯问、询问、对质、辨认、说明、质疑、解释、辩驳等方法，对举证主体提出的各种证据进行核实的诉讼活动。质证在当事人主义诉讼模式中处于核心地位，我国刑事诉讼法吸收了当事人主义诉讼模式的合理因素，质证必然地被放到一个相当突出的地位。质证原则，是指进入刑事诉讼程序的证据必须经过正式的法庭调查程序，在听取控辩双方及诉讼参与人的质疑、意见等，经过查证属实后，才能成为定案的依据。刑事诉讼法规定质证的目的在于通过质证使控辩双方在法庭上充分说明己方证据的确实、充分、可信，使有罪或者无罪的证据体系在法官内心形成正确的确信，同时在质证中揭示对方证据的虚假、不充分、缺乏可信性，使对方的证据体系发生动摇，令法官不能树立正确的内心确信。如果法官对某方的证据不能形成内心确信，就会产生合理怀疑，从而对其证据体系无法形成正确的判断，无法进行采纳，并据此作出不利于该方的判决。法律规定质证就在于通过这种方式，以法院为最后一道防线，防止罚及无辜，最大限度地维护被告人及其他人的合法权益。

《死刑案件证据规定》第 4 条规定："经过当庭出示、辨认、质证等法定调查程序查证属实的证据，才能作为定罪量刑的根据。"这一规定是对 1996 年刑事诉讼法的发展。1996 年《刑事诉讼法》第 47 条规定，"证人证言必须在法庭上经过公诉人、被害人和被告人、辩护人双方讯问、质证，听取各方证人的证言并且经过查实以后，才能作为定案的证据"。修改后的《刑事诉讼法》第 59 条规定，"证人证言必须在法庭上经过公诉人、被害人和被告人、辩护人双方质证并且查实以后，才能作为定案的根据"。这里将证人证言的查证方式修改为"在法庭上经过公诉人、被害人和被告人、辩护人双方质证"，凸显了质证行为在刑事诉讼中的作用，提高了质证这一审查核实证据的方式的重要地位，并确立了刑事诉讼中的质证原则。其实，刑事诉讼中的所有证据都应当经过质证才能查实。

质证在刑事审判过程中处于中心位置。刑事诉讼法吸收了当事人主义诉讼模式（即控辩式诉讼模式）的合理因素，将质证放到一个相当突出的地位，将其作为刑事审判程序中必需的调查方式。刑事诉讼中的质证原则规定在修改后的刑事诉讼法及最高人民法院、最高人民检察院、公安部、国家安全部、司法部、全国人大常委会法制工作委员会《关于刑事诉讼法实施中若干问题的规定》、《人民检察院刑事诉讼规则》、最高人民法院《关于执行〈中华人民共和国刑事诉讼法〉若干问题的解释》和《两个证据规定》中。修改后的刑事诉讼法进一步把经过法庭的质证作为适用所有证据认定案件事实的必经程序，将质证原则真正落到实处，而且把质证的过程放在法庭上，通过在法庭上客观、全面、公开地审查、核实和认定证据，把运用证据证明案件事实的庭外查明转向了庭上证明。

质证原则强调了直接言词原则和交叉询问规则，确保了庭审证据的优先运用，从证据采信上保证案件质量。修改后的《刑事诉讼法》第 59 条、第 186 条至第 193 条，《两个证据规定》及《人民检察院刑事诉讼规则》第 331 条至第 347 条、最高人民法院《关于执行〈中华人民共和国刑事诉讼法〉若干问题的解释》第 133 条至第 159 条分别对诉讼当事人、公诉人、辩护人、诉讼代理人、审判人员的质证作出具体的规定，用的篇幅之大就可以看出质证在我国刑事诉讼中的重要位置。质证是贯彻直接言词原则的重要体现。控辩式诉讼模式要求遵循直接言词原则，即法官必须在法庭上亲自听取被告人、证人及其他诉讼参与人的陈述，案件事实和证据必须以口头方式向法庭提出，调查必须以控辩双方口头辩论、质证的方式进行。直接言词质证需要被害人、证人、鉴定人、勘验人等出庭接受控辩双方的直接询问及交叉询问。在现有庭审方式下，质证应当在法庭上以言词方式进行，案件的所有证据都应当经法庭的直接口头举证和质证，经查证属实才能作为定案的根据。在侦查阶段、审查起诉阶段形成的书面记录、书面材料，如果没有经过法庭上的质证，就不应当被视为认定案情事实的依据，因为这些证据没有被查证属实，没有经法庭认证，其证明力是值得被怀疑的。修改后的《刑事诉讼法》第 59 条规定，证人证言必须在法庭上经过公诉人、被害人和被告人、辩护人双方质证并且查实以后，才能作为定案的根据；《人民检察院刑事诉讼规则》第 335 条规定，被告人、证人对同一事实的陈述存在矛盾需要对质的，公诉人可以建议法庭传唤有关被告人、证人同时到庭对质。这些规定体现了直接言词质证的原则。《死刑案件证据规定》更是明确规定，“经过当庭出示、辨认、质证等法定调查程序查证属实的证据，才能作为定罪的根据”。质证也是贯彻审判公开原则的体现。审判公开是我国宪法的重要原则，修改后的《刑事诉讼法》第 11 条规定，“人民法院审判案件，除本法另有规定的以外，一律公开进行”。人民法院的判决必须建立在控辩双方公开辨认、公开质证的证据之上，质证也必然是落实审判公开原则的具体体现。质证是查实证据作出案件处理的前提。证据只有在法庭上经过质证并且查实以后，才能作为定案的根据。如修改后的《刑事诉讼法》第 187 条第 3 款规定：“公诉人、当事人或者辩护人、诉讼代理人对鉴定意见有异议，人民法院认为鉴定人有必要出庭的，鉴定人应当出庭作证。经人民法院通知，鉴定人拒不出庭作证的，鉴定意见不得作为定案的根据。”

二、质证原则的内容

（一）质证主体

我国刑事诉讼中的质证主体是法定的，即能够进行质证活动的诉讼参与人的范围由法律明确规定。修改后的《刑事诉讼法》第 59 条规定，证人证言必须在法庭上经过公诉人、被害人和被告人、辩护人双方质证并且查实以后，才能作为定案的证据。同时规定，公诉人可以讯问被告人；被害人、附带民事诉讼的原告人和辩护人、诉讼代理人可以向被告人发问，公诉人、当事人和辩护人、诉讼代理人可以对证人、鉴定人发问，对未到庭的证人的证言笔录、鉴定人的鉴定意见、勘验笔录等发表意见，对案件证据、案件情况发表意见并可以互相辩论；审判人员可以讯问被告人，询问证人、鉴定人，可以以勘验、检查、查封、扣押、鉴定和查询、冻结的方法对证据进行调查核实。可见，刑事诉讼中的法定质证主体包括审判人员、公诉人、当事人、辩护人、诉讼代理人。当事人包括被告人、被害人、附带民事诉讼原告人、被告人。

（二）质证的任务

质证的任务是在法庭上公开运用证据逐步认定案情。通过质证可以充分说明证据的确实、充分，使其所证明的案情做到事实清楚。每一个证据都不能独立地自我肯定，而对于案件事实的证明，要充分反映犯罪构成要件，这就存在一个去伪存真和由具体到抽象的过程，在这个过程中孤零零地示证是不能做到这点的，只能由举证人通过论证、说明和反驳对方的质疑等才能做到。在举证的过程中，举出证据的同时要查清每一个证据与案件事实之间是否存在客观的、紧密的联系，要论证每一个证据自身的真实可靠及其证明力，要查找诸多证据所共同证明的内容及其联系和它们之间存在的矛盾，对这些矛盾要予以排除。这些工作单是依靠举出证据是不够的，必须与质证相同步，即在举出证据的同时对证据进行论证，这样才能充分发挥举证、质证的作用。质证又与法庭辩论相互依存。法庭辩论，是指控辩双方在法庭上对于案件证据及案件事实以及法律适用等问题，提出论点、发表意见、进行论证和相互辩驳。刑事诉讼法强调控辩双方随时都可以对证据或者案件情况发表意见并且可以互相辩论，不受诉讼阶段的限制，这样可以在辩论中消除对证据的疑问和证据间的矛盾，使审判人员充分听取双方的意见，公正裁判。在辩论中，对法律的运用要依靠案件事实，对案件事实的认定要依靠证据，案件证据居于核心的地位，因此证据的运用是法庭辩论的前提，而证据运用的过程就是质证的过程。这就充分表明了质证与辩论相互依存的关系。质证还是一个在法庭上公开审查、分析、判断证据的过程，通过法庭论证，不断地反映证据与案件事实之间的联系，反映所证明的事实，也不断暴露出证据与案件事实之间、证据与证据之间的矛盾，不断地排除这些矛盾，以证明证据的真实可靠和决定案件证据的取舍，使法庭对于所举出的证据及其证明体系予以采纳，达到法官的内心确信，从而作出公正的判决。

（三）质证的方法

在质证的过程中，讯问、询问、对质、辨认、说明、质疑、解释、辩驳等方法都可以作为质证的方式。根据修改后的刑事诉讼法和最高人民法院《关于执行〈中华人民共和国刑事诉讼法〉若干问题的解释》的规定，向证人、鉴定人发问，应当先由提出证据的一方进行，待其发问完毕之后，对方经审判长准许，也可以发问；审判人员在必要时，可以询问证人、鉴定人；当庭出示的物证、书证、视听资料等证据，应当先由出示证据的一方就所出示的证据的来源、特征等作必要的说明，然后由另一方进行辨认并发表意见，控辩双方可以进行质问、辩论。这些规定显示了我国刑事诉讼的当事人主义为主、职权主义为辅的诉讼方式，以及刑事质证的顺序和交叉询问的质证原则。我国刑事诉讼中的质证是控辩双方在法官的指挥下进行的。在法庭审理过程中，由公诉人进行主询问，然后由被告人及其辩护人进行反询问。法官在控辩双方询问结束后进行补充询问。为发挥法官的指挥作用，法官在必要时可以随时亲自进行询问，法官也可以允许在公诉人进行主询问的过程中被告人及其辩护人进行反询问或者在被告人及其辩护人进行主询问的过程中公诉人进行反询问。法官认为控辩双方所进行的询问不必要或不适当的，可以进行限制。主询问、反询问反复进行，直到弄清证据所证实的内容及其自身的真实、可靠为止。法庭对证据的审查判断包括证据的查证属实和证据的综合判断，这就决定了质证包括证据查证属实时的质证和证据综合判断时的质证两种形式。证据查证属实时的质证是对正在调查的证据逐一发表意见，也就是对单个的证据材料本身或者对同一主体多次提供的证据进行分析，表明其证明的事实，查明其本身是否前后一致，有无矛盾，是否合乎情理。证据综合判断时的质证是对所有的证据调查结束时，由公诉人发表总结性意见。在质证过程中，个别证据的查证属实并不等于证实了整个案件情况，个别证据材料的简单堆砌并不能就案件事实作出正确的结论。在质证过程中可以以个别证据的审查判断属实为基础，对全案证据进行综合分析，相互比较、相互印证，分析得出它们之间的相互联系，找出证据与案件事实之间的联系，从而能够查清案件事实。

（四）质证的对象及效力

刑事质证的对象范围和内容具有广泛性。被告人供述、被害人陈述、证人证言、鉴定结论等必须经法庭上公诉人、辩护人、法官等人的口头讯问、质询，由法庭当庭认证记录在卷，这样才具有认定案件事实的依据效力。可见，所有的控辩双方向法庭提出的证据都属于刑事诉讼中庭审的对象。《两个证据规定》还提高了出庭证人证言的证明力，确定了出庭证据的优先原则，即法庭当庭调查，经过质证的证据效力优先于其他证据。如《死刑案件证据规定》第 15 条规定，证人（包括被害人）在法庭上的证言与其庭前证言相互矛盾，如果证人（包括被害人）当庭能够对其翻证作出合理解释，并有相关证据印证的，应当采信庭审证言。第 22 条规定，被告人庭前供述和辩解出现反复，但庭审中供认，且庭审中的供述与其他证据能够印证的，可以采信庭审中的供述；被告人庭前供述和辩解出现反复，庭审中不供认，且无其他证据与庭前供述印证的，不能采信庭前供述。

（五）拒绝和放弃质证的法律后果

拒绝和放弃质证应当承担相应的法律后果。对于控方而言，放弃质证权就意味着辩方反驳的事实成立，自己所指控的犯罪事实不成立，也就是承认自己办了错案并要承担相应的刑事赔偿责任。对于辩方而言，放弃行使质证权，意味着控方指控的犯罪事实成立，自己理屈词穷，甘愿接受指控。在法庭调查中，控方提出证据，辩方提出质疑，或者辩方提出证据，控方提出质疑，控辩双方应当积极地分别提出证据进行质证或者及时提出己方证据的可靠。这里包括积极提出证人出庭并保证其到庭，否则就要承担该项证据不被采用的不利后果。对此，《死刑案件证据规定》规定，人民检察院、被告人及其辩护人对对定罪量刑有重大影响的证人证言有异议，或者人民法院认为其他证人应当出庭作证的，如果经依法通知，该证人不出庭作证，其书面证言经质证无法确认的，不能作为定案的根据。对于公诉人，特别要证明被告人审判前供述的合法性，修改后的《刑事诉讼法》第57条规定，在对证据收集的合法性进行法庭调查的过程中，人民检察院应当对证据收集的合法性加以证明；现有证据材料不能证明证据收集的合法性的，人民检察院可以提请人民法院通知有关侦查人员或者其他人员出庭说明情况，人民法院可以通知有关侦查人员或者其他人员出庭说明情况；经人民法院通知，有关人员应当出庭。因此，如果经依法通知，侦查人员或者其他人员不出庭作证造成公诉人不能提供证据加以证明或者虽然经当庭质证但是所提供的证据不够确实、充分，该被告人审判前的供述就不能作为定案的根据。另外，控辩双方还要积极地进行辩论，当一方对另一方提出的证据提出质疑的，另一方必须进行答辩，否则将认可对方的质疑，进而放弃其所提出的证据。

（六）不当质证的处理

在法庭审理过程中，通过质证可以证明己方观点，反驳对方观点，对查明案件事实发挥积极的作用。质证可以充分实现法律所规定的当事人的诉讼权利，辩护权、陈述权的实现都依赖于证据的运用。当事人对对方证据的反诘、攻击最能反映出对方证据的缺陷，使之不能被采信成为定案的依据，也就最能实现其各项诉讼权利，这是各项诉讼权利的基础，充分发挥质证的作用可以最大限度地保证诉讼当事人的基本人权。质证的目的在于通过质证使控辩双方在法庭上充分说明己方证据的确实、充分、可信，使有罪或者无罪的证据体系在法官内心形成正确的确信，同时在质证中揭示对方证据的虚假、不充分、缺乏可信性，使对方的证据体系发生动摇，令法官不能树立正确的内心确信。如果法官对某方的证据不能形成内心确信，就会产生合理怀疑，从而对其证据体系无法形成正确的判断，无法采纳，并据此作出不利于该方的判决。在进行举证和质证过程中，公诉人、辩护人可能在讯问、询问及出示其他证据时表现出不当的讯问、询问方式及内容，或者进行不当的评论，这时作为对方可以提出异议，以防止这些证据对法官产生错误的引导。对此，应当通过一定的规则，对质证进行规范。如《人民检察院刑事诉讼规则》第335条规定："讯问被告人、询问证人应当避免可能影响陈述或者证言客观真实的诱导性讯问、询问以及其他不当讯问、询问。辩护人对被告人或者证人进行诱导性讯问、询问可能影响陈述或者证言的客观真实的，公诉人可以要求对该项陈述或者证言不予采纳。"最高人民法院《关于执行〈中华人民共和国刑事诉讼法〉若干问题的解释》第147条规定，控辩双方向证人、鉴定人发问的内容与本案无关或者发问不当的，审判长应当制止；控辩双方认为对方发问的内容与本案无关或者发问的方式不当并提出异议的，审判长应当判明情况予以支持或者驳回。第155

条规定，公诉人要求出示开庭前送交人民法院的证据目录以外的证据，辩护方（可以）提出异议。提出异议、进行制止、要求不予采纳等，都应当是质证的重要规则。

（七）质证公开的限制

质证公开是有一定限制的，对于涉及国家秘密、商业秘密、侦查工作秘密的证据不能直接举证和质证。如侦查工作中涉及的秘侦方法、特情证据等，在公开场合下不能直接举证和质证。尽管不能公开进行质证，这些证据还是需要法庭调查程序查证属实的。具体可以通过辩护人、诉讼代理人的在场，通过庭下了解取证方法、过程等方式避免公开质证，在了解取证方法、过程后，控辩双方特别是公诉人可以提出意见对证据进行认定、补充，直至完全说服辩护人和法庭，使所提供的证据为法庭所采纳，成为定案的依据。必要时，人民法院可以采取限制公开证据提供人员信息、限制询问、遮蔽容貌、改变声音等保护性措施，使一些涉及秘侦方法、特情的证据能够正常地进行质证。

三、修改后的刑事诉讼法关于质证原则的规定

在司法实践中，由于制度上及法律上的种种原因，证人、鉴定人、勘验人出庭很少，这些人不出庭控辩双方就无法通过言词方式进行质证。审判人员多不愿意采取听取控辩双方的质证并当庭作出认证，而是过多依赖庭下阅卷认证，造成法庭质证与法庭认证相脱节。由于在书面举证时公诉人只宣读有罪证据，而不宣读无罪证据，辩护人无法掌握案件证据，也就无法抓住相关证据中存在的矛盾，也就无法进行反诘，造成质证过程缺少辩论。因此，法律规定的质证作用远没有得到应有的发挥，使立法上取当事人主义诉讼方式和职权主义诉讼方式两者的长处，变成了在司法实践中的各取两者的短处，出现了法庭上控辩双方互相质证辩论，而庭下审判人员重新阅卷自己认证定案的怪现象。

针对这些问题，修改后的刑事诉讼法进行了相应的规定。

（一）重新规定了质证的范围

修改后的《刑事诉讼法》第 193 条规定：“法庭审理过程中，对与定罪、量刑有关的事实、证据都应当进行调查、辩论。经审判长许可，公诉人、当事人和辩护人、诉讼代理人可以对证据和案件情况发表意见并且可以互相辩论。”这就明确了凡是与定罪、量刑有关的事实、证据都是应当进行质证的对象。

（二）进一步提高辩护人的地位，平衡控辩双方的力量和地位，形成控辩双方在证据上的平等武装

随着律师介入刑事诉讼，在法庭审理前基本就公开案件的证据，修改后的

刑事诉讼法赋予了被告人的辩护律师了解案件证据的重要权利。例如，在犯罪嫌疑人被侦查机关第一次讯问或者采取强制措施之日起，受委托的律师有权会见犯罪嫌疑人、被告人，并在没有监听的情况下了解有关案件情况；自案件移送审查起诉之日起，可以向犯罪嫌疑人、被告人核实有关证据，查阅、摘抄、复制本案的案卷材料；在诉讼过程中，辩护人认为在侦查、审查起诉期间公安机关、人民检察院收集的证明犯罪嫌疑人、被告人无罪或者罪轻的证据材料未提交的，有权申请人民检察院、人民法院调取；辩护律师经证人或者其他有关单位和个人同意，可以向他们收集与本案有关的材料，也可以申请人民检察院、人民法院收集、调取证据，或者申请人民法院通知证人出庭作证；辩护律师经人民检察院或者人民法院许可，并且经被害人或者其近亲属、被害人提供的证人同意，可以向他们收集与本案有关的材料。这样就保证了辩护律师的阅卷权、调查取证权、会见权等权利，使得辩护律师在庭前全面掌握充分的证据材料，特别是律师可以取得那些足以使控方放弃指控或使审判无须进行的证据，以做好辩护准备，为法庭的质证打下良好的基础。为了便于控辩双方公开其调取的证据，修改后的《刑事诉讼法》第 86 条、第 170 条规定，人民检察院审查批准逮捕，可以询问证人等诉讼参与人，听取辩护律师的意见，辩护律师提出要求的，应当听取辩护律师的意见；人民检察院审查案件，应当讯问犯罪嫌疑人，听取辩护人、被害人及其诉讼代理人的意见。人民检察院在审查批准逮捕、审查起诉阶段听取辩护人对案件事实和证据的意见，辩护人应当提出自己的证据，进而质疑公诉方意见。这一过程可以延长至开庭审判之前，修改后的《刑事诉讼法》第 182 条第 2 款规定：“在开庭以前，审判人员可以召集公诉人、当事人和辩护人、诉讼代理人，对回避、出庭证人名单、非法证据排除等与审判相关的问题，了解情况，听取意见。”这样，在开庭审判前控辩双方的证据基本固定了，为充分发挥法庭质证作用打下了良好基础。

（三）规定证人、鉴定人出庭接受质证

加强了证人、鉴定人等人出庭作证的规定，确保实现法庭上证人、鉴定人等人的直接质证。最高人民法院《关于执行〈中华人民共和国刑事诉讼法〉若干问题的解释》规定，在审判长主持下，公诉人可以就起诉书中指控的犯罪事实讯问被告人；被害人及其诉讼代理人经审判长准许，可以就公诉人讯问的情况进行补充性发问；附带民事诉讼的原告人及其法定代理人或者诉讼代理人经审判长准许，可以就附带民事诉讼部分的事实向被告人发问；经审判长准许，被告人的辩护人及法定代理人或者诉讼代理人可以在控诉一方就某一具体问题讯问完毕后向被告人发问；向证人、鉴定人等发问，应当先由提请传唤的一方进行，另一方在对方发问完毕后，经审判长准许，也可以发问等。根据修改后的《刑事诉讼法》第 187—188 条的规定，公诉人、当事人或者辩护人、诉讼代理人对证人证言、鉴定意见有异议，人民法院认为有必要的，证人、鉴定人应当出庭接受质证；经人民法院通知，证人没有正当理由不出庭作证的，人民法院可以强制其到庭；证人没有正当理由拒绝出庭或者出庭后拒绝作证的，予以训诫，情节严重的，经院长批准，处以 10 日以下的拘留。制裁可以有效地保证证人等出庭作证。

（四）规定了不接受质证的法律后果

修改后的刑事诉讼法规定，公诉人、当事人或者辩护人、诉讼代理人对鉴定意见有异议，人民法院认为鉴定人有必要出庭的，鉴定人应当出庭作证；经人民法院通知，鉴定人拒不出庭作证的，鉴定意见不得作为定案的根据。《死刑案件证据规定》第 15 条规定，人民检察院、被告人及其辩护人对证人证言有异议，该证人证言对定罪量刑有重大影响的，人民法院应当通知证人出庭作证；经依法通知不出庭作证证人的书面证言经质证无法确认的，不能作为定案的根据。如果证人、鉴定人、勘验人出庭作证，接受法庭的当庭调查，其证据也就当庭采信，这就废止了公诉人对于在法庭上出示、宣读、播放的证据材料应当当庭移交人民法院，确实无法当庭移交的，应当在休庭后 3 日内移交；对于在法庭上出示、宣读、播放未到庭证人的证言的，如果该证人提供过不同的证言，应当将该证人的全部证言在休庭后 3 日内移交等有关规定。这样就为法官审案实行直接言词审理、贯彻证据裁判原则打下基础，也就保证了作为定案根据的证据必须在法庭审理中出示并经过控辩双方的质证，同时也便于审判人员的当庭认证，提高当庭认证的效力。

（五）规定了其他人可以对鉴定意见提出意见

修改后的《刑事诉讼法》第 192 条第 2 款规定："公诉人、当事人和辩护人、诉讼代理人可以申请法庭通知有专门知识的人出庭，就鉴定人作出的鉴定意见提出意见。"修改后的刑事诉讼法和《两个证据规定》的有关内容，可以极大地改变当前贯彻质证原则存在的问题，使质证在刑事案件审理过程中发挥其应有的作用。

第三章　我国的刑事证据规则

第一节　刑事证据规则概述

一、刑事证据规则的概念

证据规则是近些年不断研究探讨的话题，其概念存在不同的观点。例如，有的观点认为，证据规则是指确认证据的范围、调整和约束证明行为的法律规范的总称，是证据法的集中表现。① 有的观点认为，证据规则是指规范证据的收集、审查和评价等诉讼证明活动的准则。② 还有观点认为，证据规则是指规定何种证据可以在法庭上出示（证据的可采性）以及各种证据证明力大小的规则。③ 证据及证据规则问题是诉讼的核心问题，全部诉讼活动实际上都是围绕证据的收集和运用进行的，刑事诉讼中证据的收集、审查、核实和认定是刑事诉讼中不可缺少的环节，必须按照一定的规则进行，只有设定严格的证据规则才能保证证据的正常运用，才能运用证据查明案件事实，正确处理刑事案件。确认证据范围的证据规则是由我国刑事诉讼法加以规定的。所谓证明行为，是指形成、发现、展示、质辩、采纳或者排除证据以证明特定案件事实的专门活动，制作证据、调查收集证据、审查判断证据、履行举证责任是证明行为的四项主要内容。《两个证据规定》调整和约束的主要是制作证据、调查收集证据、审查判断证据、履行举证责任等方面的司法行为，也就是严格规范证据的收集、审查和评价等诉讼证明活动。我国的证据规则采用的是法律与司法解释共同规定的方式，特别是收集、审查、核实和认定的证据规则基本规定在《两个证据规定》中，因此在证据规则的表现形式上有许多有特色的方面，如在证据规则内容的排列上，基本上是按照证据法定种类确定证据规则的先后顺序并有所突破；在内容的规定上，突出证据规则主要是为了审判阶段对证据审

---

① 樊崇义主编：《证据法学》，法律出版社 2003 年版，第 87 页。

② 卞建林主编：《证据法学》，中国政法大学出版社 2000 年版，第 453 页。

③ 易延友：《刑事诉讼法》，清华大学远程教育讲义。

查的实际需要；在内容的表述上，突出了司法机关对证据收集、审查、核实和认定规范的业务指导性等，既体现审判工作实际，又不简单地迁就现实，力求保持必要的前瞻性。从《两个证据规定》的内容上看，既体现了刑事证据规则的原则性，又具有一定的灵活性，以适应纷繁复杂的审判实际需要。如修改后的《刑事诉讼法》第54条规定，“采用刑讯逼供等非法方法收集的犯罪嫌疑人、被告人供述和采用暴力、威胁等非法方法收集的证人证言、被害人陈述，应当予以排除”。《死刑案件证据规定》第36条规定：“既有从轻、减轻处罚等情节，又有从重处罚等情节的，应当依法综合相关情节予以考虑。不能排除被告人具有从轻、减轻处罚等量刑情节的，判处死刑应当特别慎重。”同时，我国的刑事证据规则还注意吸收证据理论的研究成果，积极借鉴国外的证据立法和司法经验，如证人的猜测性、评论性、推断性的证言，不能作为证据使用，这里就借鉴了国外意见规则的合理内容。

我国的刑事证据规则突出了刑事诉讼的特点。首先，刑事诉讼是保证准确、及时地查明犯罪事实，正确应用法律，惩罚犯罪分子，保障无罪的人不受刑事追究，尊重和保障人权为核心的诉讼。在刑事诉讼过程中，对刑事案件证据的合法性审查是刑事诉讼中很重要的内容，认定事实依据的证据的收集、运用必须体现刑事诉讼的核心，脱离了这一核心进行收集、审查、核实和认定证据，无法体现刑事诉讼尊重和保障人权、追求刑事诉讼的充分保障被告人权利的精神。其次，我国证据规则充分体现了对司法实践的指导意义。对刑事案件的处理必须建立在科学的证据基础上，必须以完善的证据规则作为保障。当前所确立的证据规则考虑到当前司法人员素质参差不齐的实际状况，尽量通过建立明确的证据规则，减少收集证据、举证、质证、认证和确立证据标准上的随意性，维护司法公正，提高诉讼效率。最后，制定证据规则注意了证据规则的可行性和可操作性。长期与刑事犯罪作斗争的实践使得各地的司法机关在刑事证据规则运用方面积累了许多经验，形成了一些比较成熟的做法，对此应当加以吸纳和固定，通过制定统一的证据规则统一各地不尽相同的做法，避免各行其是，以保证刑事法律的统一正确实施。同时也应当考虑证据规则在体例、结构和内容上的实际要求，尽可能做到科学、系统和具体、明确，并保持相对完整性，便于适用和操作。《两个证据规定》虽然尚不健全，但已具备了刑事证据规则的初步框架或体系。①

① 樊崇义：《“两个证据规定”标志我国刑事证据规则体系初步形成》，载《检察日报》2010年11月22日。

二、刑事证据规则的作用

（一）追求诉讼过程中的权利平等

刑事诉讼解决的是犯罪嫌疑人、被告人的刑事责任问题，刑事程序中一方是拥有强大刑事追诉职权的司法机关，另一方是势单力薄的犯罪嫌疑人、被告人，往往司法机关处于主动和强势地位，犯罪嫌疑人、被告人处于被动和弱势地位。正是由于刑事程序中的这种不平等，法律对刑事诉讼程序中的司法机关和犯罪嫌疑人、被告人的权利义务作了相应的规定和调整，并通过证据规则加以规定。如修改后的刑事诉讼法对司法机关的举证责任进行了具体规定：公诉案件中被告人有罪的举证责任由人民检察院承担；在对证据收集的合法性进行法庭调查的过程中，人民检察院应当对证据收集的合法性加以证明；采用刑讯逼供等非法方法收集的犯罪嫌疑人、被告人供述和采用暴力、威胁等非法方法收集的证人证言、被害人陈述，应当予以排除；收集物证、书证不符合法定程序，可能严重影响司法公正的，应当予以补正或者作出合理解释，不能补正或者作出合理解释的，对该证据应当予以排除。这种证据规则的规定能够使犯罪嫌疑人、被告人和司法机关的权利义务在实质意义上实现法律上的平等。

（二）能够维护正当的刑事诉讼程序

刑事证据规则体现了正当程序原则和精神，刑事证据规则确立了证据的准入资格，规范了控辩双方取证、举证的活动，对认定案件事实的有关证据取舍进行规范，特别是控制了侦查机关、公诉机关取证、举证的权力，使侦查机关收集证据应当做到程序、形式合法。当收集证据所采用的手段、取证形式、取证主体不合法时应当舍弃该证据。例如，《死刑案件证据规定》第26条第1款规定："勘验、检查笔录存在明显不符合法律及有关规定的情形，并且不能作出合理解释或者说明的，不能作为证据使用。"并对公诉方提出的勘验、检查笔录标准进行了规定，当其不能符合相应的标准时，就不能成为定案的根据。刑事证据规则在许多方面体现了这一作用。如修改后的《刑事诉讼法》第59条规定的"证人证言必须在法庭上经过公诉人、被害人和被告人、辩护人双方质证并且查实以后，才能作为定案的根据"。未经庭审质证的证据，不能作为定案的依据，体现了直接言词和透明度原则。修改后的刑事诉讼法有关排除非法证据的规定，体现了合法性和维护正当合法权益的原则。证据规则起到维护法庭正常诉讼秩序，使控辩双方按照规则行使诉讼权利、履行诉讼义务，防止和限制诉讼主体的随意性，从而达到诉讼目的的积极作用。修改后的《刑事诉讼法》第54条第2款规定："在侦查、审查起诉、审判时发现有应当排除的证据的，应当依法予以排除，不得作为起诉意见、起诉决定和判决的依据。”这些无疑对维护正当的刑事诉讼程序有着积极的作用。

（三）充分体现诉讼效率原则

公正与效率是司法工作的基本要求和永恒的主题，也是刑事证据规则所追求的根本价值。我国刑事证据规则的制定既重视体现司法公正，也重视司法效率问题。刑事证据规则在总结审判实践经验并借鉴国外有效做法的基础上，在提高司法审查效率上作了相应的努力。明确对非法、瑕疵等证据的处理以及有些证据的限制使用等，对提高刑事诉讼效率有着积极作用。如对于非法证据的排除，《死刑案件证据规定》规定，鉴定机构不具备法定的资格和条件，或者鉴定事项超出本鉴定机构项目范围或者鉴定能力的，其鉴定意见因为主体不合法，不能作为定案的根据，应当直接排除。对于瑕疵证据则要求通过有关办案人员补正或者作出合理解释的方式解决。这样指出了证据存在的问题和解决方法，便于法庭中的举证、质证和认证，为提高诉讼效率和诉讼效果奠定了基础。

（四）保证犯罪嫌疑人、被告人的合法权益

尊重和保障人权是我国刑事诉讼的重要目的，在刑事诉讼中保护被追究者——犯罪嫌疑人、被告人的合法权益是一项重要任务。长期以来逼取口供的现象屡禁不止，侵犯犯罪嫌疑人合法权益的现象时有发生，这些都在某种程度上反映了我国刑事证据制度上缺乏应有的强力机制，特别是缺少非法证据排除规则。通过制定证据规则，可以有效地排除这些非法证据，使之根本不能进入刑事诉讼程序，不会发生任何作用，这样就可以有效防止司法机关滥用职权。同时，证据规则规定了各种证据的标准和存在缺陷的证据处理，犯罪嫌疑人、被告人可以依据证据规则的规定，要求司法机关提出合法有效的证据，促使司法机关依法收集、审查、运用证据，进一步规范执法行为。刑事证据规则确定了证据标准，防止公民任意被定罪。认定一个公民构成犯罪，必须达到“事实清楚，证据确实、充分”的标准，否则不能认定其有罪。刑事案件的审判须以公诉机关所提证据是否足以证明指控犯罪事实作出判断。当公诉机关的证据不足以证明所指控的犯罪事实时，就不能认定被告人有罪。

（五）提高刑事案件的办案质量

在诉讼活动中，刑事证据规则一方面能够规范诉讼各方特别是规范公诉方的取证和举证行为，另一方面还能够在根据证据认定事实时限制公诉方对证据的自由取舍。由于我国缺乏较为完善的证据规则，事实裁断者往往对证据证明力作出自由的判断和取舍，难以保证对案件客观事实的正确认定。规定刑事证据规则，能够使司法机关正确地全面收集证据，如《死刑案件证据规定》要求不但要收集定罪证据还要收集量刑证据，这样保证了证据收集一般原则的贯彻落实，真正做到罚当其罪，也就真正地保证了刑事案件的质量。证据规则中的排除性规则，有些是针对证据的证明力问题的，有些则是直接针对证据的合法性而确立的。这些新的证据规则，为公诉方的证据确立了严格的法庭准入条件，也为刑事法官拒绝采纳某一存在严重问题的证据提供了法律依据。有了这些规则，将来的刑事审判就有望维护基本的程序公正，对于减少伪证、减少冤假错案都将有着积极的意义。

三、我国刑事证据规则的发展

英美法系国家有着比较成熟的证据规则。墨菲在其著述中将英美法系的证据规则分为八类：第一类是结构性规则，其功能在于为法庭审判中如何处理有关证据的问题提供一个基本的框架，如关于举证责任与证明标准、展示资料的认证等方面的规则；第二类是优先性规则，其目的在于当较高质量的证据可以获得时避免接受较低质量的证据，如最佳证据规则等；第三类是推理性规则，其功能在于避免接受从经验上看可能不可靠的证据，如传闻证据规则等；第四类是预防性规则，其作用在于防止那些陪审团可能无力对其进行客观判断的证据，或者陪审团可能赋予其不适当的证据力的证据，如前科的排除规则等；第五类是简单化规则，目的是对数目庞大的材料进行简化以使陪审团能够掌握的规则；第六类是数量规则，目的在于限制证据出示的重复累赘或要求在证据数量方面达到一定的要求，比如补强证据规则等；第七类是政策性证据规则，其目的在于保护特殊的亲密关系或者国家秘密等，如特权规则等；第八类则是自由裁量规则，它允许法官为审判的迅速进行而不理会某些证据规则。①

相比较而言，在我国1996年刑事诉讼法中，关于举证责任与证明标准的规则、补强证据规则均有一定的体现，其他规则散见于相关的司法解释或者没有明确规定。长期以来，我国刑事证据规则实际上处于不完整的状态，司法人员运用和认定证据的权力过大而且使用过于随意，缺乏应有的透明和制约，远不能适应刑事诉讼法所确定的审判方式改革的需要。1996年刑事诉讼法中主要规定了以下证据规则：

（1）非法证据排除规则，即收集证据必须依法进行，违法取得的证据不得作为定案的根据。1996年《刑事诉讼法》第43条规定，“审判人员、检察人员、侦查人员必须依照法定程序，收集能够证实犯罪嫌疑人、被告人有罪或

① 易延友：《刑事诉讼法》（第二版），法律出版社2004年版，第221页。

者无罪、犯罪情节轻重的各种证据。严禁刑讯逼供和以威胁、引诱、欺骗以及其他非法的方法收集证据”。《人民检察院刑事诉讼规则》第265条规定：“严禁以非法的方法收集证据。以刑讯逼供或者威胁、引诱、欺骗等非法的方法收集的犯罪嫌疑人供述、被害人陈述、证人证言，不能作为指控犯罪的根据。”最高人民法院《关于执行〈中华人民共和国刑事诉讼法〉若干问题的解释》第61条规定：“严禁以非法的方法收集证据。凡经查证确实属于采用刑讯逼供或者威胁、引诱、欺骗等非法的方法取得的证人证言、被害人陈述、被告人供述，不能作为定案的根据。”这些规定基本确定了非法证据排除规则。

（2）原始证据优先规则，即对于实物证据应当优先提交原物或原件，只有在提交原物、原件确有困难时，才得提交复制品、照片、副本。在原物、原件与复制件有矛盾时，原物、原件的证明力高于复制件。《人民检察院刑事诉讼规则》第188条规定：“调取书证、视听资料应当调取原件。取得原件确有困难或者因保密需要不能调取原件的，可以调取副本或者复制件。调取物证应当调取原物。原物不便搬运、保存，或者依法应当返还被害人，或者因保密工作需要不能调取原物的，可以将原物拍照、录像。对原物拍照或者录像应当足以反映原物的外形、内容。”最高人民法院《关于执行〈中华人民共和国刑事诉讼法〉若干问题的解释》第53条规定：“收集、调取的书证应当是原件。只有在取得原件确有困难时，才可以是副本或者复制件。收集、调取的物证应当是原物。只有在原物不便搬运、不易保存或者依法应当返还被害人时，才可以拍摄足以反映原物外形或者内容的照片、录像。书证的副本、复制件，物证的照片、录像，只有经与原件、原物核实无误或者经鉴定证明真实的，才具有与原件、原物同等的证明力。”

（3）补强证据规则，即由于特定类型的证据虚假的可能性较大，法律规定此类证据不得单独作为认定案件事实的依据，只有在其他证据与其相互印证时，方能认定案情。1996年《刑事诉讼法》第46条规定：“对一切案件的判处都要重证据，重调查研究，不轻信口供。只有被告人供述，没有其他证据的，不能认定被告人有罪和处以刑罚；没有被告人供述，证据充分确实的，可以认定被告人有罪和处以刑罚。”对于补强证据规则，仅规定了应予补强的证据类型，也就是被告人供述需要进行补强，至于补强证据条件、补强应达到的证明程度等均没有相应的规定。由于缺乏大量的证据规则，对证据的审查运用始终存在大量问题，如刑讯逼供长期以来就是一个屡禁难止的难题，近几年发生的多起错案都不同程度地存在刑讯逼供，而刑讯逼供的多发与缺乏明确的刑事证据规则有着密切的关系。

司法实践中，缺乏证据规则首先是法律规定比较粗疏。1996年刑事诉讼法关于证据的规定只有8个条款，这8个条款涉及的内容包括：证据及其种类；证据收集的一般原则；运用证据的原则；向单位和个人收集证据；证人证言的审查判断；证人的资格与义务；证人及其近亲属的保护等。就以上内容而言，过于原则、笼统，可操作性不强，明显不适应司法实践中复杂的证据运用活动的需要。由于我国刑事诉讼模式借鉴了当事人主义诉讼模式的合理因素，国外经过长期理论探索和经验确证所认可的证据规则都在一定程度上可以借鉴。另外，我国长期的刑事司法实践也确立了一些证据规则，这些规则都可以形成较为系统的证据规则体系并加以规定，以适应我国刑事诉讼模式的发展变化。修改后的刑事诉讼法关于证据的规定有16个条款，法律条文增加了一倍。这16个条款涉及的内容包括：证据及其种类；举证责任的承担；证据收集的一般原则；运用证据的原则；向单位和个人收集证据及行政机关执法和查办案件中收集证据的效力；重证据、重调查研究、不轻信口供及证据确实、充分的内容标准；非法证据排除的一般规定；检察机关对以非法方法收集证据行为的处理；非法证据排除的申请及人民法院的调查核实；检察机关对证据取得合法性的证明；人民法院对非法证据的排除；证人的资格与义务；证人及其近亲属的保护；特殊证人的特别保护措施；证人的补助及保障。这16条规定的内容较1996年刑事诉讼法而言，内容要丰富得多，具有一定的可操作性，在司法实践的可适应性上有了较大的进步。《两个证据规定》对刑事证据的收集、审查、定案等诉讼各个环节作了比较详细的规定，与刑事诉讼法相结合确定了我国的刑事证据规则，即证据客观性、关联性、合法性规则，任意性规则，最佳证据规则，瑕疵证据适用规则，非法证据排除规则，证据有限采用规则，补强证据规则。

第二节　证据客观性、关联性、合法性规则

证据，即证明的依据。修改后的《刑事诉讼法》第48条规定，可以用于证明案件事实的材料，都是证据。证据有八种：（1）物证；（2）书证；（3）证人证言；（4）被害人陈述；（5）犯罪嫌疑人、被告人供述和辩解；（6）鉴定意见；（7）勘验、检查、辨认、侦查实验等笔录；（8）视听资料、电子数据。

刑事证据具有三个基本特征：证据客观性、关联性、合法性。规定刑事证据基本特征的规则即证据客观性规则、关联性规则、合法性规则。用于认定刑事案件事实的所有证据都必须符合证据关联性、合法性、客观性规则的要求，人民法院、人民检察院、公安机关、国家安全机关应当按照证据的关联性、合

法性、客观性要求收集、审查、判断证据。证据材料应由法定主体收集和提出，应具备法定形式，收集的程序和方法应符合法律规定。刑事诉讼法及《两个证据规定》作了若干规定，这些规定都是为了使进入刑事诉讼过程中的证据符合客观性、关联性、合法性要求。

一、证据客观性规则

（一）证据客观性

证据客观性，是指证据的存在形式，它所能反映的事实内容及其与案件事实之间的联系都是客观存在的，是不以任何人的意志为转移的。客观性是刑事证据的最本质的特征。

刑事证据是用于证明案件事实的材料，反映的是客观存在的事实。其反映的内容如果不是客观存在的事实，不可能成为刑事诉讼中的证据。任何主观想象、猜测、怀疑、伪造、虚构、幻想等都是不存在的，也就不可能成为刑事证据。

（二）证据客观性的表现

刑事证据都是随着刑事案件的发生而客观存在的。任何刑事案件的出现、发展必然是在一定的空间、时间、人员和条件下发生的，犯罪行为必然会在犯罪行为发生的地方留下痕迹、发生变化，或者犯罪行为为他人耳闻目睹、有所感知，这些都是确实存在的，不以任何人的意志为转移的。即使犯罪分子对此予以掩盖，也必然会出现新的痕迹、物品，这也是客观存在的。

刑事证据是可以认识的。刑事证据是客观存在的，也就必然会被人们发现，侦查人员进行的收集证据的活动就是为了发现这些存在，借助这些客观存在证明案件事实真相。侦查人员进行的收集证据的活动是认识刑事证据的活动，不能改造、改变这些客观存在，更不能歪曲这些客观存在和进行主观臆断。刑事证据既然是客观的，其自身就应当遵循一般的规律，如证人记忆会因时间久远而逐渐淡忘，现场遗留的痕迹会因自然变化、人为原因而遭到破坏，等等。当然，人们对刑事证据的认识是受到主客观条件限制的，有时一些证据由于种种原因无法认识，但随着科学技术的发展这些证据会不断地被发现、被认识，并在刑事诉讼中发挥巨大作用。

证据的客观性可能因主客观因素的变化而变化。刑事证据虽然是客观的，但是刑事案件的特殊性决定了每一个证据不一定是全面的。刑事证据虽然是客观的，但收集到的证据并一定是真实的，许多证据的真实性是受到限制的。因为许多证据的形成依赖于种种主客观因素，这些主客观因素存在某些不当就会影响到证据的真实性。从证据提供者看，不同的人由于其自身社会经历、社会地位不同，观察问题的角度是不同的。同一事实由于不同的人从不同的角度观察就会得出不同的认识，其记忆能力、表达水平等各不相同，当其证明同一个问题时就可能出现偏离事实客观性的现象。从证据的收集者看来，收集证据包括讯问犯罪嫌疑人、被告人，询问证人时制作笔录，发现实物证据加以固定、保存、扣押、拍照，现场勘查制作现场勘查检查笔录等，都要由司法工作人员、当事人及其辩护人、诉讼代理人等收集主体进行，其中必然含有收集主体的主观因素。证据的形成过程可以看成是证据收集者在证据提供者认识的基础上的再认识，其反映证据提供者的表达，提供时可能也会出现偏差，这样所收集的证据也可能偏离客观事实。司法工作人员责任心不强，工作作风马虎，勘查现场、搜查不细致，就可能遗漏许多案件证据；侦查人员工作经验不足，对应当收集的证据没有及时收集或者证据缺乏应有的准确全面等。另外，缺乏先进科技装备，使得侦查人员未能及时发现和认识证据，也可能出现不能准确反映案件客观情况的现象。

（三）证据客观性对证据收集、运用的要求

刑事证据既然是客观的，就是可以被认识的、发现和收集的。收集证据应当遵循证据客观性的基本要求，按照证据的本来面目去收集并反映它，如实地而不是虚假地反映证据的实际情况。司法机关工作人员应当按照证据客观性规则的要求收集和调取证据。

一是应当做到及时。发生刑事案件，侦查人员就应当迅速地出发，第一时间赶到现场了解情况，利用事发不久，遗留物品、痕迹较多，现场未被破坏，群众记忆清楚等客观条件，收集调取各种证据，防止时过境迁造成证据的灭失或者发生变化，影响证据的客观性。收集证据应当注意保持证据的原状及其真实性，防止发生人为破坏，损害证据的价值。对于犯罪分子掩饰、隐瞒罪行所形成的新证据，也应当及时收集。

二是应当做到全面。刑事案件的证据是多种多样的，大到大型作案工具、枪械、刀具，小到各种毛发、纸屑，微到体液残留物、皮屑等，可能散落于一个现场的不同位置，收集到这些证据对于及时查清犯罪事实有着积极作用，反之就可能影响案件事实的证明。案件中许多证据都可以客观地说明犯罪嫌疑人、被告人具有量刑轻重情节，对此应当按照刑事诉讼法的要求收集能够证实犯罪嫌疑人、被告人有罪或者无罪、犯罪情节轻重的各种证据。在全面收集证据时，有时可以及时查获犯罪嫌疑人，根据其供述可以对相关证据进行补充收集，使证据逐渐完善全面。但是，有的案件由于种种原因未能及时察觉、抓获犯罪嫌疑人，要求侦查人员更要全面收集、固定证据，以利于今后的侦查工

作，因为有些证据不能及时调取，痕迹就会消失、证人就可能遗忘，事后就无法弥补或者其真实性就可能被质疑。对于气味、破坏后的物证等客观证据，要注意运用科技手段收集，并善于运用不断更新的高新技术收集和调取证据。要通过侦查将反映案件不同部分的证据加以收集，从许多分散的、间接的证据中发现有关案件本质的和主要的内容，将反映不同层面客观事实的证据按照其内在联系有机地结合为案件的统一整体，使案件全部的客观事实得以反映。

三是应当做到准确。对于各种证据的收集和调取要注意准确，准确无误地反映案件客观事实，不能模棱两可或者含混不清、似是而非，不能肯定或者否定。在收集证人证言时，应当用准确的语言记录证人感知的客观事实，不能浅尝辄止。如证人看到犯罪嫌疑人持棍子打击被害人身体，在记录时应当要求证人仔细回忆，准确记录相关细节，诸如打击的部位、姿势、次数及凶器的特征、造成的后果等，使所证明的问题能够经得起检验，特别是经得起法庭的质证。

四是应当做到真实有效。收集和调取到的证据只有全面、准确地反映事实情况才能是客观真实的，当其不能做到全面、准确且不能进行弥补时就不能是有效的。司法工作人员应当认真履行自身职责，全面、准确地收集证据，这样才能保证案件证据的真实、可靠、有效。

五是司法人员对案件客观性的反映应当注意法律效果与社会效果的统一。刑事案件发生在社会之中，会留下大量证据为群众所发现，必定引起社会关注，群众对案件的客观真实存在认识。司法人员对案件客观性的认定在某种程度上说是少数人对客观事实的认定，这种认定与社会群体的认定高度统一，案件事实就会为群众所接受，就会转化为社会共同的认识，这时就必然取得良好的社会效果。不可否认的是，司法机关对客观事实的认定与群众的认定有时不是统一的，这就存在对案件客观事实的认定能否为群众所接受的情况，司法机关应当以客观证据认定的客观事实说服教育群众，使他们正确认识案件的客观证据、客观事实，提高群众对法律的正确认识。只要司法机关牢牢把握案件证据客观性要求，还原案件客观事实，就一定会向群众揭示事实真相，取得良好的社会效果。

二、证据关联性规则

（一）证据关联性

关联，是指事物相互之间发生牵连和影响。证据关联性，又称相关性、证明性，是指证据必须同案件存在某种联系并因此对证明案情具有实际意义。证据的关联性是由案件事实决定的，案件事实的发生在客观世界留下了一定的痕迹，这些痕迹被人们所感知，就成为了能够证明案件事实的证据。这样，案件事实与证据之间就存在本质的、内在的联系，证据才有了关联性。任何与案件没有客观联系的材料，都不能成为证据。证据经法定程序和法定主体收集，具有客观性并与案件待证事实具有关联性，就具有一定的证明力。但是，不同的证据因各自的特性和与案件待证事实的关系不同，对于待证事实往往具有不同的证明价值，发挥着不同程度的证明作用。不同程度的证明作用使得案件证据存在证明力的大小，由此产生了等级化的证据证明力规则。法律预先规定各种证据证明力的大小及对证据的取舍、运用而不允许法官进行自由判断和取舍的制度属于“法定证据制度”，盛行于欧洲大陆中世纪封建君主专制时期，早已为时代所抛弃。尽管将各种证据的证明力纳入法律预先规定的范围，确有背离刑事诉讼规律的缺陷，但是各种证据对同一事实确有证明力的大小，这些现象还是可以总结和概括的。

（二）证据关联性的含义

证据关联性包括两个基本含义。一是证据必须与案件事实存在客观的联系。无论是有罪证据还是无罪证据，必须与案件存在一定的联系，这种联系是多方面的，与案件事实根本没有联系的事实不可能成为证据。如证明犯罪嫌疑人、被告人没有作案时间的无罪证据，至少在时间、地点、人员上与本案事实没有联系，否则不可能证明、被告人无罪。二是有罪证据必须与本案事实存在必然联系。有罪证据是证明发生了犯罪事实、犯罪嫌疑人实施了犯罪行为、犯罪嫌疑人具有特定的情节的证据，这些证据无一不同案件事实存在联系。相反，不能证明案件发生、不能说明谁是犯罪人、不能说明犯罪的时间、地点的证据是绝对不能证明案件真实情况的。认识证据的关联性要看证据对需要证明的案件客观事实有无证明作用，在具体运用过程中要因证明对象的不同而异，因证明任务的需要而定。①

（三）证据关联性的表现形式

证据与案件事实关联包括三种情况：

一是证据与某一案件的犯罪构成要件相关联。这种关联是证据能够从犯罪客体、客观方面、犯罪主体、主观方面四个要件的内容出发证明案件事实，如在场亲眼看见犯罪行为的人由于其亲眼目睹，从而与案件事实发生联系，能够从犯罪主体、犯罪客观方面证明犯罪。在案件事实和证据事实之间最常见的是因果关系。犯罪行为与犯罪结果之间存在合乎规律的联系，表现为“引起”和“被引起”的关系，具体表现为：人的行为与犯罪结果之间的关系，犯罪

① 朱云编著：《刑事诉讼证据制度》，法律出版社 1986 年版，第 97 页。

行为与犯罪结果之间的关系。确定证据与犯罪因果关系的联系是确定犯罪人和罪责的重要条件，证据所要反映的与犯罪事实的关系应当符合因果关系基本法则，符合因果关系的时间顺序性、相对性、条件性特征，还可以表现为必然因果关系或偶然因果关系等形式。如犯罪现场存在一处痕迹，这一处痕迹与犯罪人实施犯罪行为有关联，证明犯罪人实施了某一行为。反映因果关系既可以认定证据具有关联性，又可以否定证据具有关联性。如因果关系的时间在犯罪前或者犯罪中，就可以认为证据与犯罪相关联；反之，因果关系的时间在犯罪后，有时就可以直接否定证据与犯罪相关联。

二是证据与某一案件的非犯罪构成的事实相关联。在大多数的犯罪中，时间、地点、方法等内容并不是犯罪构成的要件，但是这些内容对证明犯罪有着重要作用，一些证据从这些内容出发，同样可以证明或者否定犯罪。如某一居民楼内某日下午发生一起故意杀人案，证人看到犯罪嫌疑人在同一时间从该居民楼内出来，这样证人证明的时间、地点等内容与案件事实发生联系，从而可以证明案件事实。

三是证据与某一案件的有关情节相关联。在刑事诉讼中有许多不是证明案件事实而是证明被告人具有某些量刑情节的证据，这些证据可以证明被告人的近亲属协助抓获被告人、被告人平时表现、没有再犯罪的危险、宣告缓刑对所居住的社区没有重大不良影响等，可以与案件的诉讼发生联系并起到证明作用，从而成为刑事诉讼证据。

（四）关联性影响证据的证明作用

不同的证据由于与案件客观事实联系不同，对于事实的证明作用也就有所不同。《死刑案件证据规定》对各种证据均规定要符合关联性的要求。如《死刑案件证据规定》规定，物证、书证应当为原物、原件，与案件事实应当关联，与案件事实有关联的物证、书证应当全面收集。对证据的证明力，应当结合案件的具体情况，从各证据与待证事实的关联程度、各证据之间的联系等方面进行审查判断。证据之间具有内在的联系，共同指向同一待证事实，且能合理排除矛盾的，才能作为定案的根据。证据的证明力是由证据与案件客观事实之间的关联程度或者说联系决定的，这些联系极为复杂，包括直接联系和间接联系、必然联系和偶然联系、本质联系和非本质联系等。与案件事实的不同联系，决定了不同证据对案件事实的证明作用不是等同的。判断证据的关联程度，应当根据证据与案件客观事实的联系进行。就证据与案件客观事实的直接联系和间接联系而言，一般而论，在时间、地点和内容上与案件事实接近的联系，是直接联系；反之，在时间、地点和内容上与案件事实疏远或者中间环节多的联系，是间接联系。直接联系与案件事实有着重要的、本质的联系，间接联系则因为存在一系列中间环节而证明力被冲淡和减弱，似乎都是一些次要的、非本质的联系。因此，直接联系的证据其证明力相对间接联系的证据而言，在一般情况下要强。当然，刑事案件是错综复杂的，在诉讼过程中，随着对案件事实的了解，往往会发现那些在时间、地点和内容上与案件事实疏远或者经过中间环节多的联系依然存在极强的证明作用，从而正确地揭示了案件真相。一般可以认为，原始证据的证明力优于传来证据；实物证据的证明力优于言词证据；内容稳定、前后一致的言词证据优于内容不稳定的言词证据；在同等条件下，与案件无利害关系的证人对案件客观事实所作的证言，证明力大于与案件有利害关系的证人所作的证言；证人提供的对与其有亲属或者其他密切关系的当事人有利的证言，证明力一般小于其他证人证言；国家机关、社会团体依职权制作的公文书证的证明力一般大于其他书证；物证、档案、鉴定结论、勘验笔录或者经过公证、登记的书证的证明力一般大于其他书证、视听资料和证人证言。判断证据的关联性、证明力是一项十分复杂的工作，法律不对各种证据的证明力进行预先规定，法官就应有自由，可以理性地对证据证明力加以判断，诉讼中就贯彻着自由心证的精神①，这种自由心证的方法严格地讲并不意味着在证据关联性、证明力的判断上不遵循一定的规则。

证据的关联性通过侦查、审查工作而体现。证据与案件事实相关联应当是客观存在的，但不是孤立显示的，应当是相互依存的，这种相互关系需要经过司法工作人员加以认定，即证据的关联性有待于侦查、审查工作的正确实施而体现。首先，通过侦查工作发现证据的关联性。刑事诉讼全部过程就是发现证据事实，证明证据事实与案件事实之间联系的过程。在案件发生后最先进行的是侦查工作，侦查工作是发现证据、确定证据之间关联性的主要环节，往往是通过案件事实的关联寻找证据，通过证据之间的关联寻找其他证据，并通过这种关联达到证据数量的充分和质量的确实。其次，通过法庭调查确定证据的关联性。法庭调查是确定证据之间关联性的关键环节，证据必须要经过法庭上举证、质证等环节，查证属实后才能作为定案的依据，也就是各种证据的关联性须查证属实后才能认定其证明力。证据在法庭上经过控辩双方讯问、询问、出示、对质、辨认等方法能够充分展示证据之间的联系及其程度，在确定各个证据与待证事实的关联程度后，容易确定其证明效力，发挥其证明作用。一些证据与案件事实相关联的程度不是简单明了的，往往需要采用科技手段进行调取、鉴别才能准确地查明或判断出证据与案件事实存在的关联。如现场遗留的血迹，通过肉眼不能看出其与案件的具体关系，当经过鉴定认定为被害人、犯

① 张建伟：《证据法要义》，北京大学出版社2009年版，第137页。

罪嫌疑人所留时，其与案件的关联性就明确地体现出来了。当然，收集到的证据由于工作不当，也可能丧失其关联性。收集到原物的照片、录像或者复制品，如不能反映原物的外形和特征，就丧失其与案件事实的关联，不能作为定案的根据。

证据的关联性制约侦查、审查工作。证据的关联性对刑事案件的证明有着重要影响，制约着公安机关、人民检察院、人民法院如何收集、审查、运用证据。证据与案件事实的关联往往不是通过独立的证据个体展示的，而是通过证据之间的相互承继、衔接，环环相扣、步步深入、层层递进将证据所证明的案件事实表现出来，从诸多证据联系中互相鉴别、互相印证，这样才能发现证据与事实之间的关系，才能充分展示证据与案件事实的关联、展示证据的证明力。也就是说，证据的关联性应当符合事物发展的一般逻辑规律，要通过证据的排列、组合去表现，合乎情理地安排证据的顺序才能展示证据与案件事实的关联。证据的关联性要通过法庭审理去巩固和辨别。具有关联性的证据，通过法庭审理，与案件事实的关联会越辩越明，证明力会越来越显现，也越来越容易为法庭采用作为定案的依据。相反，那些与案件事实没有关联或者关联不大的证据，其证明力会越来越弱或者被证明与案件事实无关，这样就会被排除，不能作为认定案件事实的依据，不会对案件发生影响。

三、证据合法性规则

（一）证据合法性

证据合法性，是指证据必须具有法律规定的形式并依照法定程序收集、运用。修改后的《刑事诉讼法》第 50 条、第 59 条分别规定，审判人员、检察人员、侦查人员必须依照法定程序，收集能够证实犯罪嫌疑人、被告人有罪或者无罪、犯罪情节轻重的各种证据；证人证言必须在法庭上经过公诉人、被害人和被告人、辩护人双方质证并且查实以后，才能作为定案的根据。证据合法性是与案件事实具有客观性、关联性的事实成为刑事证据的法律保障，任何一种材料要进入刑事诉讼成为证据，离不开法定主体的收集、审查、判断和运用，法定主体的收集、审查、判断和运用某一材料并以证据这一法定形式表现出来，就需要经过法定诉讼程序。不具有法定形式的证据是无法进入诉讼程序的，也就更谈不到证明案件真实情况和证实犯罪嫌疑人、被告人有罪或者无罪、犯罪情节轻重了。

（二）证据合法性的含义

证据合法性应当包括以下含义：一是刑事公诉案件的证据应当由审判人

员、检察人员、侦查人员和被告人的辩护人等进行收集，除了这些主体，其他人员无权收集证据。二是收集证据应当严格按照法律规定的程序进行。刑事诉讼法、律师法、最高人民法院《关于执行〈中华人民共和国刑事诉讼法〉若干问题的解释》、《人民检察院刑事诉讼规则》、《公安机关办理刑事案件程序规定》等对收集证据的方法、措施和程序进行了具体规定，收集证据应当严格执行这些规定，按照法定程序进行。三是证据应当具有法定的表现形式。应当讲，证明案件的事实形式是多种多样的，如果作为证据则应当具有规范性，具有法定的形式。根据修改后的刑事诉讼法的规定，证据包括物证，书证，证人证言，被害人陈述，犯罪嫌疑人、被告人供述和辩解，鉴定意见，勘验、检查、辨认、侦查实验等笔录，视听资料、电子数据等 8 种形式；《死刑案件证据规定》还规定了说明案件相关情况的材料等形式，离开了这些法定形式，即使其与案件事实有关也不能成为证据。四是证据应当经过法定程序查证属实。证据虽然经过检察人员、侦查人员和被告人的辩护律师收集、审查，但最终得到确认，需要在法庭上经举证、质证等查证属实，才能作为定案的根据。没有经过法庭的审理查实，证据仍然不具有合法性。

（三）证据合法性的表现形式

证据的合法性应当通过以下几种方式予以表现：

一是证据的内容合法。刑事诉讼法规定的证据的内容合法，应当是证据材料内容能够证明案件真实情况，同时证据材料的内容必须经过查证属实，内容不能证明案件真实情况的材料、捏造的虚假材料或者无法查证属实的材料从本质上就不具有合法性，也就不可能成为证据。证据的内容合法是证据客观性、关联性在法律上的重要体现，只有内容合法才能在法律上将证据反映的事实转化为认定案件真实情况的事实，转化为证据事实。

二是证据的形式合法。刑事诉讼行为应当是一种国家行为，具有完整、严谨的规范，进入诉讼的证据应当具有规范的表现形式，以彰显国家法律的权威和司法行为的庄重。任何事实在不具有法定形式的前提下无法以证据形式进入刑事诉讼。证据的形式应当是法律规定的形式，并随着诉讼阶段的不同有着不同的形式与要求。在侦查、审查起诉阶段，证据应当由法定人员制作，采取书面形式，由检察人员、侦查人员和被告人的辩护人制作或者由鉴定人、勘验人制作；在法庭审理阶段，证据可以由公诉人、当事人、辩护人、诉讼代理人申请被害人、证人、鉴定人、勘验人到庭进行口头叙述，由法庭制作成记录的形式出现，虽然其还是法定证据种类，但是其表现形式与其他诉讼阶段还是存在一定差异的。当然，宣读在侦查、审查起诉阶段制作的书面证据的形式，法律也是允许的。申请有关人员出庭的主体是法定的，任何人未经法定人员申请不能到庭提供证据。证据形式合法要求任何证据的提供应当在法定程序之内，在法定程序之外制作、提供的证据不具有合法性。证据形式合法还要求提供证据的人员身份要特定，如当事人、证人等只能本人进行陈述，不允许其他人代为陈述或者转述。鉴定人、勘验人在侦查、审查起诉阶段已作出书面鉴定意见、勘验笔录的，在法庭审理过程中，如果出庭也应当由作出书面鉴定意见、勘验笔录的鉴定人、勘验人出庭。如果由其他人员代为出庭陈述鉴定意见、勘验笔录的，其证据性质应当视为发生改变。

三是证据的程序合法。刑事诉讼中的任何证据都应当依照法定程序进行收集、审查、判断和认定，当其被查证属实，才具有证据效力。程序合法意味着任何以违反法律规定的程序收集证据的做法都是法律不允许的，都意味着对非法收集证据方法的否定。我国对于以非法的方法取得的言词证据一律排除，不得使用。根据修改后的刑事诉讼法的规定，经查证确实属于采用刑讯逼供或者威胁、引诱、欺骗等非法的方法取得的证人证言、被害人陈述、被告人供述，不能作为定案的根据。

四是证据的使用合法。证据是多样的，其使用也是有一定的法律根据的，遵守这些法律规定使用相关证据，也是证据合法性的体现。如修改后的《刑事诉讼法》第53条对犯罪嫌疑人、被告人供述的使用进行了特别规定，即只有被告人供述，没有其他证据的，不能认定被告人有罪和处以刑罚；没有被告人供述，证据确实、充分的，可以认定被告人有罪和处以刑罚。在只有被告人供述，没有其他证据时，使用被告人供述就是非法的。另外，对于一些证据法律规定了限制使用，如根据《死刑案件证据规定》第37条的规定，对于生理上、精神上有缺陷的被害人、证人和被告人，在对案件事实的认知和表达上存在一定困难，但尚未丧失正确认知、正确表达能力而作的陈述、证言和供述，以及与被告人有亲属关系或者其他密切关系的证人所作的对该被告人有利的证言，或者与被告人有利害冲突的证人所作的对该被告人不利的证言，应当慎重使用。违反这些规定使用证据，看似是办案行为的违法，但其导致的后果是证据违反合法性规定。

（四）证据合法性规则的要求

证据合法性规则要求司法工作人员工作的高度规范，力争做到取证主体、内容、程序、形式、使用规范。这些规范性要求是判断证据合法性的重要内容。如根据《死刑案件证据规定》第11条的规定，在审查证人证言时，应当审查证言的取得程序、方式是否符合法律及有关规定；有无使用暴力、威胁、引诱、欺骗以及其他非法手段取证的情形；有无违反询问证人应当个别进行的规定；笔录是否经证人核对确认并签名（盖章）、捺指印；询问未成年证人，是否通知了其法定代理人到场，其法定代理人是否在场等。当违反证据合法性要求时，这时取得的证据应当就是瑕疵证据和非法证据，其结果是瑕疵证据需要补正，在无法补正时被排除；非法证据特别是非法言词证据应当依法予以排除，不能作为批准逮捕、提起公诉、判决的根据。

第三节　任意性规则

一、任意性规则概述

任意性规则，是指犯罪嫌疑人、被告人的供述只有在具有任意性时才允许作为证据使用，采取刑讯逼供、经过不适当的长时间的羁押而获得的供述以及其他可以怀疑并非出于自由意志的供述，不得作为证据。任意性规则是侦查人员调取犯罪嫌疑人、被告人言词证据的行为规范。犯罪嫌疑人、被告人的供述一般有三种内容：一是承认自己犯罪事实的供述；二是否认自己犯罪的事实或者对自己的行为进行辩解的供述；三是揭发检举他人包括其同案犯犯罪行为的供述。任意性规则所称犯罪嫌疑人、被告人的供述，一般是犯罪嫌疑人、被告人承认自己犯罪事实的供述。对犯罪嫌疑人、被告人承认自己犯罪事实的供述有两种解释：一是犯罪嫌疑人、被告人承认自己犯罪事实的供述只是影响定罪量刑的主要事实；二是犯罪嫌疑人、被告人承认自己犯罪事实的供述是对自己不利的事实，既包括犯罪事实，也包括犯罪事实以外的对自己不利的事实。对此应当作准确的理解，一般可将犯罪嫌疑人、被告人承认自己犯罪事实的供述理解为影响定罪量刑的主要事实。对于犯罪嫌疑人、被告人的供述，修改后的《刑事诉讼法》第50条规定“不得强迫任何人证实自己有罪”，从另一方面表明不反对，或者鼓励犯罪嫌疑人自愿供述自己有罪的事实。国外法律对于任意性规则有一些规定，如《意大利刑事诉讼法》规定，讯问官员施行足以影响被讯问人的自由决定权或者足以改变其对事实的记忆和评价能力的方法或者技术，则获得的证据不得采用。

二、任意性规则的理论和实践

法律认为全部正常人对其自己的行为和可能造成的后果要负全部责任，每个人都对自己的行为有选择的自由或“自由意志”①。犯罪嫌疑人、被告人的

① 沈政主编：《法律心理学》，北京大学出版社1986年版，第189页。

供述，真实和自愿应当是其内心真实意愿的体现，只有发自内心的供述才可能是真实、可靠的，至少真心自愿供述可以作为认定供述真实性的一种保障。有学者认为，作为案件证据的自白必须出于自愿，其法理基础在于："无任意性之自白，不仅其取得不难，且其真实性大有可疑，矧如以此作为被告有罪之证据，不啻奖励司法人员以不当之方法取得自白，违反民主国家拥护人权之原则。唯是为保障人权起见，在陈述自由受侵害下所为被告之陈述，无论其为有利于被告抑或不利于被告，法官在原则上皆不得予以引用，方为妥当。"① 正因为如此，自愿的供述要比强迫的供述真实、可靠，而采用刑讯逼供、威胁、引诱、欺骗等不正当方法获得的犯罪嫌疑人、被告人供述其虚假的可能性要大得多。犯罪嫌疑人、被告人肯定自己的犯罪事实并且确认自己应当负刑事责任的供述一般表现为自首、坦白和供认三种形式。自首，是指犯罪嫌疑人、被告人犯罪后自动投案，向公安、司法机关或其他有关机关如实供述自己的罪行的行为。自首的犯罪分子由于出于真诚悔罪自动投案，主观上是自愿，一般能够如实供述自己的罪行，而且其供述的是自己实施并由自己承担刑事责任的主要犯罪事实，具有较高的可信度。坦白，一般是指犯罪嫌疑人、被告人被动归案后，如实交代自己被指控的犯罪事实的行为。供认，是指犯罪嫌疑人、被告人对于某一犯罪事实给予承认。后两者由于是犯罪嫌疑人、被告人被动归案后的供述，其供述往往不是出自自愿。犯罪嫌疑人、被告人被抓获，其在此种情况下作出的供述最值得怀疑。因为犯罪嫌疑人、被告人归案后，被威胁以及基于某种境遇被欺骗、引诱的可能性极大，如遭到刑讯逼供或者被"供述后就会被马上释放"等谎言欺骗，这时供述应当是非任意性的，其可能含有虚假的因素。

犯罪嫌疑人、被告人完全发自内心的供述当然是理想状态，但是犯罪嫌疑人、被告人毕竟是被追究刑事责任的人，刑事诉讼的结果与他们有着切身利益，一旦实施了犯罪事实并被证实，他们将丧失诸多个人利益。趋利避害的本性会使他们狡辩抵赖、避重就轻、编造谎言或者掩盖罪行，这都使得犯罪嫌疑人、被告人的供述不可能发自内心，即使认为犯罪嫌疑人、被告人是任意性供述时也应当给予高度重视。值得注意的是，不可以将犯罪嫌疑人、被告人前后供述的一致作为判断其属于发自内心的标准，也不能将其作为供述真实性的标准。另外，也不可以将同案犯罪嫌疑人、被告人供述的一致作为证明供述真实性的标准。因为供述的一致并不代表供述与案件事实的一致，也不能否定同案犯罪嫌疑人、被告人没有经过事先策划、订立攻守同盟或者串供等。判断犯罪

① 张建伟：《证据法要义》，北京大学出版社2009年版，第242页。

嫌疑人、被告人任意性供述的标准是与其他证据查证属实。《死刑案件证据规定》第22条第1款规定："对被告人供述和辩解的审查，应当结合控辩双方提供的所有证据以及被告人本人的全部供述和辩解进行。"

三、任意性规则的运用

犯罪嫌疑人、被告人任意性供述至少可以保证供述的取得是真实、合法的，其内容也是可以与其他证据另行印证的，控诉方应当以确实、充分的证据证明供述的任意性。为保证犯罪嫌疑人、被告人供述的任意性，应当注意取证和证据的具体运用，特别是要从程序上加以证明。犯罪嫌疑人、被告人供述的一致是任意性供述规则的重要体现，至少表明其供述真实和自愿，当然这种一致不是绝对的，应允许其供述内容中某些细节可以发生一些变化，但是其供述的主要内容应当是一致的。也应当允许犯罪嫌疑人、被告人就其犯罪的行为性质进行辩解等。犯罪嫌疑人、被告人供述的一致应当是侦查、审查起诉特别是在法庭审理过程中供述的一致。法律也是能够充分考虑犯罪嫌疑人心理状态的，当犯罪嫌疑人供述出现反复时，法律并没有完全否定其供述的任意性。如最高人民法院《关于处理自首和立功具体应用法律若干问题的解释》规定，"犯罪嫌疑人自动投案并如实供述自己的罪行后又翻供的，不能认定为自首；但在一审判决前又能如实供述的，应当认定为自首"。被告人的供述前后不一致，出现反复或者其辩解内容有悖案情和常理，常常是违背被告人的供述任意性规则所致。在进行讯问时，以笔录形式取得犯罪嫌疑人、被告人的供述，其中应当注明"我讲的是实话"、"我讲的都对"等内容，通过其自认保证证据内容的真实、可靠，保证其供述的任意性。犯罪嫌疑人、被告人在供述上签名盖章、捺指印可以从一定形式上保证供述内容来自其自由意志。随着人们文化素质的普遍提高，犯罪嫌疑人、被告人都可以比较完整地写出自己的犯罪事实和自己在犯罪中的作用。修改后的《刑事诉讼法》第120条规定，"犯罪嫌疑人请求自行书写供述的，应当准许。必要的时候，侦查人员也可以要犯罪嫌疑人亲笔书写供词"。犯罪嫌疑人、被告人自书的供述在形式上能够保证其供述的任意性，自书的供述在说明犯罪嫌疑人、被告人意思的真实和自愿程度上比侦查人员等调取的犯罪嫌疑人、被告人供述具有更高的可信性和可靠性。除书面的体现外，还应当运用科技手段保证犯罪嫌疑人、被告人供述的任意性，如在讯问犯罪嫌疑人、被告人时实行同步录音录像，将讯问时的状态如实地记载下来，既可以发现以刑讯逼供、威胁、欺骗、引诱等非法方法取得犯罪嫌疑人、被告人供述等情况，同时也可以反映出犯罪嫌疑人、被告人供述时的具体表现，为正确分析犯罪嫌疑人、被告人供述的任意性提供依据。

任意性供述规则是从程序上保证犯罪嫌疑人、被告人供述的规则，并不能完全保证其内容的真实。对于从程序上违反任意性供述规则的，应当从证据效力上加以限制。《日本刑事诉讼法》第319条规定，出于强制、拷问或胁迫的自白，经过不适当的长期扣留或拘禁后的自白，以及其他有不是出于自由意志之疑的自白，均不得用作证据。修改后的《刑事诉讼法》第54条规定，“采用刑讯逼供等非法方法收集的犯罪嫌疑人、被告人供述和采用暴力、威胁等非法方法收集的证人证言、被害人陈述，应当予以排除”。可见，对于以刑讯逼供等非法手段取得的犯罪嫌疑人、被告人供述不具有证据效力，应当予以排除，不能作为认定案件事实的证据。

在我国，任意性规则不仅仅适用于犯罪嫌疑人、被告人，还适用于证人、被害人，目的在于杜绝以非法手段取得证据，保证证据取得程序的合法、有效。任意性规则适用于犯罪嫌疑人、被告人和适用于证人、被害人的程度不同，对于犯罪嫌疑人、被告人供述法律规定采取的是“以刑讯逼供等非法方法”取得，对于证人证言、被害人陈述法律规定采取的是以“暴力、威胁等非法方法”取得。因为刑讯逼供是用肉刑或者变相肉刑的方法，即对犯罪嫌疑人、被告人的肉体采取殴打、捆绑以及其他折磨人肉体的方法和使用冻饿、晒烤等非暴力的摧残、折磨的方法，逼取犯罪嫌疑人、被告人供述，其违背犯罪嫌疑人、被告人真实意思和自愿的程度比较高。而对证人、被害人包括鉴定人采取暴力、威胁等非法方法中，暴力一般指对证据提供者的身体采取打击或者强制等方法，威胁是提出将使证据的提供者的个人利益受到某种损害，借以进行恫吓，迫使其按照询问人员的要求提供情况，其违背证据的提供者真实意思和自愿的程度比较低。但无论如何，这些方法都是违反任意性规则要求的。

犯罪嫌疑人、被告人由于某种原因同意讯问人员使用禁用的讯问方法进行讯问，由此所获得的供述同样属于非法证据。任意性规则要求讯问人员在讯问时使用合法的讯问方法使犯罪嫌疑人、被告人能够以真实意思和自愿的心理进行供述，如果使用的讯问方法违反法律规定，即使犯罪嫌疑人、被告人本人同意或者确实能使犯罪嫌疑人、被告人作出真实供述，所取得的供述也不得作为证据使用。

第四节　最佳证据规则

一、最佳证据规则概述

最佳证据规则，又称原始证据规则，是英美法系国家最古老的证据规则之一，即以文字材料的内容证明案情时必须提交该文字材料的原件。最佳证据规则主要适用于书证①，要求书证的提供者尽量提供原件，如果提供副本、抄本、影印本等非原始材料，则必须提供充足理由加以说明。最佳证据规则要求对于文书等证据必须提供原件，只有在极个别例外的情况下才能用复制品代替。其意义在于明确规定原始文字材料优先于它的复制品或者根据回忆其内容所作的口头陈述。

修改后的《刑事诉讼法》第52条规定，人民法院、人民检察院和公安机关有权向有关单位和个人收集、调取证据。有关单位和个人应当如实提供证据。第135条规定，任何单位和个人，有义务按照人民检察院和公安机关的要求，交出可以证明犯罪嫌疑人有罪或者无罪的物证、书证、视听资料等证据。这些证据应当是原始证据。美国《联邦证据规则》规定，文书、录音或照相，应该提交原件，除非本法或国会立法另有规定。在原件遗失或毁坏；原件无法获得；原件在对方掌握中；文书、录音、照片与案件中主要争议问题之间没有密切关系的情况下，可以不提交文书、录音或照片的原件。大陆法系国家的法律一般都没有明确的最佳证据规则。目前大陆法系国家普遍遵循的直接言词原则，也要求法官在诉讼活动中尽量采用原生证据或原始证据，如书证的原件和物证的原物。在这个意义上讲，英美法系国家的最佳证据规则和大陆法系国家的直接言词原则也有相通之处。综合以上内容，美国《联邦证据规则》所规定的最佳证据规则是在文书、录音或照相的内容一章规定的，其适用范围应当包括文书、录音或照相。国外的最佳证据规则内容基本可以包括我国刑事诉讼法中的书证、视听资料，也可以包括物证、电子数据等证据种类，均属于实物证据。可见，最佳证据规则主要适用于实物证据。

---

① 何家弘主编：《外国证据法》，法律出版社2003年版，第61页。

二、最佳证据规则的含义

最佳证据规则含义是：

（一）用于认定案件事实的证据应当是原物

也就是进入刑事诉讼的应当是原始的书证、物证、视听资料、电子数据等。美国《联邦证据规则》所规定的原件是指：文字或录音的“原件”即该文字或录音材料本身，或者由制作人或签发人制作或签发的使其具有与原件同样效力的副本、复制件。照相的“原件”包括底片或任何由底片冲印的胶片。如果数据储存在电脑或类似设备中，任何从电脑中打印或输出的能准确反映有关数据的可读物都是“原件”。在我国，书证的原物是指书证的原本；物证的原物是指犯罪工具、犯罪痕迹、赃款赃物等；视听资料的原物是指保存在录像、录音设施中记录犯罪情况的原始载体；电子数据的原物是存储于一定设施内的以电子数据形式存在的电子邮件、电子数据交换、网上聊天记录、网络博客、手机短信、电子签名、域名等。

（二）限制使用复制品

我国刑事诉讼法制度中没有规定复制品的具体定义。结合《现代汉语词典》可以将复制品解释为：通过临摹、拓印、印刷、复制、录音、录像、翻拍等方式，依照原件制作成同样的物品。美国《联邦证据规则》所规定的复制品是指：通过与原件同样印刷，或者以同一字模或通过照相手段制作的副本，包括放大或缩小制品，或者通过机械或电子的再录，或通过化学的重制，或通过其他相应手段准确复制原件的副本。从复制的手段上看，在高科技条件下无论是通过机械、电子、化学还是通过其他相应手段准确复制原件都不是十分困难的事情，复制品也就极有可能以假乱真，同时也极易被毁损，这都会使复制品的证明效力受到质疑。因此《死刑案件证据规定》第 8 条规定：据以定案的物证、书证应当是原物、原件。体现出在认定案件事实时要限制使用物证、书证的复制品。

（三）使用复制品要经过严格的审查判断

物证、书证的复制品是经过了复制、传抄的证据，即间接来源于案件事实，属于来源于案件事实第二手或第二手以上的资料。因此，物证、书证复制品的使用遵循传来证据的使用规则，如尽量使用复制、传抄次数较少的复制品，在审查时严格审查，对其真实性有所怀疑时，应当及时地与原件核对。《死刑案件证据规定》第 8 条规定：物证的照片、录像或者复制品，书证的副本、复制件，经与原物、原件核实无误或者经鉴定证明为真实的，或者以其他方式确能证明其真实的，可以作为定案的根据。

三、最佳证据规则的运用

在具体运用最佳证据规则时应当解决以下问题：

（一）正确区分原件和复制品

书证的原件即书证的原本，如贪污案件的账本，载有煽动分裂国家、破坏国家统一内容的出版物等。物证的原件即物证的原物，如犯罪工具、赃款赃物、犯罪现场原始的痕迹等。书证的复制品即通过录像、拍照等方式依照原件制作的制品，这种制品可以是同比例于原本，也可以放大或缩小。物证的复制品即通过录像、拍照、制作模型等方式依照原件制作的制品，这种制品可以是同比例于原物，也可以放大或缩小。通过书证、物证的原件、复制品展示的就是原件或复制品的本身。视听资料的原件是视听资料储存在磁带、声卡、视盘、电影胶片、雷达扫描资料以及其他特定电子载体内的证明案件真实情况的图像、声音等内容，常见的视听资料原件包括记录案件事实的图像、声音等内容的原始录音带、录像带、摄影资料、电子计算机储存资料等。视听资料的复制品是以上述原始录音带、录像带、摄影资料、电子计算机储存资料等为母本拷贝的录音带、录像带、摄影资料、电子计算机储存资料等以及以此打印的能准确反映有关内容的可读物。在没有伪造、剪辑等情况下，借助相关设施展示视听资料的复制品，其实是视听资料原件的展示方法。电子数据的原件是存储于磁性介质之中的电子邮件、电子数据交换、网上聊天记录、网络博客、手机短信、电子签名、域名等原始电子数据形式。电子数据的复制品是以上述原始电子数据形式为母本拷贝的录音带、录像带、摄影资料、电子计算机储存资料等以及以此打印的能准确反映有关内容的可读物。展示电子数据的复制品其实也是电子数据原件内容的展示方法。

（二）准确认定复制品效力

物证的照片、录像或者复制品，书证的副本、复制件为演示性证据，具有不准确性、标准多样性等特征，需要严格审查。[①] 在复制品没有伪造、剪辑等情形，且忠实于原物、原件，经与原物、原件核实无误或者经鉴定证明为真实的，或者以其他方式确能证明其真实的情况下，书证、物证、视听资料、电子数据等实物证据的复制品效力与原物、原件的效力是相同的，可以作为定案的根据。

---

① 张军主编：《刑事证据规则理解与适用》，法律出版社 2010 年版，第 102 页。

（三）可以不使用实物原件而使用复制品的情形

最佳证据规则对实物证据的要求是以出示证据原件为原则，以出示复制品为例外，但在刑事诉讼中，确实存在无法使用物证、书证、视听资料、电子数据等实物原件而必须使用照片、录像等复制品的情形，这些情形包括：1. 物证、书证、视听资料、电子数据属于违禁品的，如淫秽物品，鸦片、海洛因、吗啡、冰毒、大麻等毒品和制毒原料或者配剂、管制药品，危害国家安全的传单、标语、信件和其他宣传品，秘密文件、图表资料等；2. 物证、书证、视听资料、电子数据属于武器弹药、管制刀具，爆炸性、易燃性、放射性、毒害性、腐蚀性等危险品的；3. 物证、书证、视听资料、电子数据属于珍贵文物、珍稀动物及其制品、珍稀植物及其制品的；4. 物证、书证、视听资料、电子数据属于不动产、大型物品、其他大宗的、不便搬运的物品的；5. 物证等证据属于生鲜活物、容易腐烂变质及其他不易保管的物品的；6. 现场发现的不能提取的痕迹、死者、伤者的受伤部位等；7. 原件遗失或毁坏，确实无法获得的。在这些情况下，应当不使用实物原件而使用复制品。

四、最佳证据规则下的证据收集和运用

按照最佳证据规则的要求做好证据收集，一是收集证据力求原物。实物证据是原始证据，与案件事实有直接关系，能够比较客观地反映案件事实，具有客观性和稳定性，司法工作人员应当尽量地全面收集原物，能够收集原物的，不得只收集复制品等证据。由于原物是由案件中行为人的行为直接形成的，在科学技术日益发达的今天，通过技术鉴定可以发现原物更加重要的意义，能够使原物发挥比以往更大的作用。二是做好原物的保存。原物收集后，为保持原物原状和证明价值，需要司法工作人员精心保管原物不致被毁损。保持原物原状，首先要增强司法人员责任心，做好保管工作；其次是在诉讼过程中要及时登记并及时办理移交手续；最后是严格掌握收集复制品的条件。对于调取书证、物证、视听资料、电子数据的原件确有困难或者因保密需要不能调取或不便搬运、保存时，可以将原物拍照、录像。在这种情况下应当分析鉴别该原物是否确实具有不能提取的条件，在不便提取的情况下对原物进行拍照、录像，应当足以反映原状的特征，防止拍照、录像出现不当。同时加强对复制品制作程序要求，对通过勘验、检查、搜查提取物证、书证、视听资料、电子数据的，应当及时制作勘验、检查笔录，搜查笔录，提取笔录，扣押清单，以保证制作文书的合法有效。

依据最佳证据规则的要求做好证据运用，一是审查原物、复制品的来源。查明原物、复制品的来源是运用的前提，也是判断其合法有效的重要途径，最

佳证据规则要求运用时要正确分清原物、复制品。技术日益发达的今天，不能证明物证、书证来源，有时也就不能区别真伪，因此不能以之作为定案的根据。另外，确定证据来源有利于采取正确的运用方法，原物可以直接使用，运用复制品则需要与其他证据相互印证，与原物进行核实等。二是做到原物的优先使用。《死刑案件证据规定》规定：据以定案的物证应当是原物，据以定案的书证应当是原件。在同时出现原物、原件和复制品时，应当优先适用原物、原件。对于比较复杂的书证、物证、视听资料、电子数据，涉及案件内容的只是其中一部分，此时可以采用原物、复制品相结合运用的摘要方法，既通过原物反映其特征全貌，又通过复制品反映其内容，发挥其证明作用。如收集贪污案件的书证时，相关凭证是装订成册的，而涉及案件内容的只是账册中的一部分，对此可以采用复制相关部分和账册封面的做法予以收集。当然，一些书证的原物也可能出现多件，对此应当加以鉴别。如对于被告人实施犯罪时是否已满 18 周岁，有时就存在户籍证明、出生证明文件、人口普查登记、入学年龄登记等多个书证，对此应当加以鉴别，作为判断被告人年龄的参考。三是使用与原物核实无误的复制品。在原物、原件不便提供的前提下，使用的原件、原物复制品应当足以反映原物外形或者内容。控辩双方中任何一方提供复制品都应当与原物核实，在出现矛盾时，应当与原件、原物进行调查核实，以确定其效力。在原物灭失的情况下，控辩双方使用原物的复制品出现矛盾且无法查清时，该复制品不能作为定案的依据。

第五节　瑕疵证据运用规则

在刑事诉讼中，由于少数侦查人员没有严格执行刑事诉讼法的相关规定收集使用证据，使证据存在诸多瑕疵，对此，有关的法律规定及法学界多以“非法证据”、“违法证据”、“非法获得的证据”等提法加以概括。但这些提法都过于具体，未能揭示这一类存在违法但并不严重、可以补正的证据的基本特征，这种存在瑕疵可以合理补正的证据称为瑕疵证据。修改后的《刑事诉讼法》第 54 条规定，采用刑讯逼供等非法方法收集的犯罪嫌疑人、被告人供述和采用暴力、威胁等非法方法收集的证人证言、被害人陈述，应当予以排除。收集物证、书证不符合法定程序，可能严重影响司法公正的，应当予以补正或者作出合理解释；不能补正或者作出合理解释的，对该证据应当予以排除。第 57 条规定，现有证据材料不能证明证据收集的合法性的，人民检察院可以提请人民法院通知有关侦查人员或者其他人员出庭说明情况；人民法院可以通知有关侦查人员或者其他人员出庭说明情况。有关侦查人员或者其他人员也可以要求出庭说明情况。经人民法院通知，有关人员应当出庭。这两条规定明确了一些证据是可以通过补正或者作出合理解释进入刑事诉讼的，这就是瑕疵证据。《两个证据规定》也对瑕疵证据的运用进行了原则规定，这些规定相应地确定了瑕疵证据运用规则。

一、瑕疵证据概述

（一）瑕疵证据的概念

瑕疵证据，是指侦查、检察、审判人员违反法律规定的权限、程序或运用其他违法的方法收集的，用以确定犯罪事实是否存在、被告人是否有罪和罪责轻重以及其他有关案件真实情况的一切事实。① 在司法实践中，瑕疵证据的违反法律规定的权限、程序或运用其他违法的方式主要表现为，违反签名、核对、告知等程序性规定而使收集到的证据存在一定缺陷。刑事诉讼中收集的各种类证据都可能因侦查人员的不严格执法而成为瑕疵证据。瑕疵证据应当属于未严格遵守程序性法律规定形成的证据，而且这种违反程序法的规定必须是未达到一定的程度，如果达到严重的程度，就属于非法的证据；如果其违反了实体法的规定，也不可能成为瑕疵证据。

（二）瑕疵证据的特征

1. 瑕疵证据是存在某种缺陷而使其效力待定的证据

瑕疵证据是在刑事诉讼过程中由法定主体收集的证据，其主体应当是合法的，证据种类也应当是符合法律规定的，只不过是形式、内容存在某种不完善，而这种不完善能否得到补正，决定了其能否作为证据进入刑事诉讼程序。如果经过补正，能够证明案件的具体事实就可以进入刑事诉讼程序作为证据使用；反之，其不能进入刑事诉讼程序，也就不可能证明案件事实而成为证据。

2. 瑕疵证据是可以补正的证据

瑕疵证据虽然存在瑕疵但也不是不能使用和证明案件事实的，必须要由法定主体予以及时补正、作出合理解释以消除其瑕疵，这样才能赋予其证据的效力，进入刑事诉讼程序。

3. 瑕疵证据是可以转化效力的证据

瑕疵证据的效力是可以转化的，当其经过补正转化为合法的证据，就可以

---

① 吴延溢：《刑事诉讼中瑕疵证据的界定与排除规则》，载《广西社会科学》2003 年第 8 期。

用以证明案件事实，具有法定的证明效力；如果得不到补正或者其补正达不到应有的标准，瑕疵证据就转化为非法的证据，不能进入刑事诉讼程序，也就不可能证明案件事实，就不具有证明效力。

（三）瑕疵证据的种类

通过有关办案人员的补正或者作出合理解释的瑕疵证据主要包括：有更改或者更改迹象的书证；没有侦查人员、物品持有人、见证人签名或者物品特征、数量、质量、名称等注明不详的勘验、检查笔录，搜查笔录，提取笔录，扣押清单；收集调取时未注明与原件核对无异，无复制时间，无被收集、调取人（单位）签名（盖章）的物证照片、录像或者复制品，书证的副本、复制件；没有制作人关于制作过程及原物、原件存放于何处的说明或者说明中无签名的物证照片、录像或者复制品，书证的副本、复制件；收集程序、方式存在其他瑕疵的物证、书证；没有填写询问人、记录人、法定代理人姓名或者询问的起止时间、地点的询问笔录；询问证人的地点不符合规定的询问笔录；没有记录告知证人应当如实提供证言和有意作伪证或者隐匿罪证要负法律责任内容的询问笔录；反映出在同一时间段内，同一询问人员询问不同证人的询问笔录；填写的讯问时间、讯问人、记录人、法定代理人等有误或者存在矛盾的讯问笔录；讯问人没有签名的讯问笔录；没有记录告知被讯问人诉讼权利内容的首次讯问笔录；没有见证人的，勘验、检查人员和见证人没有签名、盖章的，勘验、检查人员违反回避规定等情形的勘验、检查笔录；主持辨认的侦查人员少于2人的辨认结果；没有向辨认人详细询问辨认对象的具体特征的辨认结果；对辨认经过和结果没有制作专门的、规范的辨认笔录，或者辨认笔录没有侦查人员、辨认人、见证人的签名或者盖章的辨认结果；辨认记录过于简单，只有结果没有过程的辨认结果；案卷中只有辨认笔录，没有被辨认对象的照片、录像等资料，无法获悉辨认的真实情况的辨认结果；有疑问的破案经过等说明证据，等等。

（四）瑕疵证据和非法证据的区别与联系

瑕疵证据和非法证据都是取证程序、方法和手段上存在违反法律规定因素的证据。“违反法律规定”有一般违法和严重违法，所取得的证据有非法证据与瑕疵证据之分，即一般违法的瑕疵证据和严重违法的非法证据，因此，这些证据的效力是不同的。严格地讲，违反《刑事诉讼法》的相关规定取得的证据就是违法证据，但是，由于刑事诉讼活动是复杂的，如果一律排除不严格执行法律和违反相关规定取得的证据，会给追究刑事犯罪带来极大的弊端。从修改后的《刑事诉讼法》第54条和《两个证据规定》的相关内容可以看出，非法证据与瑕疵证据效力应当从取证行为的违法情节、行为的危害程度、办案人员的主观恶性以及能否补正、作出合理解释等方面进行具体考察从而加以区别。一般而论，违法情节越重、行为危害程度越重、主观恶性越深，所收集的证据就越应为非法证据；反之，越应确定为瑕疵证据。

具体区别非法证据与瑕疵证据应当把握以下标准：（1）非法证据侵犯了公民的宪法性权利，瑕疵证据侵犯的是公民一般实体性权利和程序性权利；（2）非法证据的取证手段带来的后果是不可逆转、无法弥补的，瑕疵证据可以通过事后的工作予以弥补；（3）非法证据的取证手段超出了社会公众的容忍，瑕疵证据的取证手段则是社会公众可以容忍的；（4）非法证据是要绝对予以排除的，瑕疵证据一般可以通过一定的手段和方法将其转化为合法证据。如刑讯逼供、暴力、威胁等非法手段直接侵害了取证对象的意志自由，从宪法规定的尊重和保障人权的角度看，以此手段取得的证据属于非法证据，应当予以排除。而通过上述手段以外的其他非法手段所获取的证据，对被取证对象的直接侵害较轻、影响较小，因此可以视为瑕疵证据。从取证行为的违法情节、行为的危害程度、办案人员的主观恶性等方面看，其对证据真实性影响不大，不会造成证据的效力发生根本变化，因此对瑕疵证据不需采取十分严格的排除手段。瑕疵证据可以表现为各种证据形式，而非法证据则主要为非法言词证据，非法实物证据相对较少。

瑕疵证据与非法证据的划分不是绝对的，随着社会法治理念的进步，瑕疵证据与非法证据处于不断变动发展之中，瑕疵证据中的一部分可能转变发展为非法证据而一概予以排除。如讯问和审判未成年犯罪嫌疑人时通知其法定代理人到场问题，1996 年《刑事诉讼法》对此规定的是：对于不满 18 岁的未成年人犯罪的案件，在讯问和审判时，可以通知犯罪嫌疑人、被告人的法定代理人到场。但是修改后的《刑事诉讼法》第 270 条规定，对于未成年人刑事案件，在讯问和审判的时候，应当通知未成年犯罪嫌疑人、被告人的法定代理人到场，将“可以通知到场”规定为“应当通知到场”，这就表明讯问和审判未成年犯罪嫌疑人时未通知其法定代理人到场而制作的证据原本属于瑕疵证据，今后就转化成为了非法证据。

二、瑕疵证据的效力

瑕疵证据是存在一定缺陷的证据，其效力如何，存在诸多观点。包括：真实肯定说、全盘否定说、排除加例外说、线索转化说、区别对待说。[①] 如何认

① 任华哲、郭寅颖：《论刑事诉讼中的瑕疵证据》，载《法学评论》2009 年第 4 期。

定其效力应当准确把握其缺陷的内容，综合考虑多种因素和多重效应。瑕疵证据的证据能力是一柄“双刃剑”，它既可以有效地追究犯罪，降低犯罪分子逃避司法制裁的可能性，但如无节制地加以采用，又会纵容公安司法机关滥用权力，助长各种违法取证行为的发生，最终损害司法公正。解决的关键“是要紧紧抓住是否侵犯了被讯（询）问人的宪法所规定的基本权利，不能把一般的程序违法的证据统统称之为非法证据加以排除”。①

瑕疵证据的处理方式应当坚持“容忍原则”和“修补原则”。“容忍原则”，是指不因证据的取得存在一定的瑕疵而影响其证据资格，应保持适度的容忍，总体上承认其证据效力。“修补原则”，是指对存在“瑕疵”的证据可以经过补正完善，使“瑕疵”得以消除的，没有必要否定其证据资格。从修改后的刑事诉讼法的内容看，对瑕疵证据采用的是“修补原则”。因为瑕疵证据程序性违法程度较轻，可以采取“程序性补正”方式。所谓“程序性补正”，是指如果程序性违法行为程度较轻，对诉讼程序顺利进行不会产生实质性的影响，对有利害关系的诉讼参与人权利几乎不会发生损害或损害极小的，对该诉讼行为进行补正，使其与合法行为一样，能够产生法律所规定的效果，从而成为有效行为。② 瑕疵证据补正的方式主要是通过办案人员对有关证据的修改、重作、补充或者作出合理解释的方式弥补证据的缺陷，使证据产生法定效力。由于瑕疵证据是存在某种缺陷而其效力待定的证据，在补正证据时应当由原取证人员进行补正，不能随意更改。不能由于更改有关不当行为，造成更大的不当。

三、瑕疵证据的补正方式

（一）重新制作

这种方法主要适用于瑕疵言词证据，对于用轻微威胁、引诱、欺骗等方法得来的犯罪嫌疑人、被告人供述和辩解、证人证言等瑕疵言词证据，可以通过在更换原侦查人员后重新进行讯问和询问，重新制作该证据材料。

（二）补正

补正即对文字疏漏和错误进行补充和改正，这种方法主要适用于瑕疵实物证据文字记载出现的问题。瑕疵实物证据相关文字记载在其欠缺法定要件时，可以通过事后的补充使欠缺得到完善，使证据的法定要件完备。如没有侦查人

---

① 樊崇义：《有程序公正，才能实现实体公正——评“两高三部”“两个规定”所体现的程序价值》，载《检察日报》2010年7月12日。

② 叶青主编：《刑事诉讼法学专题研究》，北京大学出版社2007年版，第268页。

员、物品持有人、见证人签名或者物品特征、数量、质量、名称等注明不详的勘验、检查笔录，搜查笔录，提取笔录，扣押清单等，可以通过补充签名，注明物品特征、数量、质量、名称等，重新制作提取笔录、扣押清单的方式进行补正。修改后的刑事诉讼法规定，对法律手续存在瑕疵的言词证据可以以补正的方式加以弥补。如修改后的《刑事诉讼法》第117条规定，对在现场发现的犯罪嫌疑人，经出示工作证件，可以口头传唤，但应当在讯问笔录中注明。

（三）明确表示同意

这种方法主要适用于瑕疵言词证据，对于询问证人的地点不符合规定、没有告知当事人诉讼权利、义务的询问笔录、讯问笔录等，可以由当事人在事后就其以前所作的证明内容明确承认是出于自己的真实意思表示，以承认瑕疵证据的效力。在调取证人证言时对于取证的地点不是现场、证人所在单位、住处或者证人提出的地点，也不是人民检察院或者公安机关，在这种情况下，证人证言就会遭到质疑。对此主要是通过侦查机关证明办案地点就是取证的地点，并在笔录中写明在该取证的地点是因证人自愿出证。因为法律并不制止证人自愿提出地点，通过证人自愿的方式，可以对缺陷加以弥补。而对于非法证据，即使是出于证人所谓的自愿，也是不允许的。

（四）进行调查核实

这种方法主要适用于人民法院在审判过程中对证据的核实。法庭对证据有疑问，认为某一证据属于瑕疵证据时，如确有核实必要的，可以宣布休庭，对该证据进行调查核实。法庭进行庭外调查时，必要时，可以通知出庭检察人员、辩护人到场。当对证据的疑问得以解释时就可以认定该证据，使瑕疵证据产生法定效力。

（五）作出合理解释

对认为有瑕疵的证据进行合理解释是消除瑕疵的主要方法。合理解释应当视为合理和必要的解释或者说明，这种解释应当是能够经得起理性论证、排除被怀疑的情况。“合理”是指合乎道理和事理。怎样解释才能被认为是合理解释是十分困难的。可以认为合理解释是有理由、有根据的解释或者是符合情理的解释、有证据的解释，这种解释是具有充足理由的，能够使人信服，可以据此作出判断的解释。一般来说，合理解释是指在一般人看来是可以接受的、能够认可的解释。如案卷中只有辨认笔录，没有被辨认对象的照片、录像等资料，无法获悉辨认的真实情况的辨认结果，只是由于遗忘而没有附有照片、录像等资料或者没有办法转录而没有随案移送等解释，如果符合具体情况，就可认为是合理解释。对于众所周知的常识性的、无争议的事实，人民法院生效裁判所确认的事实，有效仲裁文书和公证文书所确认或证明的事实，无争议的程序性事实等没有必要解释。

四、瑕疵证据的补正程序

（一）瑕疵证据补正程序的启动

1. 启动的时间

瑕疵证据的补正，可以在将刑事案件移送审查起诉阶段和提起公诉后的审判阶段进行。（1）在审查起诉阶段，修改后的刑事诉讼法规定，人民检察院审查案件，认为可能存在以非法方法收集证据情形的，可以要求公安机关对证据收集的合法性作出说明。《人民检察院刑事诉讼规则》第265条规定：人民检察院审查起诉部门在审查中发现侦查人员以非法方法收集犯罪嫌疑人供述、被害人陈述、证人证言的，应当提出纠正意见，同时应当要求侦查机关另行指派侦查人员重新调查取证，必要时人民检察院也可以自行调查取证。侦查机关未另行指派侦查人员重新调查取证的，可以依法退回侦查机关补充侦查。在审查起诉阶段，人民检察院发现各种证据存在瑕疵，可启动瑕疵证据的补正程序，对瑕疵证据进行补正。在审查起诉阶段对瑕疵证据的补正，可以通过退回公安机关进行补充侦查和检察机关自行侦查两种方式进行。（2）在法庭开庭审理前，发现各种证据存在瑕疵，也可启动瑕疵证据的补正程序。在起诉书副本送达后开庭审判前，可以启动瑕疵证据的补正程序，《非法证据排除规定》规定，起诉书副本送达后开庭审判前，被告人提出其审判前供述是非法取得的，应当向人民法院提交书面意见。人民法院应当将被告人的书面意见或者告诉笔录复印件在开庭前交人民检察院。修改后的《刑事诉讼法》第182条规定，人民法院在开庭以前，审判人员可以召集公诉人、当事人和辩护人、诉讼代理人，对回避、出庭证人名单、非法证据排除等与审判相关的问题，了解情况，听取意见。这时控辩双方可以知道瑕疵证据的情况，进而补正。（3）在法庭开庭审理过程中，也可以在开庭后作出判决之前启动瑕疵证据的补正程序，修改后的《刑事诉讼法》第56条规定，法庭审理过程中，当事人及其辩护人、诉讼代理人有权申请人民法院对以非法方法收集的证据依法予以排除，此时可以启动瑕疵证据补正程序。

2. 启动的主体

在审查起诉阶段，瑕疵证据补正程序的启动主体应当是检察机关中的案件承办人。如果是根据辩护人的意见而发现证据存在瑕疵的，程序的启动主体仍应当是检察机关中的案件承办人。在法庭审理过程中，瑕疵证据的补正程序的启动主体可以是被告人及其辩护人。人民法院审判人员发现瑕疵证据的，也可以提出补正。

3. 启动的形式

（1）瑕疵证据的补正程序启动形式可以是书面的，也可以是口头的。在审查起诉阶段，人民检察院办案人员可以口头要求侦查人员进行补正或者作出合理解释，也可以通过书面退回侦查机关补充侦查的方式要求侦查机关进行补正。（2）在人民法院的审判阶段，起诉书副本送达后开庭审判前，被告人提出证据存在瑕疵的，应当向人民法院提交书面意见。被告人书写确有困难的，可以口头告诉，由人民法院工作人员或者其辩护人做出笔录，并由被告人签名或者捺指印。（3）被告人及其辩护人在开庭审理前或者庭审中，可以书面或者口头提出证据存在瑕疵，法庭应当进行调查。被告人及其辩护人如果提出案件存在瑕疵证据的，法庭应当要求其提供相关线索或者证据，只有在提出案件存在瑕疵证据的可靠依据时，人民法院才应当启动瑕疵证据的补正程序。

（二）瑕疵证据的审查和处理

根据修改后的《刑事诉讼法》第 171 条和《人民检察院刑事诉讼规则》第 265 条规定，人民检察院对在审查起诉阶段发现的瑕疵，可以要求侦查人员予以补正或者作出合理解释。当侦查机关不能补正瑕疵，或者不能作出合理解释时，检察机关应当将该证据予以排除，不能使之成为提起公诉的证据。

在法庭审理过程中，控方即公诉机关负有举证责任及证明责任。公诉人当庭通过提交证据或者通知侦查人员出庭作证等方式，承担起证明供述合法性的责任。排除控诉证据瑕疵的证明责任也应由公诉方承担，在控方不能作出补正或者合理解释的情况下，则应当承担不能以该证据证明指控的犯罪事实的法律后果和责任。发现证据存在瑕疵的，法庭可以要求公诉人对瑕疵证据予以补正或者作出合理解释。公诉人应当予以补正或者作出合理解释，或者由公诉人要求侦查人员到庭予以补正或者作出合理解释。公诉人能对瑕疵证据作出补正或者合理解释，经补正的瑕疵证据是否可以产生效力，应当经过法庭的调查、质证等程序，其效力由法庭认证加以确认。公诉人作出补正或者合理解释应当向法庭提供讯问笔录、原始讯问过程的录音录像或者其他证据，提请法庭通知讯问时其他在场人员或者其他证人出庭作证，提请法庭通知侦查人员出庭作证。为排除控诉证据的瑕疵，公诉人需要当庭补正的，公诉人可以要求法庭休庭，以便对证据进行补充，还可以建议法庭延期审理。法庭对于控辩双方对瑕疵证据补正或者合理解释有疑问的，可以宣布休庭，对证据进行调查核实。公诉人对证据的调查、法庭对瑕疵证据的审查和调查都是瑕疵证据的补正方式。对于辩护方提出补正瑕疵证据的，修改后的《刑事诉讼法》第 187 条规定，公诉人、当事人或者辩护人、诉讼代理人对证人证言、鉴定意见有异议，人民法院认为证人、鉴定人有必要出庭作证的，证人、鉴定人应当出庭作证。《非法证据排除规定》规定，被告人及其辩护人申请通知讯问人员、讯问时其他在场人员或者其他证人到庭，法庭认为有必要的，可以宣布延期审理。无论公诉方还是辩护方，瑕疵证据补正方式均可以为重新制作、文字补正、出证人对证据瑕疵明确表示同意认可、作出合理解释等。其中最为关键的是由出证人在法庭上对证据进行当庭补正，以确定瑕疵证据的效力。应当讲，证人、鉴定人、勘验人、侦查人员等在书面证言之外的出庭作证某种程度上就带有对瑕疵证据的补正之意。

《死刑案件证据规定》第15条规定，证人（或被害人）在法庭上的证言与其庭前证言相互矛盾，如果证人（或被害人）当庭能够对其翻证行为作出合理解释，并有相关证据印证的，应当采信庭审证言（被害人陈述）。瑕疵证据既然是违反法律规定的权限、程序或用其他一切违法的方法收集、提供的含有违法特征和残缺因素的证据，其形式、内容就存在某种不完善，而这种不完善能否补正，决定了其能否作为证据进入刑事诉讼程序，瑕疵证据能否证明案件事实，能否具有证明效力，需要控辩双方就瑕疵证据的合法性、可采性问题进行质证、辩论。修改后的《刑事诉讼法》第59条规定，证人证言必须在法庭上经过公诉人、被害人和被告人、辩护人双方质证并且查实以后，才能作为定案的根据。《死刑案件证据规定》第4条规定："经过当庭出示、辨认、质证等法庭调查程序查证属实的证据，才能作为定罪量刑的根据。"这一规定把证据特别是瑕疵证据经过法庭的出示、辨认和质证，作为运用证据认定案件事实的必经程序，将质证原则落实到法庭上，把庭外查明转向庭上证明，客观、全面、公开地审查、核实和认定证据。瑕疵证据的质证与一般证据质证是相同的，即在审判长主持下，公诉人可以就起诉书中指控的犯罪事实讯问被告人，询问被害人、鉴定人、勘验人等；被告人的辩护人及其法定代理人或者诉讼代理人经审判长准许，可以就公诉人讯问的情况进行补充性发问；经审判长准许，被告人的辩护人及其法定代理人或者诉讼代理人可以在控诉一方就某一具体问题讯问完毕后向被告人发问。这样通过质证，能够彻底解决瑕疵证据能否进入刑事诉讼、成为定案依据的问题。

第六节　非法证据排除规则

修改后的刑事诉讼法在《两个证据规定》等法律法规、司法解释的基础之上，明确规定了我国的非法证据排除规则。非法证据排除规则是对证据的合法性规则补充，是从反面规定的证据采纳规则。非法证据排除规则是指，法律实施官员以非法手段取得的证据，在审判过程中不得采用为不利于被告人的证据的原则。修改后的《刑事诉讼法》第 54 条至第 58 条规定了非法证据排除规则，科学界定了非法言词证据的内涵及外延，明确规定了排除非法证据的诉讼阶段，排除非法证据的范围，较详细具体地规定了排除非法证据的程序①，基本确立了中国特色的非法证据排除规则。另外《死刑案件证据规定》分别规定：采用刑讯逼供和暴力、威胁等非法手段取得的证人证言、被害人陈述、被告人供述，不能作为定案的根据等，《非法证据排除规定》整体规定了非法证据排除的认定处理等。修改后的刑事诉讼法对非法证据排除规则的规定，是对 1996 年刑事诉讼法和其他司法解释对非法证据排除进行的规范和系统总结，将对我国刑事诉讼制度产生重大影响。

一、非法证据概述

（一）非法证据的概念

非法证据的本意以及后来被联合国和许多国家所采用的概念都是指执法人员及其授权的人通过侵犯被取证人权利的非法手段所取得的证据。② 非法证据在证据的客观性、关联性、合法性三方面中的某一个或某几个方面存在缺陷，也就是说该证据或者在内容上存在缺陷，或者在表现形式上存在缺陷，或者在收集程序等方面存在违法情形等。一般包括：主体不合法的证据、形式不合法的证据、程序或者手段不合法的证据。

1996 年《刑事诉讼法》第 43 条规定的“严禁刑讯逼供和以威胁、引诱、欺骗以及其他非法的方法收集证据”，最高人民检察院《人民检察院刑事诉讼规则》第 265 条规定，“严禁以非法的方法收集证据。以刑讯逼供或者威胁、引诱、欺骗等非法的方法收集的犯罪嫌疑人供述、被害人陈述、证人证言，不能作为指控犯罪的根据”。最高人民法院《关于执行〈中华人民共和国刑事诉讼法〉若干问题的解释》第 61 条规定：“严禁以非法的方法收集证据。凡经查证确实属于采用刑讯逼供或者威胁、引诱、欺骗等非法的方法取得的证人证言、被害人陈述、被告人供述，不能作为定案的根据。”这些规定都是从本质上规定了非法证据的来源、处理等，在实践中发挥了积极作用，但是这些规定也确实存在内容过于原则，缺少可操作性的问题。《死刑案件证据规定》第 12

---

① 樊崇义：《“五条八款”确立非法证据排除规则》，载《检察日报》2012 年 3 月 20 日。

② 杨宇冠：《非法证据排除制度化之路径选择》，载《人民检察》2010 年第 7 期。

条和第17条分别规定：以暴力、威胁等非法手段取得的证人证言、被害人陈述，不能作为定案的根据。第19条规定：采用刑讯逼供等非法手段取得的被告人供述，不能作为定案的根据等。《非法证据排除规定》整体规定了非法证据排除认定处理等。修改后的刑事诉讼法在这些规定的基础上系统地规定了非法证据排除规则。

（二）非法证据的分类

非法证据分成非法言词证据和非法实物证据。

非法实物证据由于情况复杂，难以作出一概禁止的一般性规定。而且对非法取得的物证、书证等实物证据能否排除，国内外存在较大争议，司法实践中一般很少予以排除。修改后的《刑事诉讼法》第54条规定，采用刑讯逼供等非法方法收集的犯罪嫌疑人、被告人供述和采用暴力、威胁等非法方法收集的证人证言、被害人陈述，应当予以排除。收集物证、书证不符合法定程序，可能严重影响司法公正的，应当予以补正或者作出合理解释；不能补正或者作出合理解释的，对该证据应当予以排除。《非法证据排除规定》第14条规定："物证、书证的取得明显违反法律规定，可能影响公正审判的，应当予以补正或者作出合理解释，否则，该物证、书证不能作为定案的根据。"这规定了对非法取得的物证、书证的原则性排除问题，以规范取证活动，确保办案公正。由于实物证据不同于言词证据，非法实物证据的排除以取得不符合法定程序、可能严重影响司法公正和不能补正或者作出合理解释为条件，只有同时具备上述三个条件才应当予以排除。当前我国取得实物证据的手段、条件尚不完备，对非法证据排除的范围还不能像英美各国那样全部实行绝对排除，对非法实物证据只能实行有限排除、附条件地排除。如《死刑案件证据规定》第34条规定：根据被告人的供述、指认提取到了隐蔽性很强的物证、书证，且与其他证明犯罪事实发生的证据互相印证，并排除串供、逼供、诱供等可能性的，可以认定有罪。这一规定没有规定被告人的供述的具体情况，但是由此而来的物证、书证，只要其合法并与其他证据互相印证，排除串供、逼供、诱供等可能性，就具有可采性。也就是说根据被告人供述提取到了隐蔽性很强的物证、书证，取得物证、书证的本身未明显违反法律规定，且与其他证明犯罪事实发生的证据互相印证，不可能影响公正审判时，该物证、书证同样可以成为证据。由此可见，我国刑事证据并未采取美国"毒树之果"的理论，对非法的实物证据并未采取严格排除的做法。

修改后的刑事诉讼法突出规定非法言词证据的确认和排除，并对非法言词证据排除的操作规程作出了规范。修改后的《刑事诉讼法》第54条直接规定，采用刑讯逼供等非法方法收集的犯罪嫌疑人、被告人供述和采用暴力、威胁等非法方法收集的证人证言、被害人陈述，应当予以排除。《非法证据排除规定》在第1条规定非法言词证据的概念，即采用刑讯逼供等非法手段取得的犯罪嫌疑人、被告人供述和采用暴力、威胁等非法方法取得的证人证言、被害人陈述，属于非法言词证据。非法言词证据概念的核心问题是如何界定“非法”的标准问题，我国将非法证据分成瑕疵证据和非法证据两类，并分别采取了“修补”和排除等方法。判断非法与否的关键是要紧紧抓住取证行为是否侵犯了被讯（询）问人的宪法权利，不能把一般程序违法的证据统统称之为非法证据加以排除。联合国《禁止酷刑和其他残忍、不人道或有辱人格的待遇或处罚公约》第1条规定，“酷刑”系指为了向某人或第三者取得情报或供状，为了他或第三者所作或被怀疑所作的行为对他加以处罚，或为了恐吓或威胁他或第三者，或为了基于任何一种歧视的任何理由，蓄意使某人在肉体或精神上遭受剧烈疼痛或痛苦的任何行为，而这种疼痛或痛苦又是在公职人员或以官方身份行使职权的其他人所造成或在其唆使、同意或默许下造成的。纯因法律制裁而引起或法律制裁所固有或随附的疼痛或痛苦则不包括在内。《禁止酷刑和其他残忍、不人道或有辱人格的待遇或处罚公约》第15条规定，每一缔约国应确保在任何诉讼程序中不得援引任何确属酷刑逼供作出的陈述为证据。综合一些国际条约关于“非法”取证行为的界定，这些取证行为一般包括：暴力取证；精神折磨的方法取证；用不人道的方法取证；使用药品取证，使用殴打、捆绑，违法使用戒具，较长时间冻、饿、晒、烤等肉刑或变相肉刑损害身体健康，威胁、引诱、欺骗，较长时间羁押、麻醉、催眠等方法取证。修改后的《刑事诉讼法》第54条明确规定非法言词证据的效力，即经依法确认的以刑讯逼供等非法手段取得的非法言词证据，应当予以排除，不能作为定案的根据。这一规定与联合国《禁止酷刑和其他残忍、不人道或有辱人格的待遇或处罚公约》规定的确保在任何诉讼程序中不得援引任何确属酷刑逼供作出的陈述为证据的内容是一致的。非法言词证据包括实体违法，如以刑讯逼供取得口供；也包括程序违法，如侦查人员违反规定单人取证。但是二者的效力是不同的，如果以刑讯逼供等非法手段取得的犯罪嫌疑人、被告人供述，属于非法言词证据，应当依法予以排除。对于程序违法取得的言词证据，一般情况下属于瑕疵证据，实践中一般均应补正、完善；如果严重违反程序法的，属于非法言词证据，实践中应当排除。

（三）非法证据的条件

认定刑事诉讼中的非法证据应当包括以下条件：

1. 违反实体法律规定

刑事诉讼法规定，严禁刑讯逼供和以威胁、引诱、欺骗以及其他非法的方法收集证据，收集证据应当忠实于事实真相。违反这些规定，采取刑讯逼供等违法行为取得证据或者故意隐瞒事实真相，伪造书证、物证的，所得证据即为非法证据。

2. 违反程序法律规定

刑事诉讼法规定，讯问、询问等收集证据的活动应当遵守一定的程序，如讯问聋、哑的犯罪嫌疑人，应当有通晓聋、哑手势的人参加，并且将这种情况记明笔录。讯问笔录应当交犯罪嫌疑人核对，对于没有阅读能力的，应当向他宣读。如果记载有遗漏或者差错，犯罪嫌疑人可以提出补充或者改正。犯罪嫌疑人承认笔录没有错误后，应当签名或者盖章，侦查人员也应当在笔录上签名。违反这些程序性规定往往存在侵害当事人合法权利特别是侵犯公民宪法性权利的行为，造成不真实的证据，从而不能成为定案的依据。

3. 严重影响司法公正、足以导致错误的判决

违反法律规定收集的证据往往是错误的，以错误的、不真实的证据认定案件事实，会导致错误的判决，错误的判决是毫无公正可言的。多年的实践告诉我们，使用非法证据是造成错误判决的重要原因之一。

（四）非法证据的表现形式

1. 主体不合法的非法证据

主体不合法的非法证据即非法定主体遵循或违反法定程序收集的具有或者不具有客观性和相关性的证据材料。例如，联防队员、其他临时工作人员、纪检工作人员受检察机关或审判机关委派收集的证据；执法机关在超越职权或滥用职权时制作或收集的证据材料；鉴定机构不具备法定的资格和条件，或者鉴定事项超出本鉴定机构项目范围或者鉴定能力而作出的鉴定意见；鉴定人不具备法定的资格和条件、鉴定人不具有相关专业技术或者职称而作出的鉴定意见，等等。

2. 手段不合法的非法证据

手段不合法的非法证据包括：以暴力、威胁等非法手段取得的证人证言、被害人陈述；采用刑讯逼供等非法手段取得的被告人供述；经过剪辑、增加、删改、编辑等伪造、变造手段形成的视听资料；经过剪裁、拼凑、篡改、添加等伪造、变造手段形成的电子证据；虚假的破案经过等说明证据；非法定时间、地点、法定人数收集的证据；取得证据的方法、手段明显违反法律规定，可能影响公正审判的各种物证、书证，等等。

3. 形式不合法的非法证据

形式不合法的非法证据包括：没有个别进行询问而取得的证人证言；没有经证人核对确认并签名（盖章）、捺指印的证人书面证言；询问聋哑人或者不

通晓当地通用语言、文字的少数民族人员、外国人，应当提供通晓聋、哑手势的人员或翻译而未提供的而取得的证人证言；没有经被告人核对确认并签名（盖章）、捺指印的被告人书面供述；讯问聋哑人或者不通晓当地通用语言、文字的人员时，应当提供通晓聋、哑手势的人员或者翻译人员而未提供而取得的被告人供述；鉴定人违反回避规定作出的鉴定意见；经错误的鉴定程序作出的鉴定意见；鉴定文书缺少签名、盖章等内容作出的鉴定意见；不是在侦查人员主持下进行的辨认；辨认前使辨认人见到辨认对象的辨认；辨认人的辨认活动没有个别进行的辨认；辨认对象没有混杂在具有类似特征的其他对象中，或者供辨认的对象数量不符合法律规定的辨认；辨认中给辨认人明显暗示或者明显有指认嫌疑的辨认；等等。

4. 程序不合法的非法证据

程序不合法的非法证据包括：鉴定方法有错误；鉴定对象与送检材料、样本不一致；送检材料、样本来源不明或者确实被污染不具备鉴定条件；违反有关鉴定特定标准的鉴定意见，等等。

修改后的刑事诉讼法和《两个证据规定》详细规定了司法实践中出现的各种非法证据。具体包括：

（1）非法物证、书证。修改后的《刑事诉讼法》第 54 条规定，收集物证、书证不符合法定程序，可能严重影响司法公正的，应当予以补正或者作出合理解释；不能补正或者作出合理解释的，对该证据应当予以排除。《死刑案件证据规定》规定的非法物证、书证包括：不能反映原物的外形和特征的原物照片、录像或者复制品；有更改或者更改迹象不能作出合理解释的书证；不能反映书证原件及其内容的书证副本、复制件；未附有勘验、检查笔录，搜查笔录，提取笔录，扣押清单，不能证明经勘验、检查、搜查提取、扣押的物证、书证来源的；收集过程有疑问，不能作出合理解释的物证、书证。另外，《非法证据排除规定》还规定：物证、书证的取得明显违反法律规定，可能影响公正审判的，不能补正或者作出合理解释的，不能作为定案的根据。

（2）非法证人证言、被害人陈述。修改后的《刑事诉讼法》第 54 条规定，采用暴力、威胁等非法方法收集的证人证言、被害人陈述，应当予以排除。《死刑案件证据规定》规定的非法证人证言包括：以暴力、威胁等非法手段取得的证人证言；处于明显醉酒、麻醉品中毒或者精神药物麻醉状态，以致不能正确表达的证人所提供的证言；证人的猜测性、评论性、推断性的证言；询问证人没有个别进行而取得的证言；没有经证人核对确认并签名（盖章）、捺指印的书面证言；询问聋哑人或者不通晓当地通用语言、文字的少数民族人员、外国人，应当提供翻译而未提供的证人证言；人民检察院、被告人及其辩护人对证人证言有异议，经人民法院依法通知出庭作证而不出庭作证，且经质证无法确认的证人的书面证言；证言出现矛盾，证人不出庭作证，导致不能排除矛盾且无证据印证的书面证言等。

（3）非法犯罪嫌疑人、被告人供述和辩解。修改后的《刑事诉讼法》第54条规定，采用刑讯逼供等非法方法收集的犯罪嫌疑人、被告人供述，应当予以排除。《死刑案件证据规定》规定的非法犯罪嫌疑人、被告人供述包括：采用刑讯逼供等非法手段取得的犯罪嫌疑人、被告人供述；讯问笔录没有经被告人核对确认并签名（盖章）、捺指印的犯罪嫌疑人、被告人供述；讯问聋哑人、不通晓当地通用语言、文字的人员时，应当提供通晓聋、哑手势的人员或者翻译人员而未提供的犯罪嫌疑人、被告人供述。

（4）非法鉴定意见。修改后的《刑事诉讼法》第187条规定，公诉人、当事人或者辩护人、诉讼代理人对鉴定意见有异议，人民法院认为鉴定人有必要出庭的，鉴定人应当出庭作证。经人民法院通知，鉴定人拒不出庭作证的，鉴定意见不得作为定案的根据。《死刑案件证据规定》规定的非法鉴定意见包括：鉴定机构不具备法定的资格和条件，或者鉴定事项超出本鉴定机构项目范围或者鉴定能力的；鉴定人不具备法定的资格和条件、鉴定人不具有相关专业技术或者职称、鉴定人违反回避规定的；鉴定程序、方法有错误的；与证明对象没有关联的；鉴定对象与送检材料、样本不一致的；送检材料、样本来源不明或者确实被污染且不具备鉴定条件的；违反有关鉴定特定标准的；鉴定文书缺少签名、盖章的；其他违反有关规定的情形的。

（5）非法勘验、检查笔录。《死刑案件证据规定》规定的非法勘验、检查笔录包括：存在明显不符合法律及有关规定的情形，并且不能作出合理解释或者说明的勘验、检查笔录。

（6）非法视听资料。《死刑案件证据规定》规定的非法视听资料包括：经审查或者鉴定无法确定真伪的视听资料；对制作和取得的时间、地点、方式等有异议，不能作出合理解释或者提供必要证明的视听资料。

（7）非法辨认。《死刑案件证据规定》规定的非法辨认包括：不是在侦查人员主持下进行的辨认；辨认前使辨认人见到辨认对象的；辨认人的辨认活动没有个别进行的辨认；辨认对象没有混杂在具有类似特征的其他对象中，或者供辨认的对象数量不符合规定的辨认；辨认中给辨认人明显暗示或者明显有指认嫌疑的辨认结果，不能确定其真实性的。另外，还存在非法侦查实验笔录、非法搜查笔录、非法说明案件相关情况的材料等非法证据，需要根据司法实践加以分析判断和认定。

二、排除非法证据程序的性质

修改后的刑事诉讼法比较详细具体地规定了排除非法证据的程序，包括程序的启动、法庭审查并进行法庭调查、控方举证和证明的方法、法庭经过审理的处理程序，规定了侦查、审查起诉、审判阶段的非法证据调查处理规定。其中，在审判阶段的排除非法证据的程序是一个在现有刑事审判过程中建立的全新的程序。排除非法证据的程序是一个确定各种准备进入审判阶段的证据是否属于以非法手段取得和应否予以排除的法庭调查程序。

（一）审判阶段的排除非法证据的程序是一个独立的审判程序

排除非法证据的程序是一个既依托在现有刑事案件审判程序中，又具有自身独立功能的程序。

1. 设立排除非法证据的程序具有独立的目的。即通过法律赋予被告人及其辩护人等在法庭上提出公诉人（侦查机关）在证据取得上存在违反法律规定的行为，促使法庭对这些证据的合法性作出决定的权利，排除非法证据的效力，维护被告人的合法权益。设立这一程序使被告人在审判阶段获得了将侦查机关部分侦查行为及公诉人提出的控诉犯罪的证据诉诸法院加以审查，查明证据是否存在非法取得的情形，从而排除非法证据的适用。

2. 设立排除非法证据的程序具有独立的时间。修改后的《刑事诉讼法》第 182 条规定，在开庭以前，审判人员可以召集公诉人、当事人和辩护人、诉讼代理人，对回避、出庭证人名单、非法证据排除等与审判相关的问题，了解情况，听取意见。《非法证据排除规定》第 4 条规定：起诉书副本送达后开庭审判前，被告人提出其审判前供述是非法取得的，应当向人民法院提交书面意见。第 5 条规定：被告人及其辩护人在开庭审理前或者庭审中，提出被告人审判前供述是非法取得的，法庭在公诉人宣读起诉书之后，应当先行当庭调查。法庭辩论结束前，被告人及其辩护人提出被告人审判前供述是非法取得的，法庭也应当进行调查。

3. 设立排除非法证据的程序具有独立的审查对象。虽然排除非法证据程序的审查对象规定为被告人审判前供述，但是其基本精神是将所有证据均作为审查对象。《非法证据排除规定》的大部分内容规定的是对被告人审判前供述的调查，但证人证言、被害人陈述、物证、书证等如果也是非法取得的，也应当进行调查。因此，排除非法证据的程序具有独立的审查对象。

4. 设立排除非法证据的程序具有独立的结果。1996 年《刑事诉讼法》第 43 条规定：严禁刑讯逼供和以威胁、引诱、欺骗以及其他非法的方法收集证据。最高人民法院《关于执行〈中华人民共和国刑事诉讼法〉若干问题的解释》第61条进一步规定:“严禁以非法的方法收集证据。凡经查证确实属于采用刑讯逼供或者威胁、引诱、欺骗等非法的方法取得的证人证言、被害人陈述、被告人供述,不能作为定案的根据。”但是,二者均未将此类证据排除在法庭之外,依此理解,不能作为定案的根据,并不意味着该证据不能在法庭出示。因此,刑讯逼供或者威胁、引诱、欺骗等此类证据仍然具有可采性,只是不具有证明力而已。修改后的《刑事诉讼法》第50条规定,严禁刑讯逼供和以威胁、引诱、欺骗以及其他非法方法收集证据,不得强迫任何人证实自己有罪。第54条规定,采用刑讯逼供等非法方法收集的犯罪嫌疑人、被告人供述和采用暴力、威胁等非法方法收集的证人证言、被害人陈述,应当予以排除。这里所规定的法庭调查不是确立证据的证明力,而是决定证据的证据资格,当某一证据被确认为非法证据时,其根本不能进入刑事诉讼程序,不可能成为证据。也就是排除非法证据程序的结果是,此证据自始至终不能进入刑事诉讼程序。

(二)审判阶段的排除非法证据程序是一个完整的审判程序

从修改后的《刑事诉讼法》第54条至第58条的规定可以看出,排除非法证据程序是现有诉讼模式在证据审查中的运用。

1. 从结构上看,排除非法证据的程序依然保持了控诉、辩护、裁判的基本职能,由被告人及其辩护人以辩护的方式对控诉证据提出非法指控,公诉机关对此举证辩驳,法官居中裁判。这种构造体现了我国在刑事诉讼中对被告人人权的保护,进一步扩大了被告人及其辩护人权利,充分体现了控辩双方地位平等。修改后的《刑事诉讼法》第56条规定,法庭审理过程中,当事人及其辩护人、诉讼代理人有权申请人民法院对以非法方法收集的证据依法予以排除,并提供相关线索或材料,审判人员认为可能存在以非法方法收集证据情形的,应当对证据收集的合法性进行法庭调查,要求检察机关承担证明责任。修改后的《刑事诉讼法》第57条规定,在对证据收集的合法性进行法庭调查的过程中,人民检察院应当对证据收集的合法性加以证明。公诉人必须证明被告人的有罪供述是合法取得的,否则就是非法。公诉方通过提交笔录、音像资料或者通知侦查人员出庭作证等方式,承担证明供述合法性的责任。不仅如此,相对于过去法庭任意拒绝查证刑讯逼供问题的做法而言,修改后的刑事诉讼法强调诉辩双方可以就供述笔录的合法性进行质证和辩论,法庭在听取双方质证和辩论的基础上,作出专门的裁决。在刑事诉讼中,公诉机关除承担提供证据证明被告人犯罪的职责外,对于被告人及其辩护人提出的被告人庭前供述系非法取得的线索或者证据,同样承担证明被告人庭前供述系合法取得的证明责任。在控方不举证,或者已提供的证据不够确实、充分的情况下,则应当承担不能以该证据证明指控犯罪事实的法律后果和责任。

2. 从内容上看，排除非法证据的程序形成了完整的诉讼过程，排除非法证据程序包括了从被告人及其辩护人提出申请并提供相关线索或者材料、法庭初步审查、控方提供证据、控辩双方质证、法庭审查处理几个环节，基本形成了完整的法庭审理的程序。这种比较完全、比较系统的程序能够使非法证据排除规则在司法实践中得到充分落实。

3. 从证明标准上看，排除非法证据的程序有不同的证明标准。法律规定刑事诉讼中采取的证明标准是证据确实、充分，但是排除非法证据的程序对被告人及其辩护人提出被告人审判前供述是非法取得的要求是，应当提供涉嫌非法取证的人员、时间、地点、方式、内容等相关线索或者材料，经法庭审查，对被告人审判前供述取得的合法性有疑问的，才进行调查。可见，被告人及其辩护人向法庭提出非法证据排除应当提出线索或者材料，未提供相关线索或者材料的，不能进入调查程序，这就是被告人及其辩护人要启动排除非法证据的程序应当承担的初步证明责任。被告人及其辩护人提供涉嫌非法取证的人员、时间、地点、方式、内容等相关线索或者材料，应当足以使法庭对被告人审判前供述取得的合法性产生疑问。综观这些规定，被告人及其辩护人向法庭提出非法证据排除时所提出的线索或者材料和公诉人提出的证据相比较存在一定的可信性，这种可信性来源于被告人及其辩护人所提供的证据具有较大优势，能够使法庭足以确信其主张的刑讯逼供等事实真实存在或者具有存在的可能性，就可以开始法庭调查程序。

三、排除非法证据的程序

修改后的刑事诉讼法对排除非法证据规定了具体的操作规程，第 54 条规定：在侦查、审查起诉、审判时发现有应当排除的证据的，应当依法予以排除，不得作为起诉意见、起诉决定和判决的依据。《非法证据排除规定》第 5 条规定：被告人及其辩护人在开庭审理前或者庭审中，提出被告人审判前供述是非法取得的，法庭在公诉人宣读起诉书之后，应当先行当庭调查。法庭辩论结束前，被告人及其辩护人提出被告人审判前供述是非法取得的，法庭也应当进行调查。可见，我国的非法证据排除程序，在刑事诉讼的侦查，审查批捕，审查起诉，庭审宣读起诉书后、法庭辩论结束前均可进行。

（一）排除非法证据的阶段

根据不同的诉讼阶段，排除非法证据的程序分成侦查阶段、审查批捕阶段、审查起诉阶段和法庭审理阶段。

1. 侦查阶段的排除

在侦查阶段，侦查人员必须依照法定程序，收集能够证实犯罪嫌疑人有罪或者无罪、犯罪情节轻重的各种证据。严禁刑讯逼供和以威胁、引诱、欺骗以及其他非法方法收集证据，不得强迫任何人证实自己有罪。在侦查阶段发现侦查人员非法取证的，应当依法予以排除。同时，人民检察院作为法律监督机关，当接到报案、控告、举报或者发现侦查人员以非法方法收集证据的，应当进行调查核实。对于确有以非法方法收集证据情形的，应当提出纠正意见；构成犯罪的，依法追究刑事责任。

2. 审查批捕阶段、审查起诉阶段的排除

在审查批准逮捕、审查起诉阶段，人民检察院当然负有排除非法证据的义务，这与检察机关的法律监督职能是相适应的。人民检察院发现非法言词证据应当依法予以排除，不能作为批准逮捕、提起公诉的根据。在审查批准逮捕、审查起诉案件时，人民检察院应当讯问犯罪嫌疑人，听取辩护人、被害人及其诉讼代理人的意见。公诉人员通过对案卷的审查、讯问犯罪嫌疑人、调查核实其他证据等途径发现非法证据，也可以通过监所检察、群众来访、听取被害人和犯罪嫌疑人、被害人委托的人的意见等渠道发现非法证据。当人民检察院发现有关证据属于非法取得时，应当进行调查，要求侦查人员提供能够证明证据合法的相关证据。

3. 法庭审理阶段的排除

在法庭审理阶段，修改后的刑事诉讼法规定了较完整的排除非法证据的程序。这一程序具体包括：程序的启动、法庭审查、法庭调查、控辩双方辩论、法庭处理五个方面。排除非法证据的程序是一项刚性的刑事诉讼程序，遇有应当适用的情形，必须适用，否则应当承担不利的后果。如《非法证据排除规定》第 11 条规定：对被告人审判前供述的合法性，公诉人不提供证据加以证明，或者已提供的证据不够确实、充分的，该供述不能作为定案的根据。第 12 条规定：第二审人民法院对被告人审判前供述取得的合法性进行审查。检察人员不提供证据加以证明，或者已提供的证据不够确实、充分的，被告人该供述不能作为定案的根据。这些规定大大强化了公诉方的证明责任，促使公诉方必须对被告人及其辩护人提出其审判前供述是非法取得的问题进行回应，积极举证证明自己证据的合法性，这体现了对被告人及其辩护人的诉讼权利最大限度的尊重。《非法证据排除规定》还对法官在排除非法证据方面的自由裁量权进行了合理的规范和限制。这些规定可以督促侦查人员严格依法进行调查取证行为，促使公诉人认真做好出庭应诉准备，促使法官认真履行程序性裁判的责任。

（二）法庭审理阶段排除非法证据程序

1. 程序的启动

（1）启动的主体。修改后的《刑事诉讼法》第56条规定，法庭审理过程中，审判人员认为可能存在以非法方法收集证据情形的，应当对证据收集的合法性进行法庭调查。当事人及其辩护人、诉讼代理人有权申请人民法院对以非法方法收集的证据依法予以排除。申请排除以非法方法收集的证据的，应当提供相关线索或者材料。《非法证据排除规定》第4条规定：起诉书副本送达后开庭审判前，被告人提出其审判前供述是非法取得的，应当向人民法院提交书面意见。被告人书写确有困难的，可以口头告诉，由人民法院工作人员或者其辩护人做出笔录，并由被告人签名或者捺指印。第5条规定：被告人及其辩护人在开庭审理前或者庭审中，提出被告人审判前供述是非法取得的，法庭在公诉人宣读起诉书之后，应当先行当庭调查。另外审判人员认为可能存在以非法方法收集证据情形的，也可以积极地提起排除非法证据的程序。可见，排除非法证据程序启动的主体是审判人员、当事人及其辩护人、诉讼代理人。

（2）排除非法证据程序启动的形式。当事人及其辩护人、诉讼代理人有权提出由人民法院对以非法方法收集的证据依法予以排除的申请，启动排除非法证据程序的形式可以是书面，也可以是口头。

（3）排除非法证据程序启动的时间。排除非法证据程序可以在开庭前启动，也可以在开庭审理过程中启动。起诉书副本送达后开庭审判前，被告人提出其审判前供述是非法取得的并提交书面意见、口头告诉时，人民法院应当将被告人的书面意见或者告诉笔录复印件在开庭前交人民检察院。另外，修改后的《刑事诉讼法》第182条规定，在开庭以前，审判人员可以召集公诉人、当事人和辩护人、诉讼代理人，对回避、出庭证人名单、非法证据排除等与审判相关的问题，了解情况，听取意见。

（4）排除非法证据程序启动的证据要求。修改后的《刑事诉讼法》第56条规定，当事人及其辩护人、诉讼代理人有权申请人民法院对以非法方法收集的证据依法予以排除。申请排除以非法方法收集的证据的，应当提供相关线索或者材料。《非法证据排除规定》第6条规定：被告人及其辩护人提出被告人审判前供述是非法取得的，法庭应当要求其提供涉嫌非法取证的人员、时间、地点、方式、内容等相关线索或者证据。这些内容应该使法庭足以相信被告人遭受了刑讯逼供等非法取证方式，且这些材料应当比公诉机关的证据更加客观实际，具有说服力。

2. 法庭审查

排除非法证据程序中的法庭审查根据诉讼阶段，分成两种程序和两种方式。

从程序上看，在第一审程序中法庭对被告人提出其审判前供述是非法取得的书面意见、口头告诉要进行审查。这种审查应当是初步审查，审判人员通过初步审查对被告人庭前供述系非法取得产生了合理疑问时，才可能启动排除非法证据程序。如果经过初步审查，审判人员没有产生疑问，就没有必要进行排除非法证据程序。在第二审程序中，如果人民法院发现被告人及其辩护人在一审程序中提出了被告人审判前供述是非法取得的，第一审人民法院没有审查，并以被告人审判前供述作为定案根据的，第二审人民法院应当对被告人审判前供述取得的合法性进行审查。这是第二审程序的审查。

从方式上看，在第一审程序中根据被告人、辩护人提出其审判前供述是非法取得的具体情况，人民法院可以以两种方式进行审查处理。一种方式是在人民法院将起诉书副本送达被告人后至开庭审判前，被告人及其辩护人提出被告人审判前供述是非法取得的，并向人民法院提交申请排除非法证据的书面意见或口头告诉，写明涉嫌非法取证的人员、时间、地点、方式、内容等相关线索或者材料的，人民法院工作人员应当作出处理。首先，人民法院工作人员应当接受书面意见，对于口头告诉应当作出笔录，具体写明被告人提出其审判前供述是非法取得的理由，并提出涉嫌非法取证的人员、时间、地点、方式、内容等相关线索或者相关材料。其次，由人民法院将被告人的书面意见或者告诉笔录复印件在开庭前交人民检察院。人民检察院对于被告人的书面意见或者告诉笔录的相关内容应当进行核实，要求侦查人员说明情况，要求其出庭等，并根据工作情况，补充制作证人名单、证据目录等，移送人民法院。最后，人民法院工作人员将材料、证据移送公诉机关，在开庭后即开始调查。另一方式是在法庭审理过程中进行的，具体可以是被告人及其辩护人在法庭调查过程中、法庭辩论过程中，提出了被告人审判前供述是非法取得的，如果法庭认为被告人及其辩护人提出的事实理由、材料具有较大优势，足以确信其主张的刑讯逼供等事实真实存在或者具有存在的可能性，即对被告人审判前供述取得的合法性有疑问时，就应当进行法庭调查。

3. 法庭调查

修改后的刑事诉讼法明确规定了法庭在对控辩双方提供的证据存在疑问时依职权主动调查核实的职责，即法庭审理过程中，审判人员认为可能存在以非法方法收集证据情形的，应当对证据收集的合法性进行法庭调查。修改后的刑事诉讼法与原来最高人民法院和最高人民检察院司法解释的有关规定相比，扩大了人民法院主动调查核实的职权，提出人民法院可以在法庭上进行调查核实，也可以在法庭外进行调查核实，有权要求公诉人提供充足的理由，可以要求有关人员出庭，这样既有利于查清案件事实，扩大了法官对非法证据排除的范围，同时也建立了排除非法证据的程序和举证责任规则，使非法证据排除规则在实践中能得以有效地实现，这是我国健全证据规则方面的飞跃性进步。

法庭调查的程序包括：

第一，先由被告人及其辩护人提出被告人审判前供述是非法取得的，要求予以排除的申请，同时提出涉嫌非法取证的人员、时间、地点、方式、内容等相关线索或者材料，审判长宣布进行法庭调查。

第二，由公诉人向法庭举证。修改后的《刑事诉讼法》第57条规定，在对证据收集的合法性进行法庭调查的过程中，人民检察院应当对证据收集的合法性加以证明。《非法证据排除规定》第7条规定：公诉人应当向法庭提供讯问笔录、原始的讯问过程录音录像或者其他证据，提请法庭通知讯问时其他在场人员或者其他证人出庭作证，仍不能排除刑讯逼供嫌疑的，可以提请人民法院通知有关侦查人员或者其他人员出庭说明情况；经人民法院通知，有关人员应当出庭。具体而言，公诉人举证的方式是：（1）向法庭出示所有讯问被告人的笔录，简要说明供述内容。然后播放原始的讯问过程的录音录像，为保证其真实性应当说明录音录像制作情况，以及能够证明录音录像为原始的证据材料。如果原始的讯问被告人过程的录音录像能够排除被告人审判前供述是非法取得时，法庭调查程序应当宣布结束。但是公诉人提交加盖公章的说明材料，未经有关讯问人员签名或者盖章的，不能作为证明取证合法性的证据。（2）提请相关人员到庭作证。这些人员包括讯问被告人时的在场人员、其他证人、讯问人员等。对这些人员应当由公诉人先行逐一询问，被告人及其辩护人可以向这些人员发问，审判人员也可以询问上述人员。

第三，延期审理。在开庭审判前，被告人及其辩护人提出被告人审判前供述是非法取得时，由于审判人员、公诉方和辩护方事先已知道相关情况，并补充了相关证据，容易通过法庭调查查清取证真相。但是，如果是被告人及其辩护人在法庭审理、法庭辩论过程中提出被告人审判前供述是非法取得的，公诉人很可能当庭发现需要通知新的证人到庭、调取新的物证、重新鉴定或者勘验的或者发现案件需要补充侦查，对此往往不能及时举证，从而影响审判的正常进行。对此，公诉人可以根据《刑事诉讼法》第198条的规定，建议法庭延期审理。另外，《非法证据排除规定》第8条规定：法庭对于控辩双方提供的证据有疑问的，可以宣布休庭，对证据进行调查核实。必要时，可以通知检察人员、辩护人到场。这一规定与修改后的刑事诉讼法第191条的规定是一致的。《死刑案件证据规定》更加强调法官审查证据的责任。《死刑案件证据规定》第38条规定：法庭对证据有疑问的，可以告知出庭检察人员、被告人及其辩护人补充证据或者作出说明；确有核实必要的，可以宣布休庭，对证据进行调查核实。法庭进行庭外调查时，必要时，可以通知出庭检察人员、辩护人到场。出庭检察人员、辩护人一方或者双方不到场的，法庭记录在案。人民检察院、辩护人补充的和法庭庭外调查核实取得的证据，法庭可以庭外征求出庭检察人员、辩护人的意见。双方意见不一致，有一方要求人民法院开庭进行调查的，人民法院应当开庭。这些规定也同样适用于排除非法证据程序。

4. 双方质证

排除非法证据程序在控辩双方举证之后进入了质证阶段，其核心是被告人审判前供述取得的合法性问题，即围绕着控辩双方当庭询问讯问被告人时在场人员、其他证人、讯问人员进行的。《非法证据排除规定》第 7 条第 4 款规定：控辩双方可以就被告人审判前供述取得的合法性问题进行质证、辩论。质证、辩论是认定证据效力和排除非法证据的重要方法。排除非法证据程序的质证围绕被告人及其辩护人提出涉嫌非法取证的人员、时间、地点、方式、内容等进行，具体分成两种形式，一是伴随着控辩双方当庭交叉询问进行；二是就排除非法证据程序中控辩双方举证后，对这些证据进行整体的质疑。在质证时可以将被告人及其辩护人提出证据与调查程序中出示的证据、询问情况等进行对比分析，发现或者否定虚假的证据。在这一阶段，进行对质是一个主要方法，如将被告人审判前供述和当庭供述相对比，在播放原始的讯问被告人过程的录音录像后，对被告人进行对比讯问等。

质证应当根据法庭调查阶段的不同情况进行。如果是控辩双方分别提出证人等，要通过对证人的交叉询问进行质证，双方应对出证内容的真实性、可靠性进行质证，如首次讯问笔录没有记录告知被讯问人诉讼权利内容等情况，讯问人当庭作出了补正或者作出解释，这种解释和补正是否合理就成为控辩双方质证的重点；如果控辩双方提出相关材料，要对其证明的内容、形式进行质证，如公诉方提出了说明材料或者提出的证人当庭提出了说明材料，该说明材料虽加盖相关单位的公章，但是未经有关讯问人员签名或者盖章，则对此证据能否使用进行质证。可见，通过质证辩论要证明公诉方提出的被告人审判前供述的取证人员、时间、地点、方式、内容等符合法律规定。

修改后的《刑事诉讼法》第 187 条规定，当事人或者辩护人、诉讼代理人以异议的方式对未到庭证人的书面证言、未到庭被害人的书面陈述提出系非法取得而申请排除的，举证方应当对其取证的合法性予以证明。该证人证言、被害人陈述对案件定罪量刑有重大影响，人民法院认为证人、被害人有必要出庭作证的，证人、被害人应当出庭作证。非法证据排除应当是通过正反两方面规定的方式进行，一是规定了诉讼参与人出庭的义务，这是正面规定。如讯问人员出庭是证明被告人审判前供述取证合法的最关键环节，修改后的刑事诉讼法规定，经依法通知，讯问人员或者其他人员应当出庭作证。二是从反面规定诉讼参与人不出庭的法律后果。如修改后的《刑事诉讼法》第 187 条第 3 款规定，公诉人、当事人或者辩护人、诉讼代理人对鉴定意见有异议，人民法院认为鉴定人有必要出庭的，鉴定人应当出庭作证。经人民法院通知，鉴定人拒不出庭作证的，鉴定意见不得作为定案的根据。《死刑案件证据规定》规定：未出庭作证证人的书面证言出现矛盾，不能排除矛盾且无证据印证的，不能作为定案的根据。排除非法证据程序中的质证充分体现了举证、质证与辩论相结合的控辩平等模式的特点，使证据在此基础上越辩越明，从而发现事实真相。

5. 法庭处理程序

在经过了排除非法证据程序后，法庭应当作出以下处理。其一，绝对排除。修改后的《刑事诉讼法》第 58 条规定，对于经过法庭审理，确认或者不能排除存在以非法方法收集证据情形的，对有关证据应当予以排除。《非法证据排除规定》第 2 条规定：经依法确认的非法言词证据，应当予以排除，不能作为定案的根据。即法庭经过调查，确定被告人审判前供述系采用刑讯逼供、暴力、威胁方法取得的，其属于非法言词证据，依法必须予以排除，即使它是真实的、可靠的，也不能作为定案根据。根据非法证据排除进行的阶段，如在开庭审理前排除此非法证据的，绝对排除意味着该证据根本不能进入案件审理的程序；如果在法庭调查过程中排除此非法证据的，绝对排除意味着该证据根本不能作为定案的根据。其二，瑕疵证据可进行救济。即被告人审判前供述存在一些程序性的违法，也就是证据存在一定的瑕疵，可以责令侦查人员去补正或者作出合理解释。如被告人审判前供述笔录没有记录告知被告人应当如实提供供述内容的，由于这些内容在不同诉讼阶段都可以加以补充，对此侦查人员表明在其他笔录、其他阶段已告知并予以查实的，可以认为是经过了补正。经过补正的被告人审判前供述可以作为证据进入法庭审理阶段，并在今后的法庭审理过程中运用。其三，予以采信。经排除非法证据程序，被告人及其辩护人未提供非法取证的相关线索、证据，或者被告人及其辩护人已提供非法取证的相关线索、证据，经过公诉方举证和控辩双方质证、辩论，法庭对被告人审判前供述取得的合法性没有疑问的，该被告人审判前供述可以为法庭采用为证据。

（三）其他非法证据排除程序

排除非法证据程序也适用于被告人及其辩护人提出其他言词证据是非法取得而要求法庭调查的内容。排除非法证据程序的启动是在对证据进行初步审查的基础上进行的，经过了排除非法证据程序的启动、法庭审查、法庭调查、双方质证等阶段，根据控辩双方提出的证据、质证和辩论等，法庭应当对被告人审判前供述的合法性问题做出决定：如果公诉人的证明达到确实、充分的标准要求，能够排除被告人审判前供述属非法取得的，法庭确认该供述的合法性，准许其当庭宣读、质证后，作为定案的依据；反之，法庭对该供述予以排除，不作为定案的根据。在司法实践中，言词证据的排除标准在程序上应当把握以下内容：（1）提出证据一方具有优势。被告人及其辩护人提出被告人审判前供述是非法取得的，应当提供涉嫌非法取证的人员、时间、地点、方式、内容等相关线索或者材料。被告人及其辩护人未提供非法取证的相关线索或者证据，其主张就不具有优势。（2）提供证人等出庭作证的一方具有优势。《非法证据排除规定》规定的排除非法证据程序以证人等出庭作证为原则，以提供书面证明材料为例外，如公诉方为证明提出被告人审判前供述是合法取得的，提请法庭通知讯问时讯问人员、其他在场人员或者其他证人出庭作证的，经依法通知，讯问人员或者其他人员应当出庭作证。如果讯问人员或者其他人员拒不出庭作证，这种证据就不具有优势。（3）对证据提出补正或者作出合理解释的一方具有优势。

对于被告人及其辩护人提出物证、书证属于非法取得而要求法庭调查的诉讼申请，也应当依据以上程序进行调查。在经过了排除非法证据程序后，法庭应当作出以下处理：（1）自由裁量的排除。修改后的《刑事诉讼法》第54条规定，收集物证、书证不符合法定程序，可能严重影响司法公正的，应当予以补正或者作出合理解释；不能补正或者作出合理解释的，对该证据应当予以排除。《非法证据排除规定》规定：物证、书证的取得明显违反法律规定，可能影响公正审判的，不能补正或者作出合理解释，该物证、书证不能作为定案的根据。物证、书证的取得是否明显违反法律规定，是否可能影响公正审判，均由合议庭自由裁量。（2）进行补正救济。即物证、书证的取得存在一些程序性的违法，属于瑕疵证据，可以责令侦查人员予以补正或作出合理解释。

修改后的刑事诉讼法规定排除非法证据程序的目的在于，通过设立层层阻拦的程序，防止种种非法证据进入刑事诉讼。阻拦的程序涉及侦查、检察、审判等全部机关和诉讼环节，我国刑事诉讼法所要求的以事实为根据的基本原则和侦查人员必须依照法定程序，收集能够证实犯罪嫌疑人、被告人有罪或者无罪、犯罪情节轻重的各种证据的基本要求，决定了非法证据排除程序以保证实现惩罚犯罪、保障人权为目的。

修改后的《刑事诉讼法》第55条规定，人民检察院接到报案、控告、举报或者发现侦查人员以非法方法收集证据的，应当进行调查核实。对于确有以非法方法收集证据情形的，应当提出纠正意见；构成犯罪的，依法追究刑事责任。人民检察院是法律的监督机关，对于故意制造非法证据情节严重的行为，如侦查人员采用威胁、刑讯逼供等暴力或以引诱、欺骗、使人疲劳、饥渴等精神折磨和不人道的方法、服用药物、催眠等非法手段取得的被害人陈述、证人证言、犯罪嫌疑人或被告人供述；伪造、隐匿、销毁、调换或者私自涂改证据；违反搜查、扣押、冻结款物规定；人民法院审判人员审理案件违反法定程序错误采信证据，导致对重要事实、法定情节错误裁判等情形，构成犯罪的，应当依法追究有关人员的刑事责任。情节尚不构成犯罪的，可以采用发出纠正违法通知书，口头纠正，建议更换办案人员、建议追究行政责任的检察建议书等方式进行监督。发现错误判决的，应当提起抗诉。

值得注意的是，《非法证据排除规定》详细具体地规定了排除非法证据的程序及结果，但是对于公诉机关并未使用非法证据作为定罪、定案依据，即使案件进入了审判阶段，也不必通过排除非法证据程序再次排除该非法证据。在开始取得的证据存在违法的情况下，在后续的取证过程中，取得的证据是完全合法，该证据也不必进入排除非法证据程序。此证据效力如何，应当根据法庭调查的结果，在有其他证据佐证或者证实的情况下进行确定。

第七节　证据有限采用规则

一、证据有限采用规则概述

证据有限采用规则，是指言词证据由于其主体、内容存在一定的缺陷，法律规定这些证据在刑事诉讼中应当被限制使用。《死刑案件证据规定》第 37 条规定：对于有下列情形的证据应当慎重使用，有其他证据印证的，可以采信：（1）生理上、精神上有缺陷的被害人、证人和被告人，在对案件事实的认知和表达上存在一定困难，但尚未丧失正确认知、正确表达能力而作的陈述、证言和供述；（2）与被告人有亲属关系或者其他密切关系的证人所作的对该被告人有利的证言，或者与被告人有利害冲突的证人所作的对该被告人不利的证言。这里确定了我国刑事诉讼中的证据有限采用规则。

证据的“有限采用规则”，亦可称为证据的“部分可采性规则”，是英美法系国家证据法中关于证据可采性的一个重要规则。证据的有限采用规则的含义是：言词或实物证据可以为某个限定的目的而被采纳为证据。例如，某证人先前的矛盾性陈述可以用来对该证人进行质疑，但是不能用来认定案件事实；某证据可以采用，但是只能针对一方当事人而不能针对另一方当事人。有限采用规则属于证据采纳规则的范畴，是对证据关联性规则的补充，多用于对证人的质疑。

在英美法系国家，质证主要采用交叉询问的方式，由双方律师在法庭上对证人进行质问的方式。对证人的质疑可以有以下五种情况：（1）证明该证人身上存在感觉缺陷，例如，通过眼镜店技工的证言，证明证人的眼睛有近视或色盲等问题；（2）证明该证人的精神状态有问题，如病理性说谎者；（3）证明该证人有重罪前科，可以通过法院的有罪判决书予以证明；（4）证明以前曾经作出过与法庭证言相矛盾的证言，而且该证人否认这一点，这可以通过以前的书面证言或询问笔录予以证明；（5）证明该证人有偏见、利益关系等因素而可能影响其陈述的真实性，如证明其有种族歧视的言论等。在美国，"有限采用规则"主要适用于以下几种证据：（1）自相矛盾的陈述。证人（包括被害人和被告人，下同）在审判之前作出的与法庭证言相互矛盾的陈述，不能直接用来证明案件事实，但是可以用来攻击证人的可信度。（2）相似性陈述。一般来说，法庭没有必要听取证人在审判之前作出的与法庭证言相同或相似的证言，但是当对方律师提出该证人证言是最近编造的"故事"时，该证人一方就可以提出证据，证明其以前作出过相同或相似的陈述，从而证明其证言的可靠性。①

我国的证据有限采用规则的适用原因是：一是言词证据可能是存在一定缺陷的。按照直接言词原则，诉讼参与人应当以口头方式作证，从生理上看，由于其在年龄、精神状态、生理等方面存在差异，在对事物的感知、记忆、回忆、表达等方面也会有不同，这就决定了诉讼参与人的言词证据可能是存在一定缺陷的。从社会学的角度看，人生活在社会中会产生不同的情感，形成各种各样的人际关系，其作出的言词证据在一定程度上会受主观因素的影响。二是言词证据存在一定缺陷是由出证主体和证言内容决定的。从主体上看，由于年龄、精神状态、生理缺陷等原因而存在交流困难的人是弱势证人②。弱势证人在年龄、精神状态、生理等方面与正常证人存在差距，因此可能影响其言词陈述的效果，这种情况对于被害人、被告人也是一样。从内容上看，如果提供证据的人与当事人存在某种利害关系，在一般情况下，他或多或少地会站在有关当事人的立场上，提供对其有利的证据，对其不利的证据一般不会主动提供。三是言词证据存在一定的缺陷是由法律规定的。一些诉讼参与人具有不可替代

① 何家弘主编：《外国证据法》，法律出版社2003年版，第63页。

② 李国光主编：《最高人民法院〈关于民事诉讼证据的若干规定〉的理解与适用》，中国法制出版社2002年版，第381页。

性，如证人，我国法律规定凡是知道案件情况的人，都有作证的义务。判断证人证言是否存在缺陷、是否具有真实性往往没有确切的标准可依，司法实践中，司法工作人员往往根据自身认识决定了证人证言的缺陷及其取舍，具有一定的随意性。为了避免这种随意，《死刑案件证据规定》明确规定，有两类言词证据是存在缺陷的，即生理上、精神上有缺陷的被害人、证人和被告人，在对案件事实的认知和表达上存在一定困难，但尚未丧失正确认知、正确表达能力而作的陈述、证言和供述；与被告人有亲属关系或者其他密切关系的证人所作的对该被告人有利的证言，或者与被告人有利害冲突的证人所作的对该被告人不利的证言。这就以法律的形式确定了某些证据存在缺陷。四是存在缺陷的证据应当限制使用。由于出证主体和证言内容的原因使证据存在某些法定缺陷，应当慎重使用这种言词证据。慎重使用的基本含义是：应当肯定这些证据存在缺陷，如果有其他证据时可以不使用这些存在缺陷的证据。存在缺陷的证据不能独立使用作为定案的唯一根据。在没有其他证明内容、证明效力的证据时，使用这种存在缺陷的证据应当有其他证据予以印证。这里的印证是指将存在缺陷的证据与其他证据对照比较，以证明存在缺陷的证据证明的内容与事实相符。

二、有限采用证据的出证主体

证据有限采用规则所指的主体是具有法定缺陷的言词证据主体，主要包括以下四种：

（一）生理上、精神上有缺陷的人

生理缺陷主要是指感官有缺陷，人不能感知到某种事物或无法完整准确地感知事物，主要是指某个感觉器官功能的丧失或者不健全。生理上有缺陷的人包括以下几种情况：因年龄因素而智力发育不完善或者机能老化，在识别能力和控制自己行为能力上有所不足的人，如不满18周岁的未成年人和已满75周岁以上的人；盲聋哑人；其他生理上有缺陷的人，如存在视觉、感觉、嗅觉等功能降低的人。精神上有缺陷是指智力上或者精神上存在障碍。精神上有缺陷的人包括以下几种情况：患有严重的精神病、智能欠缺的精神病人，处于明显醉酒、麻醉品中毒或者精神药物麻醉状态的人等。

（二）有亲属关系的人

亲属关系是基于婚姻、血缘和法律拟制而形成的社会关系。根据亲属关系发生的原因，可以将亲属分为配偶、血亲和姻亲三类。在刑事诉讼中，亲属关系可以分成近亲属关系和其他亲属关系两种。依据《刑事诉讼法》的规定，具有“近亲属”关系的人是指夫、妻、父、母、子、女、同胞兄弟姊妹。具有其他亲属关系的人则包括祖父母和外祖父母、孙子女和外孙子女、儿媳和公婆、女婿和岳父母，以及其他三代以内的旁系血亲，如伯、叔、姑、舅、姨、侄子女、甥子女、堂兄弟姊妹、表兄弟姊妹等。

（三）其他具有密切关系的人

具有密切关系的人最早在《全国法院审理经济犯罪案件工作座谈会纪要》表述为“近亲属以外的其他人”，后在最高人民法院、最高人民检察院《关于办理受贿刑事案件适用法律若干问题的意见》提出了“特定关系人”的概念，即与国家工作人员有近亲属、情妇（夫）以及其他共同利益关系的人。在《刑法修正案（七）》中规定了国家工作人员的近亲属以及其他与其关系密切的人。这里的关系密切是指虽不存在亲属关系，但彼此是同学、战友、老部下、老上级或者有着某种共同的利益关系，或是过从甚密，具有足够的影响力。①

一般认为，“其他具有密切关系的人”应当包括身份关系类其他具有密切关系的人和共同利益类其他具有密切关系的人两类。

1. 身份关系类其他具有密切关系的人。身份是民事主体在亲属关系及其他非亲属社会关系中所处的特定地位，以及由该地位所产生的与其自身不可分离并受法律保护的利益。② 身份关系除配偶、血亲和姻亲的亲属关系外，还有一种借用的亲属关系。借用的亲属关系是指本无婚姻或家庭关系的相对人之间，通过拟制产生夫、妻、父、母、子、女、同胞兄弟姊妹的关系。社会上出现的情夫、情妇、义父、义母、干儿子、干女儿、结拜兄弟姊妹，就是这种现象的典型代表。虽然这种关系不是法律意义上的亲属关系，但是由于我国家庭观念根深蒂固，此类“亲属”之间感情深厚，关系亲密，彼此间享有与近亲属基本相同的名份、社会地位和某些经济利益，可以发挥与近亲属一样的作用。其他非亲属社会关系主要是指因感情、地缘关系或者一定的事务关系产生的身份关系。情感是社会中人际交往的重要纽带，基于友情可产生密切的关系，如要好的朋友；地缘关系是指以地理位置为联结纽带，由于在一定的地理范围内共同生活、活动而交往产生的人际关系，如同乡关系、邻里关系；事务关系是指因事务需要而产生的关系，如战友、同学、同事、上下级、师生等关系。

---

① 郎胜主编：《中华人民共和国刑法解读》，中国法制出版社2009年版，第738页。

② 杨立新：《人身权法论》，中国检察出版社1996年版，第49页。

2. 共同利益类其他具有密切关系的人。共同利益类其他具有密切关系的人可以分为：存在共同财产关系的其他具有密切关系的人和一方是财产关系另一方是非财产关系的其他具有密切关系的人两类。共同利益关系主要是指经济利益关系，纯粹的同学、同事、朋友关系不属于共同利益关系。共同利益关系也不仅局限于共同财产关系，片面地将单纯的朋友关系认定为共同利益关系或是机械地将财产关系等同于共同利益关系的做法都是欠妥当的。共同利益关系产生的基础是关系人之间存在同乡、同学、同事、朋友等关系，他们利用亲情、友情拉近彼此间的距离和关系，利用私交进行隐秘的权钱交易，这样就使得这些关系带有了明显的经济利益色彩，这就是共同利益。当事人与其他具有密切关系的人之间存在的不一定都是独立的经济利益关系，还可能存在通过其他关系谋取经济利益的关系，这就出现了一方是财产关系另一方是非财产关系的情况。这种关系人多是一方为官另一方为商的官商互补型关系。

（四）有利害冲突的人

证人有偏见、利益关系等因素，会影响其陈述的真实性。在司法实践中，证人与案件当事人、案件处理结果存在利害关系的种类和原因难以尽数。根据利害关系的性质，可将此类利害关系大致分为两种：一种是证人与案件当事人之间存在利害关系。例如，证人是当事人（包括被告人和被害人）的亲友，与当事人存在很深的感情，因此可能会提供有利于当事人的证言；或者证人是当事人的敌人，曾经与当事人产生过矛盾，或者证人对当事人有偏见，认为当事人是社会不良分子，在这两种情况下，证人都可能提供不利于当事人的证言。另一种是证人与案件处理结果之间存在利害关系。例如，证人与当事人存在商业上的竞争关系，存在经济上的利益冲突，可能会提供不利于当事人的证言；或者证人是当事人的担保人或合作伙伴，存在共同的商业利益，可能会提供有利于当事人的证言。在极端的情况下，证人还可能因为收受贿赂而作出有利于或者不利于当事人的证言。

三、证据有限采用规则派生出的权利

证据有限采用规则在司法实践中必然派生出两种权利：

（一）免证权

存在缺陷的证据与其他证据相比较具有较低的可信性，可以不进入刑事诉讼程序，这就导致某些人员具有了免于出证的权利。在国外，证人与案件当事人有一定的利害关系，如与被告人有亲属关系或者其他密切关系的，这些人可以不出证，特殊职责人员也享有拒绝作证的特权。这些特权包括：（1）律师与当事人之间的特权；（2）夫妻之间的特权；（3）医生与病人之间的特权；（4）神职人员与忏悔者之间的特权；（5）情报人员的身份保密特权；（6）记者关于消息来源的特权；（7）保守军事和政府秘密的特权；（8）关于政府选举的特权。在我国，生理上、精神上有缺陷的人，与被告人有亲属关系或者其他密切关系的人，有利害冲突的人就有可以具有免证权。修改后的刑事诉讼法规定，被告人的配偶、父母、子女虽经人民法院通知，其不出庭作证的，人民法院不能强制其到庭作证。这正是基于家庭关系的特殊性，由被告人的配偶、父母、子女证明被告人犯罪过于残酷，所以法律规定了其具有不出庭作证的权利。值得注意的是，被告人的配偶、父母、子女免证权是受到限制的，也就是其免除作证义务仅局限于出庭作证，但法律不禁止书面收集其证言，也没有否定被告人的配偶、父母、子女的书面证言的效力。

（二）不采信权

既然法律规定了某些证据具有法定缺陷，法律规定司法人员具有不采纳具有法定缺陷证据的权利。《死刑案件证据规定》规定：对于具有法定缺陷的证据应当慎重使用，有其他证据印证的，可以采信。慎重使用也就是一般情况下优先使用其他证据，对具有法定缺陷证据不轻易使用、不轻易采信。证据有限采用规则一方面是对证据的采用提供了规则，另一方面也提示办案人员应当注意证据提供者自身条件、出证心理、证言内容等，以便准确地加以运用。

四、有限采用规则下的证据收集和运用

证据有限采用规则要求在证据收集过程中做到：第一，收集证据应当准确查明证据提供者的主体特征。首先，要反映证据提供者生理、精神特征，确定其是否存在生理和精神缺陷；在其存在生理和精神缺陷时，确定其认知和表达是否存在一定困难；所收集的证据是否是在证据提供者尚未丧失正确认知、正确表达能力时提供的。其次，要准确反映证据提供者与案件当事人的关系，看证据提供者与案件当事人是否存在亲属关系、其他密切关系、利害冲突关系；反映出亲属关系、其他密切关系、利害冲突关系的内容种类；对于其他密切关系、利害冲突关系，要表明证据提供者与案件当事人在何种情形下形成的这些关系，这种关系是否能够足以影响证据的证明力。如在义父、义母、干儿子、干女儿、结拜兄弟姊妹等关系的认定上，由于义父、义母、干儿子、干女儿、结拜兄弟姊妹是本无血缘关系的人之间拟制形成的关系，他们之间来往频繁，关系持续时间较长，在社会中具有公开性，在取得其他知情人证言的情况下即可认定。第二，收集证据应当准确反映证据性质和证据提供者出证时的心理状态。有限采用的证据一般不是可用可不用的证据，而常常是对证实案件事实有

着重要作用的证据，因此这些证据多是直接证据、原始证据。在收集有限采用的证据时，应当突出表现证据是直接来源于案件事实，直接证明案件事实。由于证人具有不可替代性，在收集与案件当事人存在亲属关系、其他密切关系、利害冲突关系的证据提供者的言词证据时，应当体现出证据提供者出证的心理状态，也就是应当表现出这些证据提供者为什么要提供对该被告人有利的证据，为什么要提供对该被告人不利的证据。《死刑案件证据规定》第37条规定：与被告人有亲属关系或者其他密切关系的证人所作的对该被告人有利的证言，或者与被告人有利害冲突的证人所作的对该被告人不利的证言，应当限制使用。如果是与被告人有亲属关系或者其他密切关系的证人作出了对该被告人不利的证言，或者与被告人有利害冲突的证人作出了对该被告人有利的证言时，是否就是可信或者不需要印证呢？对此还是应当考虑证人出证情况的，在收集时要认真分析其出证的心理，实事求是地认定证言效力。第三，收集时应当查找可以印证那些有限采用的证据真伪的其他证据。判断有限采用的证据真伪就是指将该证据与其他证据对照比较，因此，从正反两个方面收集可以印证那些有限采用证据的证据就显得尤为重要。对此可以根据这些证据提供线索收集证据，还可以从这些证据的反面收集证据，如与被告人有利害冲突的证据提供者提供了对该被告人不利的证据，收集对该被告人有利的证据就可以印证该证据的真伪。在认定共同利益关系时，在确定他们之间存在同乡、同学、同事、朋友等关系后，可通过对其他具有密切关系的人取得财产与国家工作人员有何关系，如何往来，是否存在许诺，双方财产有无共同增加，相关财产的登记等事项的调查加以印证。第四，收集证据应当注意取证的方式，如为了保证弱势证人陈述的质量，法律应当为弱势证人提供诉讼关怀和照顾，以减少可能影响其言词陈述的因素，增强证人证言的可靠性。在对不满18周岁的人进行讯问或者询问时应当邀请其父母、监护人等在场。

证据有限采用规则要求在证据审查、运用过程中做到：第一，注意审查证据的提供者是否具有法定缺陷。出证主体是决定证据效力的重要因素，在审查证据真伪时，应当审查出证人具体身份，以确定证据效力。第二，正确运用有缺陷的证据。一方面要扬长避短，证据存在缺陷并不意味着证据不能使用，或者绝对没有效力，相反，可以从有缺陷证据主体的其他正常的生理、精神机能出发去使用证据。如盲人的视觉是存在缺陷的，但是其听觉、触觉、嗅觉可以是正常的，如果从听觉、触觉、嗅觉等方面使用证据，则该项证据是没有缺陷的，也不会被限制使用。另一方面要正确地印证有缺陷的证据，存在缺陷的证据应当慎重使用，要通过印证确定有缺陷的证据的效力。对已收集到的证据存在缺陷不隐瞒，相反要准确反映证据存在的缺陷，同时与可以印证的证据相互衔接，配合使用。要准确印证存在缺陷的证据效力，切忌以偏赅全，片面地夸大慎重使用。在侦查过程中发现有限采用的证据要对其证明的内容审慎地加以审查判断，在审查批准逮捕、审查起诉过程中，对于存在缺陷的证据使用时也要加以认真考虑。在法庭审判过程中，对有限采用的证据公诉人要及时提醒法庭，查清该证据的内容，并在作出判决时慎重采用。

第八节　补强证据规则

一、补强证据规则概述

（一）补强证据规则的含义

所谓补强证据规则，就是法律明确要求司法人员在运用某些证据证明案件事实的时候必须具有佐证。补强证据规则主要是保障犯罪嫌疑人、被告人供述的证明力的规则，是指被告人供述作为对其定罪处罚的唯一证据时，必须有其他符合法律规定的证据对其进行补充和担保，否则不能仅仅依靠供述就对被告人作出有罪判决的证据规则。补强证据本身并不是为了证明案件主要事实，而是为了增强或者保证主要证据的证明力。

补强证据规则的具体含义是：第一，需要补强的证据是犯罪嫌疑人、被告人供述，而且犯罪嫌疑人、被告人供述只局限于有罪供述，无罪供述谈不上补强。第二，犯罪嫌疑人、被告人供述具有极大的弱点。在刑事诉讼法中，犯罪嫌疑人、被告人处于特殊地位，这就决定了犯罪嫌疑人、被告人供述在诉讼中的复杂性，其内容往往真假混杂，虚假性较大，因此，在没有其他证据的佐证下，不能仅仅依靠犯罪嫌疑人、被告人供述作为有罪判决的唯一依据，必须要有其他的证据加以补强。第三，需要补强的证据须由法律规定，即法律明确规定某些证据对案件事实的证明力不足，不能单独作为证明该案件事实的根据，必须有其他证据佐证并予以补强。修改后的《刑事诉讼法》第53条规定：对一切案件的判处都要重证据，重调查研究，不轻信口供。只有被告人供述，没有其他证据的，不能认定被告人有罪和处以刑罚；没有被告人供述，证据确实、充分的，可以认定被告人有罪和处以刑罚。这里规定只有被告人供述，没有其他证据的，不能认定被告人有罪和处以刑罚，被告人供述就是需要补强的证据，其他证据就是补强证据。

（二）补强证据的种类

修改后的《刑事诉讼法》第53条的规定只是原则上规定了补强证据规

则，但并没有对在刑事诉讼中如何运用证据补强规则作出具体规定。在国外，补强证据规则是刑事证据的重要规则。如讯问人员出庭作证就是对被告人供述的补强。在日本刑事诉讼中，有关补强证据的规则包括：第一，犯罪事实的认定必须有补强证据，而非犯罪事实，如前科、没收、追征事由等无须补强；第二，对于犯罪构成客观要件事实的认定，必须具备补强证据；第三，在犯罪事实中被告人与犯罪人同一的认定不需要补强证据；第四，犯罪构成要件中的主观要素，如故意、过失的认定不需要补强证据；第五，对于非犯罪构成的事实，即犯罪阻却事由不存在的认定，也不需要补强证据。

1. 同源补强证据和异源补强证据

同源补强证据和异源补强证据是从来源上对补强证据进行区分。同源补强证据，是指用来补强证明案件主要事实的证据来源是同一的，也就是补强证据的内容均来自同一被告人。如在一起聚众斗殴致人死亡的案件中，犯罪嫌疑人甲归案后供认自己斗殴致人死亡的行为，由于参与斗殴的人部分并不相识，在确定犯罪嫌疑人甲为具体致人死亡的责任人时存在困难，对此侦查机关调取以下证据：犯罪嫌疑人甲的姐姐乙的证言，证明犯罪嫌疑人甲在作案后亲口告诉她，在斗殴中其将被害人打死；犯罪嫌疑人甲被关押的同监室的两名被关押人丙和丁的证言，证明犯罪嫌疑人甲关押时曾分别向二人炫耀其在斗殴中将被害人打死。侦查机关以乙、丙、丁三人的证言作为了犯罪嫌疑人甲供述的补强证据。这三份证言最原始的来源均是本案的犯罪嫌疑人甲，这些补强证据就是同源补强证据。

异源补强证据，是指用来补强证明案件主要事实的证据来源是不同的，即分别来自不同的人的证言、陈述等。如在一起盗窃案件中，被告人甲供述其在某日下午于一幢居民楼内盗窃彩色电视机一台。侦查机关调取以下证据：证人王某证言，证明某日下午看到被告人甲进入该居民楼；甲的邻居田某证言，证明某日下午看到被告人甲扛一台彩色电视机回家；物证，案发后从被告人家中查获彩色电视机一台。这些证据来自不同人员、不同地点，对被告人甲的供述进行了补充，保证其内容的真实，这些补强证据就是异源补强证据。

2. 实体补强证据和程序补强证据

实体补强证据和程序补强证据是从内容上对补强证据进行区分。实体补强证据是从证据内容上证明被告人供述正确的证据。如《死刑案件证据规定》第 34 条规定：根据被告人的供述、指认提取到了隐蔽性很强的物证、书证，且与其他证明犯罪事实发生的证据互相印证，并排除串供、逼供、诱供等可能性的，可以认定有罪。收集到的物证、书证其来源虽然是被告人的供述、指认，但是这些物证、书证能够与其他证明犯罪事实发生的证据互相印证，保证了其真实性。这些物证、书证一方面可以证明案件事实，另一方面也补强了被告人供述的正确。这些物证、书证就是被告人供述的实体补强证据。

程序补强证据，是指不是证明被告人供述内容正确，而是证明取得被告人供述的程序正确，保证其不属于非法证据。修改后的《刑事诉讼法》第270条规定，对于未成年人刑事案件，在讯问和审判的时候，应当通知未成年犯罪嫌疑人、被告人的法定代理人到场。《死刑案件证据规定》第18条规定：审查犯罪嫌疑人、被告人供述时应当着重审查讯问未成年同案犯时，是否通知了其法定代理人到场，其法定代理人是否在场。法定代理人是否到场、在场在一定程度上就是对被告人供述的程序补强。修改后的刑事诉讼法规定，在排除非法证据程序中，现有证据材料不能证明证据收集的合法性的，人民检察院可以提请人民法院通知有关侦查人员或者其他人员出庭说明情况；人民法院可以通知有关侦查人员或者其他人员出庭说明情况。经人民法院通知，有关人员应当出庭。《非法证据排除规定》第7条规定，法庭对被告人审判前供述取得的合法性有疑问的，通过举证仍不能排除刑讯逼供嫌疑的，提请法庭通知讯问人员出庭作证，对该供述取得的合法性予以证明。讯问人员出庭作证是为了证明取得被告人供述的程序合法性，也就是从程序上对被告人审判前供述的真实性进行了补强。

3. 不同种类的补强证据的证据效力

被告人供述作为须被补强的证据，必须有其他符合法律规定的证据对其进行补充，证明其真实可靠时，才能作为定罪处罚的证据，进而对被告人作出判决。司法实践中，需要有多少数量、什么种类的补强证据才能使被补强证据成为认定案件事实的依据，应当以能够保证被补强证据的证据效力为原则。不同性质的补强证据证明作用是不同的，数量要求、使用方式也不同。可以将不同性质的补强证据的要求、使用作如下分析：

第一，同源补强证据由于其来源是同一的，其无法保证被补强的证据的真实可靠。异源补强证据由于来源于不同种类的证据，能够从不同角度去印证犯罪嫌疑人、被告人供述的真实性，保证被补强的证据真实可靠，从而起到补强作用。因此，有足够数量的异源补强证据能够保证被补强的证据效力，而且异源补强证据的数量越多，补强效力越强。可见异源补强证据的效力应当大于同源补强证据。

第二，实体补强证据由于是根据被告人供述所提供的线索而收集调取的证据，能够从所调取证据的本身印证被告人供述的正确，被告人供述所提供的线索越多，据此收集调取的证据越多，则被告人供述真实性越强。但是据被告人供述所收集调取的物证、书证等证据，必须能够被证实为与案件事实有关，这样才能使被告人供述与犯罪事实发生联系，从而将被补强的被告人供述和作为补强证据的物证、书证等证据，印证物证、书证的其他证据等共同使用，作为定罪量刑的根据。程序补强证据是证明被补强证据取得程序合法的证据，其只是证明证据取得的程序是否合法，本身不具有证明案件事实的作用，因此程序补强证据再多，其作用也只能是保证被补强的证据不属于非法证据，能够进入刑事诉讼程序。可见，实体补强证据效力要大于程序补强证据效力。

二、补强证据的收集和运用

根据补强证据规则的要求，在收集时首先应当判断所收集的补强证据的性质，看其属于何种补强证据。补强证据的收集是在获得被补强的证据之后进行的，由此可以判断出需要收集的补强证据的性质。其次，根据不同种类的补强证据，采取不同的方式。在收集同源补强证据时，一定要注意发现其他证据，否则这种补强证据再多也是孤证，而仅依据被告人的口供是不足以认定被告人有罪的。在收集程序补强证据时，应当按照非法证据排除规则和瑕疵证据运用规则的要求，严格执行法定取证程序，杜绝程序违法行为的发生。同时应当注意主动收集能够增强犯罪嫌疑人、被告人供述效力的程序证据，如在讯问犯罪嫌疑人、被告人时进行录音录像，这种录音录像就可保证讯问犯罪嫌疑人、被告人程序的合法性。在收集异源补强证据时，应当注意异源补强证据质量和数量关系的统一。异源补强证据数量越多，证明力越强，因此要尽可能多地收集异源补强证据。在收集实体补强证据时，一是要以被补强证据为线索，进一步发现和补充其他证据，因此，应当对被补强证据所提供的各种证据线索的情况、细节及其准确性作翔实的记载，以发现可以收集补强证据的线索。二是要作好补强证据的收集，在收集补强证据时应当如实反映根据被补强证据所提供线索进行收集的过程，特别是要注意二者之间诸多细节的吻合，保持二者的准确性。三是要做好印证补强证据的相关证据的收集，应当充分反映补强证据与案件事实的关联，使补强证据、被补强证据与案件事实相互印证，使证据达到确实充分的要求，共同证明案件事实情况。

第四章　刑事证据的收集与审查

第一节　单一证据的审查和证据的综合审查

一、单一证据的审查

单一证据首先表现为一个证据，如一份被告人供述；还可以表现为同一证据的多次取得，如针对同一被害人多次调取的该被害人的陈述；同一来源的几个证据，如犯罪嫌疑人在羁押期间向同监室人员透露自己犯罪的情况，同监室人员作出的该犯罪嫌疑人曾经透露自己犯罪情况的证言；相同内容、相同证明方向的证据，如共同犯罪嫌疑人作的同一犯罪事实的供述等。

（一）单一证据的收集中应注意的问题

一要忠实于出证人的愿意，准确反映出证人证明的内容和动机态度，特别是要将出证人出证态度的积极消极、主动被动、坚决动摇反映出来。如在一起盗窃案中，侦查人员调取了一位发案单位看门的老人证言，在陈述完事实后，侦查人员问其说的内容是否属实，老人回答："我都这么大岁数了，能讲瞎话吗?"这种语气和内容能够充分表现出老人的诚恳态度，表明其内容的可靠。二要积极地收集证据的相关附件。如在询问被害人时，除侦查人员所记笔录外，被害人亲自书写的陈述、询问现场进行同步录音录像等材料可以作为附件，虽然属于同一证据，但是从不同角度、不同情况可以增强证据的真实性。三要将同源证据收集齐备，如犯罪嫌疑人在羁押期间向同监室人员透露过自己犯罪的情况，此时应当将听到犯罪嫌疑人透露犯罪情况的同监室所有人员的证言收集齐全，不得有所遗漏。同源证据越齐备，越能证明犯罪嫌疑人供述的可信度。

此外，多次调取的同一证据、同一来源的几个证据、相同内容、相同证明方向的证据以及犯罪嫌疑人、被害人、证人亲自书写的供述、陈述、证言等以及进行的同步录音录像、书证以及制作人关于制作过程及原件、原物存放于何处的文字说明及签名等材料均应当同时入卷，移送下一个诉讼环节。如果移送不全本身就可能造成单一证据的不可靠。

（二）单一证据的审查内容

1. 审查该证据是否原件、原物。单一证据如果是物证、书证，首先看其是否为原件、原物。如果不是原件、原物，而是单一物证的照片、录像或者复制品及书证的副本、复制件，则无法判断与原件、原物是否相符，其证明力自然较弱。

2. 审查单一证据的关联性。与案件事实有关联则该证据有证明力，关联密切则证明力大，关联疏远则证明力小。如单一犯罪嫌疑人供述特别是自首时的供述，与案件的关联性大，如果可以证明属实，则有很大的证明力。

3. 审查单一证据的合法性。首先看在表现形式上是否符合修改后的刑事诉讼法规定的八种法定证据形式。其次看提供刑事证据的主体即出证人是否符合法律规定，也就是证据的来源是否合法。如修改后的刑事诉讼法规定，生理上、精神上有缺陷或者年幼，不能辨别是非、不能正确表达的人，不能作证人。在出证人合法的前提下，要综合其感知、记忆、表达能力以及品格等判断该单一证据的可信度。最后看收集证据的程序和方法是否合法。根据修改后的刑事诉讼法的规定，采取刑讯逼供等非法方法收集的犯罪嫌疑人、被告人供述和采用暴力、威胁等非法方法收集的证人证言、被害人陈述应当予以排除；收集物证、书证不符合法定程序，可能严重影响司法公正的，非经依法补正和合理解释的，也应当予以排除。

4. 取证手段是否科学，确定保管固定证据是否可靠。一些科学方法往往使得证据更具有可靠性，如手工抄写的书证与拍照的书证相比，拍照的书证可信；照片与录像相比较，录像更可信。使用科学技术水平高的设备所保管固定的证据要比科学技术水平差的设备所保管固定的证据要可靠。

5. 证据是否多次调取，确定证据是否反复。同一证据内容的稳定包括证据本身的前后一致、多次提供证据的内容一致和前后内容符合逻辑性，当同一证据内容符合客观事物发生、发展、变化的一般规律和常识就可以认为该证据是可靠的。多次取证而证据基本没有变化的单一证据比变化的要可信。如多次调取的同一被害人的陈述，要审查每一次陈述之间存在的差异，看为什么重复调取，如果每一次陈述是为了突出重点、补充遗漏或者对上一次的陈述进行详细说明，则说明证据没有变化，可信性仍较强。如果存在翻供、翻证的，则自身存在无法排除的矛盾，不能采信。

6. 证据内容的真实性。单一证据内容的真实性是由其所反映的内容决定的。如证据中直接感知的内容要比多次、转述的内容要可信；内容符合逻辑和经验规则、合情合理的证言比违背一般生活常识、事实发展不能顺理成章的证言要可信。

7. 提供证据的人与当事人、案件事实之间的关系。作为案件旁观者的证人，一般与案件没有利害关系或者虽然有一定的利害关系但是比被害人和被告人要小得多，其故意隐瞒、捏造或者夸大事实的可能性较小，提供证言的真实性较大。被害人与案件有着直接的利害关系，可能会夸大对被告人不利的事实或者隐瞒对被告人有利的事实；被告人为了免受惩罚或者受到较轻的惩罚，可能夸大或者捏造对自己有利的事实，隐瞒或者模糊对自己不利的事实。证人证言的证明力比被害人陈述或者被告人供述证明力大一些。与被害人或者被告人关系密切的近亲属、好友或者有利害关系的人出具的证人证言，其证明力与没有这些关系的证人出具的证人证言要低。

除上述内容以外，判断单一证据的真实可靠性还要将其放在特定的证据体系中加以印证。一看单一证据与整体证据是否存在矛盾，看其能否融入证据体系之中。二看单一证据能否与其他证据形成证据锁链，能否相互印证。

二、证据的综合审查

证据的综合审查，就是在对证据逐个进行查证核实的基础上，综合全案的证据材料进行分析、比较和判断。综合审查证据最基本的方法就是将本案中的各个证据进行比较，相互印证。有比较才有鉴别，只有将各个证据互相加以对照比较，才能够辨别它的真伪。对全案证据进行综合分析判断时切忌片面性和倾向性，既要注意证明被告人有罪、罪重的证据，也要注意证明被告人无罪、罪轻的证据；既要注意具有这种可能性的证据，也要注意证明其他可能性的证据；既要注意符合办案人员原先判断或设想的证据，也要注意不符合甚至推翻原先判断或设想的证据。在审查时，要分析证据与案件事实之间有无矛盾，审查全案证据对案件事实的证明方向是否一致，最终全面评价根据所有证据能否对案件事实得出统一的结论。证据的综合审查中常用到“四对照”的方法。一是将法律文书中认定的犯罪事实与犯罪嫌疑人、被告人供述、证据相对照，看是否一致，以审查犯罪事实是否清楚，证据是否确实充分。二是将各个犯罪嫌疑人、被告人供述、供述与证据、证据与证据相对照，看是否相符，有无矛盾。三是将犯罪事实与侦查机关（部门）认定的犯罪性质、罪名相对照，看定性是否正确，罪名是否恰当。四是将犯罪嫌疑人、被告人的罪行、态度与法律规定、刑事司法政策相对照，看是否应当负刑事责任，有无减轻、免除处罚的情节等。如果所有的证据材料都是协调一致的，没有矛盾，就可以确定案件事实的真实性。

三、单一证据的审查和证据的综合审查应当注意的问题

第一，注意审查同一证据的一致性。在案件侦查、审查过程中，对同一证据往往要多次取证，如同一证人的多次证言、同一被害人的多次陈述，同一犯罪嫌疑人、被告人的多次供述等，对这些证据的审查要注意证据内容的一致性，往往是多次取证其基本内容稳定的证据可靠性较强。言词证据受多种因素影响，在不同时间调取时其内容存在细微差别也是正常的，因此证据内容存在矛盾的应当如实记录，合理地排除。当先后调取的同一证据之间出现矛盾时应当要求证据的提供者作出相应的解释，能够作出合理解释的，就可以固定该证据的内容。在证据出现矛盾时，切忌强行对证据进行修改，也就是对存在的矛盾不加解释而径直认定某份证据的内容准确。如果此证据在以后诉讼环节无法补充，往往会造成该证据不被采用。审查证据要反对人为取舍。在综合全案证据进行审查判断的过程中，既要反对主观主义，防止在缺乏足够根据的情况下，随意取舍证据，随意认定案情；又要注意不能为证据之间、证据与案件事实之间的表面一致、吻合所迷惑，而要深入问题的本质。同时，也不要害怕矛盾，而要善于发现、分析和解决矛盾。因为，矛盾的出现，就为司法人员提供了解决问题的着眼点。随着矛盾不断被揭露、不断被解决，证据的真伪被鉴别，证据与案件真实的联系被揭示，就能保证对案件事实作出正确的结论。暴露矛盾—分析矛盾—解决矛盾的过程，正是司法人员对证据和对案件事实的认识逐渐“由此及彼，由表及里”，由现象到本质的深化过程。

第二，注意审查不同种类证据的一致性。证据体系是由不同种类证据构成的，不同种类证据围绕着相同的证明对象彼此加以对比，综合考察确定其一致性。当其对证明的问题不能一致时，也应当自然地反映。对这些不一致应当予以调查核实或加以补充，能够消除矛盾的，可以认定不同证据之间的一致性，反之，应予排除。

第三，注意审查主要证据与补强证据的一致性。补强证据是在主要证据证明力较弱或难以判断时，用以对主要证据的证明力给予补充或者加强的证据。因此，其必须与主要证据一致，共同来证明案件事实的存在。若不能与主要证据相互印证，也就称不上补强。本身证明力薄弱的证据不能作为另一个证据的补强证据。

第四，注意审查直接证据与其他证据的一致性。直接证据直接来源于案件事实，对案件事实有着很强的证明力，但也需要证据体系中的其他证据对其综合印证。当其他证据与直接证据经印证具有一致性时可以认定案件事实，当其他证据与直接证据经印证出现矛盾时，经补充证据仍无法消除矛盾则不能印证

直接证据的真实可靠，当其他证据彼此印证具有一致性而与直接证据出现矛盾时，应当考虑直接证据是否真实可靠。

第五，在进行证据审查时，可以采用对质的方法。对质应当在确定证人或当事人证据一致的前提下进行，即进行对质的双方对陈述的同一事实各自都比较稳定，但彼此存在矛盾，在这种情况下在法庭上将其召集在一起当面对质，以判断他们陈述的真实性，特别是解决彼此陈述中的矛盾，最终实现证据的统一性。

第二节　物证的收集与审查

凡表现为物品、痕迹并以其内容为表现形式的证据，为实物证据。我国刑事诉讼法规定的实物证据，是指以实物形态为存在和表现形式的证据，包括：物证、书证、视听资料、勘验笔录等。物证是我国刑事诉讼法规定的第一种证据种类，是刑事诉讼中广泛使用的证据。近些年，随着与物证有关的科学技术逐渐形成体系和规模，物证在司法证明中的作用越来越重要，有学者甚至断言，21 世纪的司法证明将是以“物证”为主要载体的科学证明，刑事诉讼将逐步进入一个以物证为主的新时代。

一、物证概述

（一）物证的概念

物证是以其物质属性包括外部特征、存在场所等证明案件事实的实物或物质痕迹。刑事诉讼中的物证主要包括：犯罪工具，如杀人的凶器，以拧门撬锁方式盗窃所使用的改锥、钳子等；犯罪行为产生的物品，如生产销售的伪劣商品、非法种植的制毒植物、伪造的货币等；犯罪行为侵害的物质对象，如贪污的赃款、赃物等；表现犯罪危害后果的物品，如被毁坏的机器设备、被炸毁的交通工具等；犯罪行为产生的痕迹，如故意伤害造成的伤痕，强奸时留下的体液，实行犯罪时在现场留下的脚印、指纹、毛发等。

（二）物证的作用

1. 物证能够直接确定案件事实。物证是案件事实的实物，有时可以直接说明案件事实，如交通肇事案件中，被害人尸体能够直接表明发生了交通事故。

2. 物证能够为案件侦查提供线索。如物证是现场遗留的物质痕迹，通过痕迹可以对行为人特征、手段等进行分析判断，查找具体特点，缩小侦查范围，从而确定侦查方向。

3. 物证能够检验其他证据。物证能确定勘验、检查笔录、鉴定意见是否具有证明作用，对勘验、检查笔录、鉴定意见起到基础作用。能够检验言词证据，通过言词证据中提到的有关物品、痕迹等物证的审查，能够检验言词证据是否属实。如果所说的物品、痕迹不存在或者根本与案件无关，即可判断言词证据内容的真实性。

二、物证的证据属性

（一）物证具有稳定性

既然物证是以其外部特征、存在场所、物质属性证明案件事实的实物或物质痕迹，它们都是客观存在的，一般不会随着时间、外界条件的变化发生改变。物证由于其是犯罪行为作用于外界所形成的物品和痕迹，其客观真实性较强、稳定性较强，不像人证那样受人的主观因素的影响而容易发生变化。“物证不会因为证人的存在而缺席。物证不会发生错误。物证不会作伪证，只有物证的解释才可能出现错误。”

（二）物证是实物证据

物证是客观存在的实物，其证明作用具有直接性，具有较强的证明力。物证直接来源于案件事实，在案件事实的直接作用或影响下形成，一般都是原始证据。物证多数情况下属于间接证据，但是有些物证可以是直接证据，且可靠性较大，证明力较强。如犯罪现场遗留了犯罪人的指纹、血液，由于迄今为止还没有发现两个人的指纹完全一样，指纹可以被认为是每个人独一无二的身份证明，DNA 鉴定也具有几乎完全确定的准确性。因此，这些物证能够直接成为证明案件事实最可靠的证据。可以作为直接证据的物证包括：被告人涂改的伪造文件证件，被告人的笔迹，被告人实行犯罪时遗留在现场的血液、体液、指纹、毛发，致人死亡案件中遗留在现场的被害人尸体，非法携带的枪支弹药等。

（三）物证具有不可替代性

物证通常属于特定的物品、痕迹、文字材料及载体，具有特定性。如犯罪现场提取的带血的棍棒，尽管相同式样的棍棒不止一根，但就该案而言，只有这根带血的棍棒才具有证明价值，案件的侦查、起诉和法庭审理阶段都不能用其他同类或相似的棍棒加以代替。使用物证应当是原始的物证，实践中使用的足以反映原物的外形、内容的物证照片、录像或者复制品实际上是在原件、原物不便搬运、保存，或者依法应当返还被害人，或者因保密工作需要不能调取时，为了演示方便才加以使用的，其本身不具有特定性，不能作为物证本身。

随着科学技术的进步，作为实物证据，物证在司法证明中的作用越来越重要，在司法活动中发挥着决定性的作用。正是在这个意义上，物证及其相关的鉴定意见等证据为“科学证据”。在一些科学发达的国家中，“科学证据”已经在各种司法证明手段中占据首位，成为新一代“证据之王”。

三、物证的收集

（一）收集物证的主体

收集物证应当由行使侦查权的侦查机关的侦查人员进行，侦查人员人数不能少于2人。《公安机关办理刑事案件程序规定》规定，执行扣押物品、文件的侦查人员不得少于2人，并应持有有关法律文书或者侦查人员工作证件。《人民检察院刑事诉讼规则》规定，检察人员可以凭人民检察院的证明文件，向有关单位和个人调取能够证实犯罪嫌疑人有罪或者无罪的证据材料。需要向本辖区以外的有关单位和个人调取物证的，办案人员应当携带工作证、单位办案证明信和有关法律文书，及时同当地人民检察院联系，当地人民检察院应当配合、协助执行任务。在检察机关能够行使侦查权的人员应当具有检察官资格，检察机关的书记员、司法警察等人员无权单独行使侦查权，也就无权收集物证。

（二）提供物证的主体

任何单位和个人，有义务按照人民检察院和公安机关的要求，交出可以证明犯罪嫌疑人有罪或者无罪的物证。实际拥有证明犯罪嫌疑人有罪或者无罪的物证的单位和个人，应当在得知拥有证据时主动交出，或者在侦查人员的命令下交出。

（三）收集物证的方式

物证的收集主要是通过勘验、检查、搜查、扣押、查封、调取、冻结、提取、当事人提供等方式进行，其中勘验、检查是指侦查人员和审判人员对与犯罪有关的场所、物品、文件、人身、尸体等进行检验，目的是了解案件的发生情况，发现、收集或核实有关的犯罪线索与证据（包括物证、书证）。搜查是为了收集证据（包括物证、书证）、查获犯罪人，而由侦查人员对犯罪嫌疑人以及可能隐藏罪犯或者罪证的人的身体、物品、住处和其他有关场所进行搜索的一种侦查活动。扣押，是指侦查机关依法强行扣留某人或某单位所占有或管理的与案件有关的财物的一项侦查措施，其目的在于取得和保全证据（包括物证、书证）。修改后的刑事诉讼法增加了查封这种收集方式，规定在侦查活动中发现的可用以证明犯罪嫌疑人有罪或者无罪的各种财物、文件，应当查封、扣押；与案件无关的财物、文件，不得查封、扣押。查封，是指司法机关对依法应该没收或需要作其他处理的与案件相关的财产粘贴封条就地封存的强制处分，已被查封处理的财物未经法定程序，任何人均不得解封。调取是侦查机关、检察机关和审判机关向持有能够证明与案件有关的事实的证据的单位、个人发出通知，要求其限期交出或者前往索取要求其立即交出的行为，有关单位和个人应当配合。冻结，是指司法机关对有关单位、个人的账户、资金等予以控制，使之不能自由动用、流动的强制方法。提取，是指司法机关从负责保管的单位或机构中取出财物或索取罪证的侦查措施。法律没有关于物证、书证的"提取"收集方式的表述，由于公安机关在具体办案过程中，大量物证、书证是以"提取"的方式收集，所以提取是一种物证收集的重要方式。《死刑案件证据规定》对这一收集方式予以认可并加以规定。

（四）物证的范围

收集的物证应当与案件事实存在关联，也就是说，与案件事实存在关联、能够提取的物证都应当收集。如刑事案件现场遗留的血迹、指纹、足迹等痕迹，作案工具、衣物及被告人生物特征等重要证据，残留的被告人皮屑、血液、精斑等都要依法提取。收集物证时应当严格遵守最佳证据规则，保证收集的物证是原物或者优先收集原物。只有在原物不便搬运、不易保存或者依法应当由有关部门保管、处理或者依法应当返还时，才可以拍摄或者制作足以反映原物外形或者内容的照片、录像或者复制品。不便搬运、不易保存或者依法应当由有关部门保管、处理的物品，主要是指涉及国家秘密的秘密文件、秘密图表资料，有损国家安全、公民和政府声誉、名誉的危害国家安全的传单、标语及其他宣传品，应当由有关部门保管、处理的海洛因、冰毒、吗啡、大麻、鸦片等毒品及制毒原料或者配剂，淫秽物品，武器弹药，管制刀具，易燃、易爆、剧毒、放射等危险品，珍贵文物，珍稀动物、植物及其制品等违禁物品，容易腐烂变质及其他不易保管的生鲜活物及其他大宗、不便搬运的物品等。物证的照片、录像或者复制品应当与原物能够相符并核实无误，并且应当足以反映原物的外形和特征。

（五）物证的收集程序

通过勘验、检查、搜查、扣押、查封、冻结、提取、调取等方式收集物证时，侦查人员必须持有人民检察院或者公安机关的证明文件和侦查人员工作证件等，并向有关单位和个人出示，说明情况。侦查人员可以凭人民检察院或者公安机关的证明文件，向有关单位和个人调取能够证实犯罪嫌疑人有罪或者无罪的证据材料，并且可以根据需要拍照、录像、复印和复制。有关单位和个人应当配合，交出这些材料并予以配合。有关单位和个人交出或者提供的物证应当为原件，侦查人员要进行审查，以保证物证的真实性。侦查人员在原物不便搬运、不易保存或者依法应当由有关部门保管、处理或者依法应当返还时，可以拍摄或者制作足以反映原物外形或者内容的照片、录像或者复制品。在制作物证照片、录像或者复制品时，应当由制作人签名，经与原物核实无误后由单位予以认可并加盖单位公章。

收集物证应当制作相应的笔录，清楚地表明物证的收集程序、方式符合法律及有关规定。收集物证笔录应当由收集物证的侦查人员制作，并记载以下内容：（1）物证的辨认、鉴定，收集物证应当由物证的持有人或者相关人员经过辨认、鉴定，认为是应当提供的原件才能予以收集。（2）物证的制作过程，物证的照片、录像或者复制品应当由2人以上的侦查人员制作，制作人制作过程及原物存放于何处均应当予以文字说明。（3）物证的说明，应当对收集的物证的特征、数量、质量、名称等清楚注明并列明清单，经勘验、检查、搜查提取、扣押的物证，应当附有相关笔录或者清单。如勘验、搜查时扣押物证的，应当对扣押的财物由侦查人员会同在场见证人和被扣押物品持有人查点清楚，当场开列扣押物品清单一式二份，写明财物的名称、型号、规格、数量、重量、质量、颜色、新旧程度和缺损特征等，由检察人员、见证人和持有人签名或者盖章，一份交给持有人，另一份附卷备查。如果持有人拒绝签名或者盖章的，应当在扣押物品清单上记明。物证的说明应当对证据的具体特征进行规范细致的描述，防止出现错误。（4）侦查活动与笔录内容一致，证明物证来源。勘验、检查、搜查、提取、扣押物证的，应当附有勘验、检查笔录，搜查笔录，提取笔录，扣押清单等，这些笔录、清单应当记明物证来源。

收集物证等实物证据必须依照法定的程序进行；对物证的取得，要履行必要的交接手续，出具相应的法律文书以载明物证的来源。侦查机关在侦查过程中，调取物证时，应当出具侦查机关的《调取证据清单》；在涉案财物的保管单位或机构中取出财物或索取罪证时，应当出具《提取笔录》，在勘验、检查、搜查过程中发现的可用以证明犯罪嫌疑人有罪或者无罪的财物和文件应当扣押时，应当场开列《扣押物品、文件清单》等法律文书。查封、扣押物证时应当履行审批手续，如公安机关应当制作《呈请调取证据报告书》、《呈请扣押邮件、电报报告书》；《呈请冻结存款、汇款报告书》等文书，履行审批手续。在收集物证时，应当向物证的持有人出具《调取证据通知书》、《扣押决定书》；扣押邮件、电报时应当向邮件、电报的持有人出具《扣押邮件、电报通知书》；冻结犯罪嫌疑人存款、汇款时应当向存款、汇款的持有人出具《冻结犯罪嫌疑人存款、汇款通知书》等法律文书。

（六）物证保管

物证的保管以不损毁、不变形、不丢失为原则。一是保证物证不损毁。物证可能因自然因素、人为因素影响发生变化，收集、保管方法不当、侦查人员工作失误，可能导致收集到的物证发生毁损，如侦查人员工作失误，在犯罪现场收集手印时，误将自己的手印掺杂进了犯罪嫌疑人现场遗留的手印中，造成已收集的手印丧失证据能力。二是保证物证不变形。如收缴的木棍等作案工具因保管不当受潮湿而变形等。三是保证物证不丢失。收集保管物证尤其是要注意分案分别保管，以防止不同案件的证据相互混淆。对实物证据所拍摄的照片，也应注意证据的种类、拍摄的时间、地点、案别等不同，实行分案存放。防止有时侦查时间很长，不同案件的物证混合放在一起，由于办案人员发生变动，无法分清或者造成丢失。物证在收集、保管及鉴定过程中应当妥善保管，防止受到破坏或者改变。如果在保管及鉴定过程中，物证出现有更改或者更改迹象，应当作出合理解释。一是侦查人员在法庭上使用特定的物证，必须证明该物证就是侦查人员在犯罪现场收集的实物，并且处于和收集时相同或者大致相同的状态。即自从在犯罪现场发现相关的物证之后，直至将该物证提交给法庭之前，与该物证相关的所有人员、地点与处理工作都必须记录在案。这种记录通常被称为“证据保管链条”。完整的证据保管链条表明，从侦查人员在犯罪现场提取物证时起，直到将其提交给法庭时止，该物证、书证必须持续地处于侦查人员的排他性控制之下。典型的证据保管记录包括：最初观察到特定证据的人员，侦查人员对该证据的保管，提交给鉴定机构、鉴定人员保管，侦查人员取回该证据后提交给侦查机关的证据存储部门以及最终将之提交给法庭。① 二是要如实记载收集到的现场遗留与犯罪有关的具备检验鉴定条件的血迹、指纹、毛发、体液等生物特征、痕迹、物品等，要通过记载确定其最终的去向。如进行 DNA 鉴定、指纹鉴定等鉴定方式的，要注意这些物品是否与收集物品有同一性，必要时要与被告人或者被害人的相应生物检材、生物特征、物品等作同一认定。

（七）收集物证应当注意的问题

1. 收集证据工作要及时、全面。物证容易受外界影响而灭失，因此必须迅速及时地收集物证，否则就可能因时过境迁而丧失收集证据的最佳时机。如

① 张军主编：《刑事规则理解与适用》，法律出版社 2010 年版，第 107 页。

现场遭到自然或人为破坏、犯罪嫌疑人自己毁证等就会影响案件的侦查和证据收集。此外，收集物证还要深入、细致，以保证能够发现提取到各种细微的痕迹物证。实践中，由于收集物证工作未做到深入细致，往往造成应当提取、能够提取的重要实物证据，如现场或者物证上遗留的血迹、指纹、足迹等痕迹，遗留在现场的作案工具、衣物及被告人生物特征等重要证据，被害人身体、尸体有关部位留有的被告人皮屑、血液、精斑、毛发等物证没有依法提取或者提取的数量不充足、不全面，给侦查活动造成障碍。

2. 正确处理相关物证。对于不易保存或者依法应当由有关部门保管、处理或者依法应当返还的物品要认真地核实，在其特征、性质未能全面固定、保全的情况下，不要轻易地返还，因为物证返还给犯罪嫌疑人后，完全可能造成物证灭失。因此，只有在全面掌握案件性质、事实、犯罪嫌疑人责任和物品性质的前提下才能交由有关部门保管、处理或者依法返还。

3. 对于收集物证过程中涉及国家秘密的证据，应当严格保守秘密。人民检察院、公安机关根据侦查犯罪的需要查询、冻结犯罪嫌疑人的存款、汇款、债券、股票、基金份额的不得重复冻结。对于收集物证过程中扣押金银珠宝、文物、名贵字画、违禁品以及其他不易辨别真伪的贵重物品时，应当当场密封，并由扣押人员、见证人和被扣押物品持有人在密封材料上签名或者盖章，以防丢失、调换等。在可能的情况下，对于侦查人员收集物证的活动应当进行录音录像或者拍照，以证明收集物证活动的合法性。具备辨认条件的物证应当交由当事人或者证人进行辨认，必要时应当进行鉴定。

四、物证的审查要点

（一）审查物证的收集主体和手续

要审查收集物证的人员是否是侦查机关的侦查人员，人数是否在 2 人以上，收集物证是否依照法定的程序进行，是否持有相应的法律文书，法律文书是否符合法律规定。

（二）审查物证的来源

物证收集应当符合合法性、真实性以及物证的照片、录像或者复制品与原物一致性的要求。审查物证时一是要看物证是否为原物。收集物证应当以原物为原则，在无法收集原物时，要审查物证的照片、录像或者复制品与原物是否相符；物证是否经过辨认、鉴定；物证的照片、录像或者复制品是否由 2 人以上制作，单位是否予以认可并加盖单位公章。物证经与原物核实无误或者经鉴定证明为真实的，或者以其他方式确能证明其真实的，才可以作为定案的根据。二要审查物证的说明。审查有无制作人关于制作过程及原物存放于何处的文字说明及签名，确定是否来源可靠、出处确切、确与本案有关。三是审查物证的收集程序。审查物证的收集程序、方式是否符合法律及有关规定，确定物证在何种条件下收集的，根据收集方式审查收集物证的法律文书、物品清单、询问和讯问笔录是否能够相互衔接。如经勘验、检查、搜查提取、扣押的物证，是否附有相关笔录或者清单；笔录或者清单是否有侦查人员、物品持有人、见证人签名，没有物品持有人签名的，是否注明原因；对财物的特征、数量、质量、名称等注明是否清楚，等等。

（三）审查物证的保存情况

看证据保管链条是否完整，证据保管记录是否齐全，查明物证在收集、保管及鉴定过程中是否受到破坏或者改变，查明物证是否变形或被调换等。

（四）通过与其他证据相互印证

查明实物证据与本案有何种关联，能否证明案件事实，能证明案件事实的什么情节。如物证与案件事实有无关联，对现场遗留与犯罪有关的具备检验鉴定条件的血迹、指纹、毛发、体液等生物物证、痕迹、物品，是否通过DNA鉴定、指纹鉴定等鉴定方式与被告人或者被害人的相应生物检材、生物特征、物品等作同一认定。

在审查过程中发现因物证收集不当，造成案件事实存疑时，应当及时补查。物证收集不当主要有两种形式：一是痕迹和物品收集不全。在勘验、检查、搜查中与案件事实可能有关联的血迹、指纹、足迹、字迹、毛发、体液、人体组织等痕迹和物品应当提取而没有提取，造成案件证据不足而存疑。二是对收集的血迹、指纹、足迹、字迹、毛发、体液、人体组织等痕迹和物品应当检验而没有检验。物证的证明作用有时是依靠科学检验发现的，没有检验就可能使证据不能发挥证明作用，导致案件存疑。对于这两种情况，可以根据处于不同的诉讼阶段采取不同的方法：一是在审查起诉阶段，人民检察院的检察人员发现这两种情况，应当依法自行补充收集、调取证据，进行检验、鉴定或者退回侦查机关补充侦查，调取有关证据。二是在审判阶段，人民法院发现这两种情况的，应当向人民检察院说明案件证据存在问题的情况，人民检察院或者向人民法院作出合理的说明，或者依法补充收集、调取新的证据，或者撤回起诉后退回侦查机关补充侦查，调取证据，进行检验、鉴定。

五、瑕疵和非法物证的处理

（一）瑕疵物证的处理

瑕疵物证，是指在收集程序、方式上存在瑕疵而收集的物证。物证收集程序存在瑕疵的情形包括：收集调取的物证在勘验、检查笔录，搜查笔录，提取笔录，扣押清单上没有侦查人员、物品持有人、见证人签名或者财物特征、数量、质量、名称等注明不详；收集调取物证照片、录像或者复制品未注明与原件核对无异，无复制时间，无被收集、调取人（单位）签名（盖章）；物证照片、录像或者复制品没有制作人关于制作过程及原物存放于何处的说明或者说明中无签名；物证的收集程序、方式存在其他瑕疵等情形。收集物证存在瑕疵的具体情形包括：一是收集物证的方式、审批等程序是合法的。也就是侦查人员履行了法定的审批手续，采取了法定的勘验、检查、搜查、查封、扣押、调取、冻结等方法，收集了相应的物证，同时也在现场制作了相应的扣押物品、文件清单、搜查笔录等法律文书。二是收集物证的主体存在不足，如收集物证的侦查人员、物品持有人、见证人不符合法定人数或者记载与实际在场人员存在矛盾。三是制作的扣押物品、文件清单、搜查笔录等法律文书存在不足，如在勘验、检查笔录，搜查笔录，提取笔录，扣押清单上没有侦查人员、物品持有人、见证人签名或者财物特征、数量、质量、名称等注明不详等。由于收集调取的物证无论原物或是复制品都必然存在出处，复制品必然存在复制时间、制作过程及原物存放何处等内容，只是在相应的文书、说明中未予记录或者记录不全面，因此，收集的物证和物证照片、录像或者复制品存在一定的瑕疵。

收集的物证存在上述瑕疵，可以通过有关办案人员的补正或者作出合理解释加以弥补。具体是：（1）收集调取的物证在勘验、检查笔录，搜查笔录，提取笔录，扣押清单上没有侦查人员、财物持有人、见证人签名或者财物特征、数量、质量、名称等注明不详的，应当由办案人员查找物品持有人、见证人对笔录进行补正，对财物特征、数量、质量、名称等加以注明，并由全体办案人员、物品持有人、见证人签名。如果无法查找到财物持有人、见证人时，应当由有关办案人员对收集物证存在瑕疵情况作出合理解释。（2）收集调取物证照片、录像或者复制品未注明与原件核对无异，无复制时间，无被收集、调取人（单位）签名（盖章）时，应当将物证照片、录像或者复制品交由被收集、调取人（单位）进行核对，没有疑问时，应当注明原始收集、调取时间，并注明与原件核对无异，由被收集、调取人（单位）签名（盖章）。如果是在现场以外制作的扣押物品、文件清单、搜查笔录等法律文书属于非法证据，直接予以排除。（3）物证照片、录像或者复制品没有制作人关于制作过程及原物存放于何处的说明并在说明中无签名时，应当由制作人重新制作关于物证照片、录像或者复制品制作过程及原物存放于何处的说明并在说明中签名，必要时重新制作说明。当然，对物证的来源及收集过程有疑问，不能作出合理解释的，该物证就属于非法证据，不能作为定案的根据。

（二）非法物证的处理

非法物证是违反最佳证据规则、客观性规则、关联性规则取得的物证。具体包括：

1. 违反最佳证据规则取得的物证。物证应当是原物，在能够取得原物且无其他障碍，而以物证照片、录像或者复制品替代原物的，属于非法证据。

2. 违反客观性规则取得的物证。物证如不能说明来源就丧失了客观性，如经勘验、检查、搜查提取、扣押的物证未附有勘验、检查笔录，搜查笔录，提取笔录，扣押清单，不能证明物证来源，该物证属于非法证据。物证因保管不当而损毁、变形，丧失真实性的，属于非法证据，不能作为定案的根据。

3. 违反关联性规则取得的物证。物证不能证明其真实性或者不能反映原物的外形和特征或者出现有改变或者改变迹象不能作出合理解释时，该物证与案件之间的关联受到影响，因此不能作为定案的根据。如原物的照片、录像或者复制品，不能反映原物的外形和特征；经勘验、检查、搜查提取、扣押的物证未附有勘验、检查笔录，搜查笔录，提取笔录，扣押清单，不能证明物证来源等，这些物证是非法证据，不能作为定案的根据。

4. 侦查机关没有依法对物证重新收集、补正，或者无法补正、重新制作且没有作出合理的解释或者说明，无法认定物证真实性的，该证据不能作为定案的根据。

第三节　书证的收集与审查

实物证据，是指以实物形态为存在和表现形式的证据，包括物证、书证、视听资料、勘验笔录等。其中书证虽以客观存在的外部形态作为证据内容的表现形式，但它是以记载内容证明案件真实情况的，因此，在实物证据中尤显特别。

一、书证概述

（一）书证

书证是以其记载或表达的思想内容证明案件真实情况的文字材料或其他载体。刑事诉讼中的书证如：参加间谍组织或者接受间谍组织及其代理人的任务书面记载、预谋犯罪的书面计划、贪污案的账簿、身份证件等。在一些情况下，书证可以表现为多种形式，如交通肇事案件中公路的里程碑、被害人尸体上手表表明的时间等都是书证。

书证区别于物证之处在于，书证系以其记载和表达的思想内容来证明案件真实情况；物证则是以其外部特征来证明案件真实情况。有时候物证与书证难以区分，一个证据既可能是物证，也可能同时是书证。

（二）书证的作用

第一，书证能够直接确定案件事实。书证通过其思想内容反映案件的性质，证据意义明确，往往能够直接确定案件性质，顺利地弄清案件事实。第二，书证能够检验其他证据，书证往往在案发前形成，是案件过程的历史记载，一经查实即具有可靠性，用它可以有效地检验其他证据。

二、书证的证据属性

（一）书证具有稳定性

书证是以其记载或表达的思想内容证明案件真实情况的文字材料或其他物质载体，是客观存在的，一般不会随着时间、外界条件的变化发生改变，不像人证那样受人的主观因素的影响而容易发生变化。俗语讲的“千年字据会说话”就是这个道理。一些文书本身就具有法律效力，如刑事案件的判决书、政府公文等。

（二）书证是实物证据

书证是客观存在的实物，其证明作用具有直接性，具有较强的证明力。书证一般也直接来源于案件事实，在行为人等的直接作用或影响下形成，是原始证据。因为书证是以其记载或表达的思想内容证明案件真实情况的，其记载或表达的思想内容相对比较完整、明确，能够直接确定其性质，证明案件事实，在很多情况下可以作为直接证据。可以作为直接证据的书证包括：被告人向外国、境外机构、组织、间谍机关发出的有签名的有危害国家安全目的的挂号信，被告人直接书写、签名的危害国家安全的阴谋行动、计划、批件、宣传材料等。书证自形成伊始，其所反映的思想内容就固定了，只要其载体存在，其所反映的思想内容就存在，可见，书证具有长期性和稳定性。

（三）书证具有不可替代性

书证通常属于特定的文字材料及载体，具有特定性，案件的侦查、起诉和法庭审理阶段都不能用其他同类或相似的文字材料及载体加以代替。使用书证应当是原始的书证，实践中使用的是以反映原件的书证副本、复制件实际上是在原件不便保存或者依法应当返还被害人，或者因保密工作需要不能调取时，为了演示方便才加以使用的，其本身不具有特定性，不能作为书证本身。

三、书证的收集

（一）书证的收集主体

收集书证应当由行使侦查权的侦查机关的侦查人员进行，侦查人员人数不能少于2人。《公安机关办理刑事案件程序规定》规定，执行扣押物品、文件的侦查人员不得少于2人，并持有有关法律文书或者侦查人员工作证件。《人民检察院刑事诉讼规则》规定，检察人员可以凭人民检察院的证明文件，向有关单位和个人调取能够证实犯罪嫌疑人有罪或者无罪的证据材料。

（二）提供书证的主体

任何单位和个人，有义务按照人民检察院和公安机关的要求，交出可以证明犯罪嫌疑人有罪或者无罪的书证。实际拥有证明犯罪嫌疑人有罪或者无罪的书证的单位和个人应当在得知拥有书证时主动交出，或者在侦查人员的命令下交出。

（三）收集书证的方式

书证的收集主要是通过勘验、检查、搜查、扣押、调取、当事人提供等方式进行。修改后的《刑事诉讼法》第139条规定，在侦查活动中发现的可用以证明犯罪嫌疑人有罪或者无罪的各种财物、文件，应当查封、扣押；与案件无关的财物、文件，不得查封、扣押。一些书证是无法提供原件的，如写在墙上的反动标语、刻在石碑上的文字、机动车发动机号、密写的书证等，对此可以采用一定的科技手段显现、收集和提取，如采取复印、拍照、抄录、拓印等方式。

（四）书证的范围

收集的书证应当与案件事实存在关联，也就是与案件事实存在关联、能够提取的书证都应当收集。收集书证时，应当严格遵守最佳证据规则，保证收集的书证是原件或者优先收集原件。在贪污贿赂犯罪中，书证主要有证明犯罪嫌疑人身份的身份证明、履历表、单位证明、委托证书等书面材料，反映贪污行为的账簿、票据、记账凭证、收据、存根、发货票等书证，犯罪分子记载贪污、贿赂的日期、数目、存放地点、存款单密码及账号等日记、通讯录、信件，只有书写人、知情人才懂的符号、图形等以密码方式记载的有关记录等。书证的副本、复制件应当与原件相符并核实无误。

（五）书证的收集程序

通过勘验、检查、搜查、扣押、查封等方式收集书证时，侦查人员必须持有人民检察院或者公安机关的证明文件和侦查人员工作证件等并向有关单位和个人出示，说明情况。侦查人员可以凭人民检察院或者公安机关的证明文件，向有关单位和个人调取能够证实犯罪嫌疑人有罪或者无罪的证据材料，并且可以根据需要拍照、录像、复印和复制等。有关单位和个人应当配合，交出这些材料并同意侦查人员进行拍照、录像、复印和复制。有关单位和个人交出或者提供的书证应当为原件。侦查人员要进行审查，以保证书证的真实性。在取得书证原件确有困难时，应当制作使用副本或者复制件，副本或者复制件应当能够反映书证原件及其内容。在制作书证的副本、复制件时，应当由制作人签名，经与原件核实无误后由单位予以认可并加盖单位公章。书证在制作过程中有更改的，应当由制作人在更改处捺指印，并逐页签名。收集书证应当制作相应笔录，清楚地表明书证的收集程序、方式符合法律及有关规定。收集书证笔录应当由收集书证的侦查人员制作，记载以下内容：（1）书证的辨认、鉴定。收集书证应当由书证的持有人或者相关人员经过辨认、鉴定，认为是应当提供的原件才能予以收集。书证应当交由当事人或者证人进行辨认，必要时应当进行鉴定，即当书证的证明力需要鉴定才能显现或者真实性才能确定时应当进行鉴定。（2）书证的制作过程。书证的副本、复制件应当由两名以上的侦查人员制作，对制作人制作过程及原件存放于何处均应当予以文字说明，如在账页的复制件上注明“本文复制于某某单位某某账页”。（3）书证的说明。收集书证应当对收集书证的特征等清楚注明并列明清单，经勘验、检查、搜查提取、扣押的书证，应当附有相关笔录或者清单。侦查人员应当会同在场见证人和被扣押物品持有人查点清楚，当场开列扣押文件清单一式二份，写明文件、资料和其他物品的名称、数量等，由检察人员、见证人和持有人签名或者盖章，一份交给持有人，另一份附卷备查。如果持有人拒绝签名或者盖章的，应当在扣押物品清单上记明。书证的说明应当对书证的具体特征进行规范细致的描述，防止出现错误。（4）侦查活动与笔录内容一致以证明书证来源。勘验、检查、搜查、提取、扣押书证的，应当附有勘验、检查笔录，搜查笔录，提取笔录，扣押清单等，这些笔录、清单应当记明书证来源。

收集书证等实物证据必须依照法定的程序进行。对书证等证据的取得，要履行必要的交接手续，载明书证的来源。侦查机关在侦查过程中，调取书证等证据时，应当出具侦查机关的《调取证据清单》；在涉案物品的保管单位或机构中取出财物或索取罪证时应当出具《提取笔录》，在勘验、检查、搜查过程中发现的可用以证明犯罪嫌疑人有罪或者无罪的文件应当扣押时，应当当场开列《扣押物品、文件清单》等法律文书。查封、扣押书证时应当履行审批手续，如公安机关应当制作《呈请调取证据报告书》、《呈请扣押邮件、电报报告书》、《呈请冻结存款、汇款报告书》等文书，履行审批手续。在收集书证时，应当向书证的持有人出具《调取证据通知书》、《扣押决定书》；扣押邮件、电报时，应当向邮件、电报的持有人出具《扣押邮件、电报通知书》；冻结犯罪嫌疑人存款、汇款时，应当向存款、汇款的持有人出具《冻结犯罪嫌疑人存款、汇款通知书》等法律文书。

（六）书证的保管

书证的保管以不损毁、不变形、不丢失为原则。如在一起案件中侦查人员在讯问时将犯罪嫌疑人的亲笔书写信件放在讯问桌上，不小心将水洒在书证上，造成书证被浸，字迹模糊，影响了证明效力。书证在收集、保管及鉴定过程中应当妥善保管，防止受到破坏或者改变。如果在保管及鉴定过程中，书证出现有更改或者更改迹象，应当做出合理解释。侦查人员必须保证在法庭上使用特定的书证，证明该书证就是侦查人员在犯罪现场收集的文件，并且处于与收集时相同或者大致相同的状态。

（七）收集书证应当注意的问题

一是收集证据工作要及时全面。书证属于实物证据，实物证据容易受外界影响而灭失，必须迅速及时地收集。收集应当做好前期准备，如针对职务犯罪的特点，应当对职务犯罪的相关书证的范围作好准确的分析，在调取时力争一次性调取完全，防止在收集职务犯罪书证时，由于前期准备不足，对书证没有调取完全，使犯罪嫌疑人等有时机销毁其他书证，给侦查活动造成影响。

二是对于收集书证过程中涉及国家秘密的证据，应当严格保守秘密。在可能的情况下，对于侦查人员收集书证的活动应当进行录音录像或者拍照，以证明收集书证活动的合法性。具备辨认条件的书证应当交由当事人或者证人进行辨认，必要时应当进行鉴定。

四、书证的审查要点

（一）审查书证的收集主体和手续

要审查收集书证的人员是否是侦查机关的侦查人员，人数是否在 2 人以上。收集书证是否依照法定的程序进行，是否持有相应的法律文书，法律文书是否符合规定。

（二）审查书证的来源

书证收集应当符合合法性、真实性以及书证的副本、复制件与原物一致性的要求，审查书证是否为原件，在无法收集原件时，要审查书证的副本、复制件与原件是否相符；书证是否经过辨认、鉴定；书证的副本、复制件是否由 2

人以上制作，单位是否予以认可并加盖单位公章。书证经与原件核实无误或者经鉴定证明为真实的，或者以其他方式确能证明其真实的，才可以作为定案的根据。审查书证的说明，看有无制作人关于制作过程及原件存放于何处的文字说明及签名，确定是否来源可靠、出处确切、确与本案有关。审查书证的收集程序、方式是否符合法律及有关规定，确定书证是在何种措施下收集的，根据收集方式审查收集书证的法律文书、物品清单、询问和讯问笔录是否能够相互衔接。

（三）审查书证的保存情况

看书证保管链条是否完整、保管记录是否齐全，查明书证在收集、保管及鉴定过程中是否受到破坏或者改变，查明是否变形或被调换等。

（四）审查书证的关联性

查明书证与本案有何种关联，能否证明案件事实，能证明案件事实的什么情节，与案件事实有关联的书证是否全面收集。

五、瑕疵和非法书证的处理

（一）瑕疵书证的处理

瑕疵书证，是指在收集程序、方式上存在瑕疵的书证。书证收集程序存在瑕疵的情形包括：收集调取的书证，在勘验、检查笔录，搜查笔录，提取笔录，扣押清单上没有侦查人员、物品持有人、见证人签名或者物品特征、数量、质量、名称等注明不详；收集调取书证的副本、复制件未注明与原件核对无异，无复制时间，无被收集、调取人（单位）签名（盖章）；书证的副本、复制件没有制作人关于制作过程及原件存放于何处的说明或者说明中无签名；书证的收集程序、方式存在其他瑕疵等情形。收集程序存在瑕疵情形具有下列条件：一是收集书证的方式、审批等程序是合法的。也就是侦查人员履行了法定的审批手续，采取了法定的勘验、检查、搜查、查封、扣押、调取、冻结等方法，收集了相应的书证，同时也在现场制作了相应的《扣押物品、文件清单》、搜查笔录等法律文书。二是收集书证的主体存在不足，如收集书证的侦查人员、物品持有人、见证人不符合法定人数或者记载与实际在场人员存在矛盾。三是制作的《扣押物品、文件清单》、搜查笔录等法律文书存在不足，如在勘验、检查笔录，搜查笔录，提取笔录，扣押清单上没有侦查人员、物品持有人、见证人签名等。

收集书证存在上述瑕疵，可以通过有关办案人员的补正或者作出合理解释加以弥补。具体是：（1）收集调取的书证在勘验、检查笔录，搜查笔录，提取笔录，扣押清单上没有侦查人员、书证持有人、见证人签名或者书证特征、数量等注明不详的，应当由办案人员查找书证持有人、见证人对笔录进行补正，对书证特征、数量等加以注明，并由全体办案人员、书证持有人、见证人签名。如果无法查找到书证持有人、见证人时应当由有关办案人员对收集书证存在瑕疵情况作出合理解释。（2）收集调取书证的副本、复制件未注明与原件核对无异，无复制时间，无被收集、调取人（单位）签名（盖章）时，应当将书证的副本、复制件交由被收集、调取人（单位）进行核对，当没有疑问时，应当注明原始收集调取时间，并注明与原件核对无异，由被收集、调取人（单位）签名（盖章）。（3）书证的副本、复制件没有制作人关于制作过程及原件存放于何处的说明或者无签名时，应当由制作人重新制作关于书证的副本、复制件制作过程及原件存放于何处的说明或者签名。必要时重新制作书证的副本、复制件和关于制作过程及原件存放于何处的说明。当然，对书证的来源及收集过程有疑问，不能作出合理解释的，该书证就属于非法证据，不能作为定案的根据。

（二）非法书证的处理

非法书证是违反最佳证据规则、客观性规则、关联性规则取得的书证。具体包括：

1. 违反最佳证据规则取得的书证。书证应当是原件，在能够取得原件且无其他障碍时，而以书证的副本、复制件替代原物原件的，属于非法证据。

2. 违反客观性规则取得的书证。书证如不能说明来源就丧失了客观性，如经勘验、检查、搜查提取、扣押的书证，未附有勘验、检查笔录，搜查笔录，提取笔录，扣押清单，不能证明书证来源，该书证属于非法证据。书证因保管不当而损毁、变形，丧失真实性的，属于非法证据，不能作为定案的根据。

3. 违反关联性规则取得的书证。书证不能证明其真实性或者不能反映原件内容或者出现有更改或者更改迹象不能作出合理解释时，使该书证与案件之间的关联受到影响，因此，不能作为定案的根据。

4. 侦查机关没有依法对书证重新收集、补正，或者无法补正、重新制作且没有作出合理的解释或者说明，无法认定书证真实性的，该证据不能作为定案的根据。

第四节　证人证言的收集与审查

刑事案件发生在社会之中，在犯罪预备、实施等各个阶段，必然后会留下各种痕迹、遗留某些物品，为社会成员所察觉，这些成员就成为证明案件事实的证人，这些人的证言会对案件事实产生积极的证明作用。

一、证人证言概述

（一）证人证言

证人证言是指证人就其所了解的案件有关情况向公安机关、人民检察院和人民法院所作的陈述。证人证言一般是口头陈述，以证人证言笔录形式进入刑事诉讼。证人亲笔书写的书面证词，也是证人证言。修改后的《刑事诉讼法》第60条规定："凡是知道案件情况的人，都有作证的义务。生理上、精神上有缺陷或者年幼，不能辨别是非、不能正确表达的人，不能作证人。"根据此规定，刑事诉讼中的证人，是指了解案件情况而向公安机关、人民检察院和人民法院作证的人。证人的条件包括以下两个方面：第一，证人必须了解案件情况。案件情况不能仅仅局限于案件本身，能够对定罪量刑产生影响的事实应当都是案件情况。第二，证人必须能够辨别是非、能够正确表达。生理上、精神上有缺陷或者年幼，从而不能辨别是非、不能正确表达之人，不能作为证人。其他原因导致不能辨别是非、不能正确表达的人，也不能作为证人。

（二）证人的种类

证人的种类是由证据种类决定的，提供定罪证据、量刑证据、程序证据的人都是证人。传统的对刑事案件证人的界定已不能适应形势的发展需要了。如见证人，是根据刑事诉讼法的规定，应办案人员要求对勘验、检查、搜查、扣押物证、书证的诉讼行为是否合法进行见证的人。有观点认为，由于这些证明行为不是针对案件事实而做，所以，见证人不是证人。① 其实，为证明程序的合法性，见证人应当就办案人员所进行的勘验、检查、搜查、扣押物证、书证的诉讼行为是否合法提供证据，其当然就成为了解案件情况的证人了。同样，那些翻译人员、询问未成年证人和讯问未成年犯罪嫌疑人时在场的法定代理人

① 陈光中主编：《刑事诉讼法学（新编）》，中国政法大学出版社1996年版，第171页。

都可以成为证人。

（三）证人证言的作用

第一，证人证言可以证明案件事实，提供侦查的线索。证人了解案件有关情况，其提供的证言有利于帮助司法机关证明案件事实，作为认定案件事实的主要根据。证言可以提供相关线索，帮助办案人员发现和收集其他证据。

第二，证人证言可以核实其他证据，证人与案件没有直接关系，其提供的证言具有真实性，可以用来印证案件的其他证据，鉴别其他证据的真伪。

第三，证人证言可以反映案件事实、犯罪嫌疑人的多种情况，帮助司法人员全面认识案件的各种情节，正确处理案件。

第四，证人证言可以保障刑事诉讼活动的顺利进行。证人目睹了侦查机关的侦查活动，可以证明侦查活动的程序合法性，排除一些人对侦查机关的质疑，确定相关证据的效力，从而保证刑事诉讼活动的正常进行。

二、证人证言的证据属性

（一）证人证言是刑事诉讼中使用最多的证据

一个刑事案件可以因犯罪嫌疑人、被告人保持沉默、拒不供述犯罪事实而出现“零口供”的现象，也可能因被害人死亡而出现没有被害人陈述，但是不会出现没有证人证言这种情况。这是因为证人证言证明的范围十分广泛，犯罪分子实施犯罪行为过程中暴露的蛛丝马迹可能为群众所发现、了解，司法机关进行诉讼活动必然有群众参与，证明这些案件事实、证明这些诉讼活动必然会出现证人证言这种证据。

（二）证人证言是涉及证据理论分类最多的证据

证人亲自目睹犯罪行为发生所出具的证言直接来自于犯罪现场，属于原始证据和直接证据；当证人听他人转述犯罪事实时，这种证言就是传来证据；证人有时只目睹案件的某一侧面、某一情节，需要与其他证据共同证明案情，这种证言就成了间接证据。证人证言灵活简便，能够证明犯罪有无及轻重的情节，据此又可成为有罪证据和无罪证据。证人证言是通过语言来反映犯罪事实，所以，它是言词证据。证人证言可以用来定罪量刑，也可以用来证明各种程序事实，所以，其又可以成为定罪证据、量刑证据、程序证据。

（三）证人证言具有不稳定性

不稳定性是言词证据的共同特征。“证人证言的价值取决于感知能力、记忆能力、语言表达能力、是否诚实等因素：感知能力，是指证人能否准确地理解所描述的内容并准确地表达出来；记忆能力，是指证人是否对当时的感觉留有准确的印象；语言表达能力，是指证人是否准确地表达了自己的感受；是否诚实，即带有各种不同动机的证人是否作了伪证。”① 证人对案件情况的描述受到表达能力、作证环境、作证程序等主客观因素的影响。证人将自己感知的案件情况通过记忆形成主观印象，以语言方式表述出证言，形成主观印象和进行言词表述之间的时间间隔越短，言词所能够表述出的关于主观印象的内容就越多越清晰，时间间隔越长，言词所能够表述的关于主观印象的信息就越少越模糊。证人在了解案件事实后又通过其他途径获得案件信息时，已有的记忆就会发生混乱，此时证言的可靠性就受到了影响。证人由于自身心理的变化或者与案件当事人存在的各种关系受到威胁等干扰时，往往就会改变自己的证言。所以，证人证言有时是最不可靠的证据。

三、证人证言的收集

（一）询问主体

询问证人的主体应当是公安机关、检察机关行使侦查权的侦查人员，在法庭审理过程中审判人员认为有必要的可以询问证人。询问证人的侦查人员不能少于2人，人民检察院、人民法院的书记员无权询问证人。

（二）询问地点

修改后的《刑事诉讼法》第122条规定：侦查人员询问证人，可以在现场进行，也可以到证人所在单位、住处或者证人提出的地点进行，在必要的时候，可以通知证人到人民检察院或者公安机关提供证言。在现场询问证人，应当出示工作证件，到证人所在单位、住处或者证人提出的地点询问证人，应当出示人民检察院或者公安机关的证明文件。可见，询问证人的地点可以是现场、证人所在单位或住处以及检察机关和公安机关，不得在法定询问地点以外询问证人。当然，证人对在其他地点询问表示同意或提出其他地点的除外。

（三）告知诉讼权利

询问证人时应当出示人民检察院或者公安机关的证明文件，证明文件包括侦查机关的询问通知书、侦查人员的工作证等。除此之外，还应当告知证人各项诉讼权利义务，证人所享有的各项权利包括：有权在受到询问时要求询问人出示证明文件，有权在询问涉及个人隐私或者不愿让其他人知道的有关情况时向询问人提出为自己保密，不满18岁的未成年证人有权在受到询问时要求其

---

① ［美］约翰·斯特龙等：《麦考密克论证据》，汤维建等译，中国政法大学出版社2003年版，第192页。

法定代理人到场，聋哑证人有权在受到询问时要求有通晓聋哑手语的人代为翻译，有权在接受询问时要求自行书写证明材料，有权在询问笔录记载有遗漏或者有差错时提出补充或者改正，有权对侦查人员侵犯证人诉讼权利和实行的人身侮辱行为提出控告，有权在作证时受到法律保护。证人所承担的各项义务包括：如实地提供证据、证言，有意作伪证、拒绝作证或者隐匿证据要负法律责任；提供所知的一切与案件有关的情况，必要时可以协助进行调查；应该在询问的记录或自行书写的材料上签名或者盖章；如实提供存有的书证、物证，如果不便搬运、不易保存的，应允许侦查人员拍照或录像；对于能否辨别是非，能否正确表达，侦查人员认为有必要进行审查或者鉴定时应当配合；需要出庭作证时，经法庭传唤，应该按时到庭作证。在这里特别要告知，证人没有正当理由不出庭作证的，人民法院可以强制其到庭。逃避作证或拒绝作证情节严重，可被司法拘留。

（四）询问内容

询问时，首先应当了解证人的身份，证人与案件事实及案件当事人之间的关系，证人的身份包括：证人年龄、身体情况、文化程度、知识水平、职业、履历情况等。了解证人的身份主要是为了确定证人是否有出证的能力，一是便于掌握证人的生理、精神状态，证人的生理、精神状态影响证人对案件事实的感知、记忆和表达，如证人处于明显醉酒、麻醉品中毒或者精神药物麻醉状态，由于其存在一定障碍，神智不清醒，就无法正确地感知、记忆和表达。二是便于判断证人的辨别是非、正确表达的能力，当对证人的辨别是非、正确表达能力有所怀疑时，应当进行鉴定。了解证人与案件事实及案件当事人之间的关系，是为了掌握证人与案件当事人有无亲属关系、与案件处理结果有无其他利益上相关联或者相冲突的利害关系。其次是问明证人是否了解案件的有关情况，让其就了解的案件有关情况进行完整的叙述。《人民检察院刑事诉讼规则》规定，在法庭上询问证人的，公诉人应当要求证人就其所了解的与案件有关的事实进行连贯陈述。证人连贯陈述后，可以对证人发问。证人不能连贯陈述的，公诉人也可以直接发问。这一询问要求可以在收集证人证言时参考运用。在询问中，问明证人了解的案件有关情况，要问清证人是直接看到、听到案件情况，还是听他人转述的。证人生理上和精神上的状态是否影响作证以及在其了解案件情况时的生理上和精神上的状态，也就是证人在什么生理和精神的状态下了解案件情况的。证人叙述案件有关情况时，询问人员不要轻易打断证人的叙述，必要时可以进行提示。再次是向证人提出问题。询问证人要全面，提出问题应当与案件事实有关联。向证人提出问题主要根据证人完整的叙述中存在疏漏、矛盾、模糊不清、有争议，与其他证据存在矛盾的内容等提出，并着重围绕与定罪量刑紧密相关的事实进行，以澄清事实。对定罪量刑有重要意义的事实、情节，如作案工具来源、赃款赃物去向、犯意提起经过等，应单独提问做细致记录。在询问证人时，要通过记录表明其年龄、认知水平、记忆能力和表达能力，生理上和精神上的状态，特别是在感知案件事实时的生理和精神的状态等。如实地对证言内容进行客观记录，不应加办案人员的主观臆想和个人理解，也不能任意取舍；证人证言中可能出现有利于犯罪嫌疑人和不利于犯罪嫌疑人内容混杂的情况，对此应当有意识地将证言内容中有罪部分与无罪部分分开，方便以后进行的诉讼活动。

（五）询问笔录的确认

在询问证人时应当同时制作询问笔录作为证人证言。在询问笔录中应当将询问人亮明身份的情况写明，使侦查人员的身份得以确认，不能单纯地在询问笔录上签名。对于取证的地点不是现场、证人的所在单位或者住处，也不是证人提出的地点和人民检察院或者公安机关的，要通过笔录记载证人自愿的方式加以弥补，主要是通过侦查机关证明办案地点就是取证的地点和在笔录中写明在该取证的地点，在该地点证人自愿出证，如写明“我们在某处询问你，你愿意如实回答吗”，防止证人证言遭到质疑。询问笔录应当交证人核对，对于没有阅读能力的，应当向他宣读。如果记载有遗漏或者差错，证人可以提出补充或者改正。证人承认笔录没有错误后，应当让其在笔录上逐页签名（盖章）、捺指印，并在末页写明“以上笔录我看过（或向我宣读过），和我说的相符”、“以上笔录看过全对”。拒绝签名（盖章）、捺指印的，侦查人员应当在笔录上注明。侦查人员也应当在笔录上签名。证人请求自行书写证言的，应当准许。必要的时候，侦查人员也可以要证人亲笔书写证言。证人书写证言的，也应当在亲笔书写证言的末页签名（盖章）、捺指印。侦查人员收到后，应当在首页右上方写明“于某年某月某日收到”，并签名。在询问证人时应当留有让证人自我表明的时机，如在询问完毕证人、对笔录确认后，应当进行补充性发问，如“你还有什么补充吗”，由证人对笔录进行自我补充。

（六）收集证人证言过程中应当注意的问题

询问证人应当个别进行，不能采取“开会”的形式，也不应当采用“集体回忆”后个别记录的变相方法。询问证人个别进行可以防止证人之间相互影响、干涉、串通，保证证人证言真实可靠，也利于保守案件秘密。在必要时，询问证人要进行录像、录音。这种方式随着科学技术的发展被越来越多地运用于刑事侦查工作中，录像录音可以真实再现询问过程，对于证明询问工作的合法有重要作用。询问证人证言的程序、方式要符合法律及有关规定，证人证言的取得要依据法律及有关规定，以法定方式、法定形式取得。询问证人应当保证了解案情的证人有客观地、充分地提供证据的条件，要让证人自由表达所了解的案情，按照自己的意志出证，不受强迫，不被以暴力或者其他手段非法获取证言。司法实践中，有些证言是目睹案件事实发生的证人提供的，这种证人证言属于直接证据，具有很强的证明力，在没有犯罪嫌疑人供述的情况下，取得这种证人证言对证明案件事实有着至关重要的作用。为了获取这种证人证言，一些侦查人员不惜采用暴力、威胁等非法手段，即暴力取证。为打击暴力取证犯罪行为，取得证明和体现证人是否被暴力取证的证据，可以建立对证人身体保护的司法人身检查制度，即侦查机关在每次询问证人后，应依职权或应证人的要求对其进行人身检查并制作相应的记录，作为证明询问过程中是否合法的依据。侦查过程中多次调取证人证言，所有该证人证言均应当入卷，如果应当入卷的证人证言没有入卷的，侦查人员应当出具相关说明。询问聋哑人、少数民族人员、外国人等证人时应当提供通晓聋、哑手势的人员或者翻译人员。询问未成年证人，应当通知其法定代理人到场并一直在场。修改后的刑事诉讼法加大了对证人的保护力度。修改后的《刑事诉讼法》第 62 条规定：对于危害国家安全犯罪、恐怖活动犯罪、黑社会性质的组织犯罪、毒品犯罪等案件，证人、鉴定人、被害人因在诉讼中作证，本人或者其近亲属的人身安全面临危险的，人民法院、人民检察院和公安机关应当采取以下一项或者多项保护措施：（1）不公开真实姓名、住址和工作单位等个人信息；（2）采取不暴露外貌、真实声音等出庭作证措施；（3）禁止特定的人员接触证人、鉴定人、被害人及其近亲属；（4）对人身和住宅采取专门性保护措施；（5）其他必要的保护措施。证人认为因在诉讼中作证，本人或者其近亲属的人身安全面临危险的，可以向人民法院、人民检察院、公安机关请求予以保护。证人作证，涉及国家秘密或者个人隐私的，应当保守秘密。

四、证人证言的审查要点

对证人证言的审查分为程序审查和实体审查两方面，审查的方法主要是通过审查证人证言笔录，结合控辩双方提供的所有证据以及被告人全部供述和辩解，结合侦查机关随案移送的询问过程的录音录像资料进行审查。《人民检察院刑事诉讼规则》规定，人民检察院在审查起诉过程中，对证人证言笔录存在疑问或者认为对证人的询问不具体或者有遗漏的，可以对证人进行询问并制作笔录。也就是，人民检察院在审查证人证言时可以通过再次询问证人进行。

（一）对证人证言的程序审查

《死刑案件证据规定》规定，对证人证言应当着重审查的程序内容是证言的取得程序、方式是否符合法律及有关规定：有无使用暴力、威胁、引诱、欺骗以及其他非法手段取证的情形；有无违反询问证人应当个别进行的规定；笔录是否经证人核对确认并签名（盖章）、捺指印；询问未成年证人，是否通知了其法定代理人到场，其法定代理人是否在场等。

对程序的具体审查包括：1. 对证人资格进行审查，确定是否符合证人条件。证人就其亲眼看到的、亲身经历和感知的案件内容作证，只有亲眼看到、亲耳听到有关内容才能作证，这是由证人的亲历性决定的，因此，没有亲眼看到的、亲身经历和感知的人不能成为证人。证人具有不可替代性，亲身经历和感知决定了证人是不可替代的。替代证人作证的人不能成为证人。证人应当具有正确的辨别是非、正确表达的能力，不能正确感知、正确认识、正确辨别、正确表达的人，不能成为证人。2. 对询问行为进行审查，确定是否违背证人自由表达意志。证人应当客观地充分地提供证言，任何违背证人意志而取得的证言如以暴力、威胁、诱导、损害证人的人格尊严等非法手段取得的证人证言、对证人作证内容和如何作证进行明示、暗示而取得的证人证言是违法的。侦查人员在询问证人时应当注意语气，问话要注意方式。心理学研究证明，很多证人提供的证言都不太准确，或者说是具有个人倾向性，带着个人的观点和意识。因为证人的知觉和记忆是不可靠的、微妙的，很容易受取证方式的影响，办案人员的取证方式对证词的可靠性有显著的影响。① 3. 审查对证人的询问过程，确定是否违反法定的程序。询问证人违反询问的主体规定、没有个别进行而取得的证言，没有经证人核对确认并签名（盖章）、捺指印的证言及书面证言，询问聋哑人或者不通晓当地通用语言、文字的少数民族人员、外国人，应当提供翻译而未提供的证言，在询问未成年证人时未通知其法定代理人到场或未能一直在场的，都是违反询问程序的。违反证人的亲历性、不可替代性、证人的自由表达、法定程序取得证人证言的做法，都是错误的。对证人在法律规定以外的地点接受询问的，应当审查其原因，必要时对该证言或者陈述进行复核。

（二）对证人证言的实体审查

从证言内容上看，证言的内容应当是证人直接感知的。不是证人直接感知的证人证言，不能作为证据使用。主要或者关键内容是猜测性、评论性、推断性的证言，不能作为证据使用。因处于明显醉酒、麻醉品中毒或者精神药物麻醉状态，导致语无伦次的证言，不能作为证据使用。证言与其他证据之间无法印证或者存在矛盾无法排除的，不能作为证据使用。内容无法表明与案件事实

---

① 沈政主编：《法律心理学》，北京大学出版社1986年版，第178页。

存在关系、无法说明证据来源的证人证言也不能作为证据使用。

（三）对证人证言的庭审审查

修改后的《刑事诉讼法》第59条规定，证人证言必须在法庭上经过公诉人、被害人和被告人、辩护人双方质证并且查实以后，才能作为定案的根据。证人证言的内容是否真实可靠，是否属于瑕疵或者非法证据往往都要在法庭上查证属实才能由法官加以确定，这既是直接言词原则的要求，也是法官行使自由裁量权的表现。修改后的刑事诉讼法规定，在法庭上对证人证言进行审查，除已有书面证言以外，公诉人、当事人或者辩护人、诉讼代理人对证人证言有异议，且该证人证言对案件定罪量刑有重大影响，人民法院认为证人有必要出庭作证的，应当通知证人出庭作证。经依法通知，不出庭作证证人的书面证言经质证无法确认的，不能作为定案的根据。这一规定，再次明确了证人作证以当庭作证为原则，以书面作证为例外的基本要求。必须出庭的证人应当符合下列条件：一是该证人在法庭审理以前已在公安机关、检察机关作过证言，而且这些书面证言已作为提起公诉的依据。二是这些证据对认定被告人有罪和处刑有重大影响，该证据证明的内容是直接确定被告人构成犯罪并决定了对被告人的刑罚。对定罪量刑有重大影响的重要证人一般包括以下几类：涉及犯罪构成要件事实的证人；证言影响区分此罪与彼罪的证人；证言严重影响量刑轻重的证人；目睹或直接了解犯罪事实关键情节的证人；仅有的对犯罪分子和犯罪事实知情的人员。① 三是人民检察院、被告人及其辩护人对证人证言有异议。通过检察人员举证，控辩双方对该证言所证明的内容出现矛盾，存在分歧，而且通过案件中所有证据相互印证无法排除矛盾或者得出的结论不具有唯一性。四是人民法院认为该证人应当到庭。人民法院认为该证人应当到庭，表明该证人有必要出庭，所谓有必要出庭是指控辩双方对证人证言有实质性异议，如果证人不出庭对认定案件事实将产生重要影响。证人在法庭上接受公诉人、被害人和被告人、辩护人双方询问、质证，对其已证明的内容予以调查。法庭对证人证言的审查是通过在法庭上公诉人、被害人和被告人、辩护人双方询问证人、进行质证，听取各方证人的证言，与案件中所有证据相互印证，经过查实以后，最终确定证人证言的效力。经人民法院依法通知，该证人无故不出庭，导致对该证人的书面证言无法进行质证，在听取出庭检察人员、被告人及其辩护人的意见，并结合其他证据综合判断，还是不能确定该证据效力的，此书面证

① 上海市第二中级人民法院课题组：《构建我国刑事证据规则体系调研报告》，载《法律适用》2008年第5期。

人证言不能作为定案的根据。当然，如果证人不出庭是有正当理由的，可以在正当理由消失后出庭作证。

修改后的《刑事诉讼法》第189条规定，在法庭审理过程中，证人当庭作证，公诉人、当事人和辩护人、诉讼代理人经审判长许可，可以对证人发问。审判人员可以询问证人。《人民检察院刑事诉讼规则》第338条规定，证人在法庭上提供证言，公诉人应当按照审判长确定的顺序向证人发问。当事人和辩护人、诉讼代理人对证人发问后，公诉人可以根据证人回答的情况，经审判长许可，再次对证人发问。最高人民法院《关于执行〈中华人民共和国刑事诉讼法〉若干问题的解释》第148条规定，审判人员认为有必要时，可以询问证人。可见，在法庭上对证人进行询问是审查证人证言合法性、真实性的重要方法。已出庭的证人所作的证言在法庭上经过公诉人、被害人和被告人、辩护人双方询问、质证，听取各方证人的证言并且经过查实以后，才能作为定案的根据。证人在法庭上的证言与其庭前证言相一致，并有相关证据印证的，应当采信，作为定案的根据。《死刑案件证据规定》第15条规定，证人在法庭上的证言与其庭前证言相互矛盾，如果证人当庭能够对其翻证作出合理解释，并有相关证据印证的，应当采信庭审证言，作为定案的根据。对未出庭作证证人的书面证言，应当听取出庭检察人员、被告人及其辩护人的意见，并结合其他证据综合判断。未出庭作证证人的书面证言出现矛盾，不能排除矛盾且无证据印证的，不能作为定案的根据。这一规定确定了出庭证人证言的优先采信规则。这一规则的基本内容是：（1）确定了证人出庭要求，即证人出庭作证应当是证人证言的基本形式。当前我国刑事案件证人出庭率很低，如江苏省扬中市人民法院在2003年1至12月间审理的刑事案件222件，实际出庭作证的只有10人，受贿案件无一证人到庭。北京市海淀区人民法院刑一庭的证人出庭率5%左右。据有关资料显示，我国刑事证人出庭率不足10%，有的地方还不到5%。[①] 修改后的刑事诉讼法规定，公诉人、当事人或者辩护人、诉讼代理人对证人证言有异议，且该证人证言对案件定罪量刑有重大影响，人民法院认为证人有必要出庭作证的，证人应当出庭作证。这一规定有利于贯彻直接言词原则，解决当前刑事案件证人出庭率很低的问题。（2）证人不出庭往往导致其书面证言的排除。经依法通知不出庭作证证人的书面证言如自身存在矛盾，与其他证据相互印证不能排除矛盾或者无证据印证，无法查证属实的，不能作为定案的根据。（3）出庭证人证言的优先采信。出庭作证的证人当庭改

---

① 赵伟：《刑事诉讼证人出庭作证制度》，载中国法律知识资源总库论文库硕士论文，投稿时间2011年7月15日。

变自己的证言，造成证人在法庭上的证言与其庭前证言相互矛盾，如果证人当庭能够对其翻证作出合理解释，并有相关证据印证的，应当采信庭审证言，排除其庭前证言。

五、瑕疵和非法证人证言的处理

（一）瑕疵证人证言的处理

司法实践中经常出现的证人证言瑕疵多是一些细节问题，如笔录标头记载错误，没有填写询问人、记录人、法定代理人姓名或者询问的起止时间、地点，缺乏告知程序等问题，这些问题多发生在侦查人员询问时没有将这些程序性细节即时写明，在更换人员、时间推移的情况下，后填、补填造成的。《死刑案件证据规定》规定的瑕疵证人证言包括：（1）没有填写询问人、记录人、法定代理人姓名或者询问的起止时间、地点的；（2）询问证人的地点不符合规定的；（3）询问笔录没有记录告知证人应当如实提供证言和有意作伪证或者隐匿罪证要负法律责任内容的；（4）询问笔录反映出在同一时间段内同一询问人员询问不同证人的。这些瑕疵证人证言都是缺少一定程序内容的，实践中这些程序内容又大多是确实已经做过的，如询问人、记录人、询问的起止时间、地点等在询问笔录中都是客观存在的，绝对不会存在没有询问人、记录人、询问的起止时间、地点等情况，只是遗漏了。因此，应当通过有关办案人员的补正或者作出合理解释加以消除后采用这些证言。具体可以做以下处理：询问证人的地点不符合规定、询问笔录没有记录告知证人应当如实提供证言和有意作伪证或者隐匿罪证要负法律责任内容的，可以作出合理解释，然后重新调取相关证人的证言，对地点不符合规定的，可以采用证人指定或证人表示同意的方法补正。对证人应当如实提供证言和有意作伪证或者隐匿罪证要负法律责任的内容重新告知。询问笔录反映出在同一时间段内同一询问人员询问不同证人等情况的，可以由有关办案人员作出合理解释。对于证人证言存在无法修正的瑕疵或者内容发生变化的，侦查人员应当及时地重新调取该证人证言。

（二）非法证人证言的处理

非法证人证言是指违反证人资格、证言基本特征、侵犯宪法规定的证人基本权利和法律规定的调取证人证言基本程序而取得的证人证言。《死刑案件证据规定》规定的非法证人证言包括：（1）以暴力、威胁等非法手段取得的证人证言；（2）证人的猜测性、评论性、推断性的证言，但根据一般生活经验判断符合事实的除外；（3）询问证人没有个别进行而取得的证言；（4）没有经证人核对确认并签名（盖章）、捺指印的书面证言；（5）询问聋哑人或者不通晓当地通用语言、文字的少数民族人员、外国人，应当提供翻译而未提供取得的证人证言。

具体分为以下几类：（1）违反证人资格要求取得的证人证言，如处于明显醉酒、麻醉品中毒或者精神药物麻醉状态，以致不能正确表达的证人所提供的证言。能够辨别是非、能够正确表达是证人的重要条件，由于明显醉酒、麻醉品中毒或者精神药物麻醉状态而不能正确表达的人不能成为法律上合格的证人，因此，这种证人证言属于非法证人证言。（2）违反证言基本特性的证人证言，如证人的猜测性、评论性、推断性的证言，但根据一般生活经验判断符合事实的除外。亲历性、不可替代性是证人的基本特征，证人是把自己直接感知即亲眼看到、亲耳听到刑事案件的事实如实地讲出来的人，亲眼看到、亲耳听到刑事案件事实是作证的前提，猜测性、评论性、推断性的证言不是对刑事案件事实真实的反映，而是掺杂了过多主观臆想的因素，使证言具有了不可靠的特征，因此，属于非法证据。（3）侵犯宪法规定的证人基本权利取得的证人证言，如以暴力、威胁等非法手段取得的证人证言和对不通晓当地通用语言、文字的少数民族人员、外国人，应当提供翻译而未提供取得的证人证言。公民的人身权利、使用本民族语言诉讼的权利是宪法规定的公民的基本权利，违反这些宪法规定取得的证人证言属于非法证据。（4）违反收集证人证言基本程序的法律规定取得的证人证言，如询问证人没有个别进行而取得的证言；没有经证人核对确认并签名（盖章）、捺指印的书面证言；询问聋哑人，应当提供翻译而未提供取得的证人证言。

修改后的刑事诉讼法规定：询问证人应当个别进行；询问笔录应当交证人核对，承认笔录没有错误后，应当签名或者盖章，侦查人员也应当在笔录上签名；询问聋、哑的证人，应当有通晓聋、哑手势的人参加，并且将这种情况记明笔录。刑事诉讼法的这些规定对于保证证人证言的准确性和可靠性有着重要作用，违反了这些规定也就无法保证证人证言的准确性和可靠性，因此，这些证据属于非法证人证言。对于非法证人证言应当一律排除，不能作为定案的依据。

六、证人证言的有限采用

（一）制约证人证言真实性、可靠性的因素

证人证言的真实性、可靠性受诸多因素的制约：（1）与案件的利害关系。证人作为案件之外的旁观者，其与案件没有利害关系或者虽然有一定的利害关系但是却比被害人和犯罪嫌疑人、被告人要小得多，因此，其故意隐瞒、捏造或者夸大事实的可能性也小得多，从而所提供的证人证言的真实性也更大。一般来说，证人尤其是与案件以及与案件被害人或者犯罪嫌疑人、被告人没有利

害关系的证人，其提供的言词证据的证明力比被害人或者犯罪嫌疑人、被告人提供的言词证据的证明力更大一些。与被害人或者犯罪嫌疑人、被告人关系密切或者有利害关系的证人，例如被害人的近亲属、好友等，所提供的不利于犯罪嫌疑人、被告人的言词证据，或者犯罪嫌疑人、被告人的近亲属、好友等所提供的有利于犯罪嫌疑人、被告人的言词证据，其证明力一般较低，反之则证明力较高。（2）证人自身的一些因素。证人的年龄、智力、生活经验、表达能力等都影响证人证言的真实性、可靠性。一般来说，青壮年、智力较高、生活经验丰富、表达能力强、发育正常的人，其感知案件事实的能力、记忆的能力和表达的能力也较强，所提供的言词证据对案件事实的反映也更准确，从而其证明力较强；反之，年龄太小或者太大、智力较低、生长发育有缺陷、缺乏生活经验或者表达能力差的人，对案件事实的感知能力、记忆能力和表达能力则弱一些，其提供的言词证据的证明力也较低。

修改后的《刑事诉讼法》第 60 条第 2 款规定，生理上、精神上有缺陷或者年幼，不能辨别是非、不能正确表达的人，不能作证人，就是充分考虑到证人自身的因素对证言的影响而作出的规定。这一规定只是从生理、精神、年龄上作出的规定，对于一些影响证言的社会因素没有规定，不能完全适应社会的发展需要。《死刑案件证据规定》从证人自身因素、与案件的利害关系两方面对影响证言真实性和可靠性的情况进行了规定。其中，证人自身因素是指证人生理上、精神上有缺陷；与案件的利害关系是指证人与犯罪嫌疑人、被告人有亲属关系或者其他密切关系，与犯罪嫌疑人、被告人有利害冲突等关系。这里的证人生理缺陷主要是指感官有缺陷，具体是指某个感觉器官功能的丧失或者不健全。如盲人、患有色盲症者、高度近视、聋哑人。事实上，每个人并非是完全丧失一切感知能力。生理缺陷者除下列两种情况外都可以作为证人：一种是因生理缺陷造成不能明辨是非，不能正确表达的人；另一种是虽然明辨是非，能正确表达，但由于某个感觉器官功能的完全丧失或不健全而不能感受或准确地感受案件情况，不能提供有关该情况的准确证言，因而不能作为证人。但生理缺陷者利用其他功能正常的感觉器官感受案件情况时，可以作为证人，如盲人可以利用听觉耳闻某种情况就此可以作证。精神上有缺陷主要是精神病人、变态人格患者等，在其能够辨别是非、正确表达时，能够成为证人。年幼的人在因年龄小对案件中事实、人物、经过等记忆不清、认定不明或者表述不明白时不能作为证人。在其识别能力、表达能力正常，能够辨别是非、正确表达时，年幼的人仍然可以作为证人，可以提供与其认知能力相适应的证言。未成年人所作的与其年龄和智力状况不相当的证言，其真实性是令人怀疑的。总之，生理上、精神上有缺陷或者年幼的证人，由于他们在对案件事实的认知和表达上存在一定困难，虽尚未丧失正确认知、正确表达能力，但是对这些人的证言还是应当慎重使用，有其他证据印证的，可以采信。证人对一方当事人的感情或者与案件结果存在利害关系，会导致其证言产生偏见性。证人与案件当事人、案件处理结果存在利害关系，究竟将对其证言产生多大的影响，这要视具体的证人和案件而定。同时，证人与案件当事人、案件处理结果存在利害关系，并不必然导致其证言存在偏见或者不真实。不过，由于这种利害关系导致证人证言存在偏见或者不真实的可能性很大，因此，在询问证人时，应当询问其与案件当事人、案件处理结果是否存在利害关系。[①] 如果查明存在利害关系，在审查判断证人证言时，就应当保持审慎，注意结合其他证据分析证人的可信度，进而综合评估证人证言的证明价值。

（二）证人证言有限采用的具体情形

证人证言的有限采用分为四种情形：1. 生理上有缺陷的证人在对案件事实的认知和表达上存在一定困难，但尚未丧失正确认知、正确表达能力而作的证言；2. 精神上有缺陷的证人在对案件事实的认知和表达上存在一定困难，但尚未丧失正确认知、正确表达能力而作的证言；3. 与犯罪嫌疑人、被告人有亲属关系或者其他密切关系的证人所作的对该犯罪嫌疑人、被告人有利的证言；4. 与犯罪嫌疑人、被告人有利害冲突的证人所作的对该犯罪嫌疑人、被告人不利的证言。对于这四种证言，应当慎重使用，有其他证据印证的，才可以采信。这里虽强调了证言的有限采用，但是还是应当强调证据间的相互印证，强调实事求是。只有上述四种证言没有其他证据印证时，才不可采用这些证言。相反，证人虽与犯罪嫌疑人、被告人有亲属关系或者其他密切关系，由于各种原因大义灭亲或者反目成仇所作的对该犯罪嫌疑人、被告人不利的证言；证人虽与犯罪嫌疑人、被告人有利害冲突，但实事求是作出的对该犯罪嫌疑人、被告人有利的证言，对于这些证据的效力应当根据案件的具体情况、证据的具体情况作出正确的认定。

七、收集、审查证人证言中的疑难问题

（一）证人翻证的应对

证人翻证是指证人在刑事诉讼中就案件关键事实作出与其以前所作的证言不相同的陈述。表现形式是同一证人的证言前后变化，发生矛盾，这种变化不是证言的简单改变，而是对案件关键情节证实内容的变化。这种变化将导致案

---

① 张军主编：《刑事诉讼规则理解与适用》，法律出版社 2010 年版，第 137 页。

件的罪与非罪、此罪和彼罪的不同认定。由于证人证言对案件的处理起着重要作用，应对证人翻证就显得尤为重要。

1. 证人翻证的原因

（1）证人证言在形成过程中因证人的前后回忆有误而造成翻证。证人证言的形成应经历感知、记忆、表达三个阶段，在刑事案件发生过程中证人通过自身视觉、听觉等对案件事实有了了解并通过自己的大脑予以记忆，当证人的感知能力、记忆能力较差时，在不同时间进行回忆就有可能使证言发生变化。另外，刑事案件的发生往往带有突发性，证人感知的案件事实往往是被动的，印象不会相当清晰。当证人以口头或者书面形式将自己所感知、所记忆的事实反映出来形成证人证言时，在反映过程中，其所理解、记忆的事实与其所表达的事实会有偏差，或者办案人员所进行的询问和记录与证人所表达的内容不一致，就会导致证人在以后改变证言。

（2）因证人的个人品性不良导致翻证。具有良好品德的证人不会因案件当事人是谁而改变证言，但品行不佳的证人的证言有可能因其与案件当事人有利害关系而发生变化。在司法实践中，有的证人不愿履行公民作证的义务，过多考虑个人的得失，或者出于害怕担责任、害怕得罪人的动机，在出证时时证时翻，证言不断发生变化，无法认定其效力，从而影响案件的正确处理。如在一案件中，有一证人开始不知道案件当事人是谁，此时他如实出证，后来当其得知案件当事人与其有个人恩怨时，在后来的出证过程中就推翻了以前的证言。又如在一起故意伤害（致死）案中，有一证人因其与两个当事人都是朋友，在第一份证言中说出了一些事实，但在第二天的第二份证言中，他就改变了以前的证言，使案件一度陷于很困难的境地。

（3）证人证言的不稳定性和多变性易造成证人翻证。证人证言作为言词证据，具有言词证据的共性，即能够从动态上证明案件情况和容易受各种主客观因素的影响而出现虚假或者失真。一般地，证人证言出现变化或者出现证人翻证都是可以理解的，但在一定情况下，证人证言出现变化或者出现证人翻证却是不正常的。如证人翻证可能发生在案件当事人用钱进行贿买，案件当事人或者当事人的家属对证人进行央求、恐吓，律师取证时进行暗示或者不当提示等情况下，对这些情况要引起高度重视。如在一起轮奸案件中，二犯罪嫌疑人被逮捕后，其家属找到证人，给证人做工作，证人感到犯罪嫌疑人及其家人很可怜，就到侦查机关改变了其证言，使案件几乎无法判决。

2. 应付证人翻证的措施

（1）注意取证方法，正确取证。

证人翻证可能发生在侦查、审查起诉或者法庭审理各个诉讼阶段，应对证人翻证最好的办法是关口前移，在侦查阶段就把证言取成铁证。首先是要及时取证，证人证言是一个从后向前回忆的过程，距离案件发生时间越短，证人回忆就越准确。有人估计，“三分钟赶到现场，破案率达 2/3，10 分钟赶到现场达 1/2，半小时赶到要降到 1/3”。可见，及时查找证人调取证言的重要性。实践中，对重要的目击证人、关键证人的证言未依法及时收集、调取，或者取证不规范是造成疑案和证人翻证的重要原因。其次是严谨取证，要立足于无犯罪嫌疑人供述和防止证人翻证来调取证人证言，这样可以使证人证言全面细致，以防出现纰漏。取证时要准确地告知证人出证的法律规定，使其明白出证的法律后果并要承担相应法律责任，以防证人以不知法律规定为由改变证言；要求证人反复回忆，对一些关键情节要估计到证人可能在以后会有所变化，而反复询问要求证人准确回答，对同一证人证言不应多次进行调取，以防证人产生反感而拒不出证。在记录时要记录准确，用词严谨，合乎逻辑。为防止证人翻证，在调取证言时切忌让证人在证言中使用大量超出一般生活经验的猜测性、评论性、推断性的言词，防止证人以后以此为由翻证。同时不要使用暗示或者引诱的语言，因为证人在受到侦查人员的暗示的时候，极有可能被误导说出与事实不相符的话，从而影响证据的真实性和可靠性，降低了证人证言的价值，也为证人以后的翻证埋下了伏笔。再次要给证人创造出证的条件，修改后的《刑事诉讼法》第50条规定：必须保证一切与案件有关或者了解案情的公民，有客观地充分地提供证据的条件。在调取证言时，侦查人员态度要和蔼，切忌冷漠生硬。同时要做好证人的思想工作，使他们认识到出证是公民的义务，增强责任感。侦查机关还要加强对证人及证人家属的保护力度，解除证人作证的后顾之忧。

（2）证言出现矛盾时综合取证。

在侦查过程中随着证据的收集，案件事实逐渐清晰，可能发现已调取的证人证言有遗漏或者有矛盾，这时应该重新调取该证人证言。在这一阶段是最容易出现翻证的。由于这时调取证言的目的是消除案件诸证据之间的矛盾和同一证人证言之间的矛盾，侦查人员在调取证人前应注意准确找出该证人证言与其他证据有哪些矛盾、存在哪些问题以及该证人的不同证言间存在什么矛盾和差异，在取证时予以针对性的解决。为防止证人翻证要将同一证人不同证言中的矛盾在以后调取的证言中逐一说明，逐一排除，使该证人证言自身统一起来。另外，要将该证人证言中的内容与其他证据相印证，使证据内容相互吻合，形成完整的体系。这样即使证人将来翻证也可以从其证言自身的统一和其证言与其他证据的统一这两方面予以制服，证人虽可以否认自己的证言，但是其无法否认证言与其他证据的统一性，这就可以从根本上解决证人翻证的问题。

（3）采取科技手段固定证人证言。

固定证人证言是防止证人翻证的有效方法，其方法：一是按照刑事诉讼法所规定的证人笔录应当交证人核对，对于没有阅读能力的，应当向他宣读，对于证人笔录有遗漏或者有差错的可以提出补充或者改正；在证人承认证人笔录没有错误后，应当在笔录上签名或者盖章。也可以要求证人自己书写证言。这样在证人翻证时可以进行教育和反驳。二是运用科技手段固定证据。询问证人时在予以记录的同时利用录音、录像技术对取证过程进行固定，这样做的好处在于可以声情并貌地反映询问的全过程，清楚地反映证人的言谈举止、反映侦查人员的办案情况，可以应对证人指责侦查人员办案作风粗暴而翻证。在进行同步录音录像时应当告知证人，所取得的录音录像资料可以随案卷移交，从而有效地解决证人翻证。

（4）动员证人出庭作证。

证人在法庭上突然翻证是公诉人不愿意看到的，这样确实增加了工作的难度，但是，证人出庭作证也是应对翻证最好的时机。证人出庭作证是通过控辩双方交叉询问进行的，在交叉询问中，面对证人翻证，公诉人可以及时调整询问策略和询问方式，使证人很容易暴露出破绽，无法作出合理解释，使其翻证当庭败露。证人出庭作证使公诉人通过交叉询问弄清证人翻证的目的，可以直接询问出证人翻证的原因，有针对性地进行教育。证人出庭作证时看到被害人的痛苦，容易引起证人的同情，当证人看到被告人时，可联想起其违法的可恶，容易激发证人的正义感，使其自动修正立场，放弃翻证的企图。证人在法庭上翻证，公诉人还可以通过证据间的相互印证去反驳证人的翻证，使之出现矛盾，不能排除矛盾且无证据印证，从而不能作为定案的根据。

（二）证人证言调取中存在的问题及其解决方法

1. 调取证人证言存在的问题

（1）调取证人证言过于依靠犯罪嫌疑人供述。

在侦查过程中，侦查人员一般是通过讯问犯罪嫌疑人，取得犯罪嫌疑人的供述，然后根据犯罪嫌疑人供述中提供的情况有针对性地调查取证。这种侦查方法在调取证人证言时会产生两个弊端，一是在围绕着犯罪嫌疑人有罪供述调取证人证言时，侦查人员往往多重视证人就犯罪嫌疑人有罪的情节提供的证言而忽视就犯罪嫌疑人无罪或者罪轻的情节提供的证言的收集，同时在询问证人时多是取办案之所需情节而不考虑其他情节。二是侦查人员可能因已经取得了犯罪嫌疑人有罪的供述而放松侦查意识。在一些侦查人员头脑中口供至上的观念还没有彻底清除，因为已存在犯罪嫌疑人的有罪供述，这个案件基本上就可以定案了，其他证据只起辅助的作用，在调取证人证言时缺乏应有的细致、准确和严谨。在法庭调查过程中，如果被告人当庭拒不认罪、缄口不言或者提出了其他情节，公诉人只能依据案卷中的证据证实被告人有罪。如果调取的证人证言是不严谨的或者是忽视其他情节的，就可能使公诉人处于被动的地位。

（2）调取证人证言忽视要求证人出庭。

控辩式庭审方式的最本质内容是一切证据都经过当庭言词的方式查证属实，才能认定犯罪。证实犯罪的书面证据只有转化为庭审中的言词证据才能在法庭上被认定有效，因此，在书面调取证人证言时必须要标明要求证人出庭进行当庭作证的内容。在司法实践中，侦查人员调取证人证言一般能做到在证人笔录中正面告知证人应履行作证的义务，应当如实作证，否则要负伪证的责任等内容，却忽视要求证人在书面出证后要到法庭上当庭作证，并将相关内容记明笔录。这样，一方面使证人证言的可信程度受到了合理的怀疑，任何被告人、辩护人都可以以如果证人证言可信，那么为什么证人不敢出庭为由对该证言提出质疑；另一方面造成了公诉人无法安排证人出庭作证。在审查起诉过程中，公诉人不可能对所有证人重新进行调查以判断该证人能否出庭，只能依靠书面证人证言的记录。如果书面证人证言没有表明哪些证人可以出庭作证的内容，公诉人无法确定哪些证人应当出庭，也就不可能高质量地拟好出庭证人名单。在出庭时，如果被告人、辩护人提出让某位证人出庭作证，公诉人无法做到心中有数，在法庭上陷于被动。

（3）证人证言中证实有罪的内容和证实无罪的内容相互混杂。

在侦查过程中，侦查人员在调取证人证言时，为了忠实于证人证言的本来面目，往往将证人所证实的犯罪嫌疑人有罪的内容和无罪的内容混杂记录在一起。这一调取证人证言的方式本无可厚非，但是在控辩式庭审方式下，公诉人要承担证实有罪的全部证据的举证，证人作证应当是通过当庭控辩双方对证人的询问进行，但是由于众多原因，证人很少出庭，而由公诉人当庭宣读证人证言，公诉人对于这种证人证言无法进行选择性宣读，如果只宣读有罪的内容而不宣读罪轻、无罪的内容，对被告人是不公平的，公诉人只能是全部宣读，这样，公诉人在法庭上既成了控诉者又成了辩护人，地位十分尴尬，十分被动。可见，这种将证实有罪的内容和无罪的内容相互混杂记录的取证方法是不当的。

（4）侦查人员预决证人证言效力。

任何一份证人证言都不能证明自己的正确，任何一份证人证言在审判人员、公诉人、辩护人面前其证明力都是一样的，都不能截然地彼此肯定或者否定。在侦查过程中，有的侦查人员武断地自己预先决定证据的效力。如在一起案件中，侦查人员就同一证人先后多次调取了证言，该证人的多份证言中前后存在着许多矛盾，为了解决这些矛盾，侦查人员调取了该证人的最后一份证言，该证言只是重新叙述了证实的内容，并在证人证言的最后写道："经反复回忆事实就是这样，以前讲的有不对的地方，以今天讲的为准。"这样，侦查人员就轻而易举地决定了该证人证言的真实可信，在侦查终结时就以这份证人证言定了案。这样调取证人证言是不可以的，这种做法本身也是错误的。在审判过程中，如果公诉人出示这个证言，被告人及其辩护人要求宣读该证人的其他证言，就会使公诉人在法庭上处于自相矛盾的境地。

（5）取证缺乏细致，不便质证。

控辩式庭审方式十分强调证人出庭作证。证人对案件事实的证实依据的是对案件当时的回忆，但人的记忆是多变的，很容易受其他因素的影响，具有不完全和不准确的特点。证人对于案件事实多是在无意识的情况下感知的，因此，证人对于案件事实的记忆是容易有错误的，对许多案件事实的细节证人往往不会多加注意或者是很容易遗忘，对于这些常识性的问题在调取证人证言时应当予以注意。侦查人员在调取证人证言时，常常忽视这些内容，对于案件事实的证明用词缺乏准确性，对行为的描述失之模糊，使证言的可信程度受到影响。从调取的证人证言的形式上看，侦查人员调取证人证言往往不能充分设想证人出庭的情况，在调取证人证言时，对案件事实的证明大多采取集中烦琐叙述的方式，所有的内容集中在一大段中。公诉人宣读证言后，控辩双方无可质证。有时辩护人对证人证言提出问题后，公诉人也无可辩驳。

2. 解决调取证人证言存在问题的对策

（1）树立不单纯依靠犯罪嫌疑人供述调取证人证言的观念。

树立这种观念其实质是在侦查人员头脑中牢固树立无罪推定的原则，正确看待犯罪嫌疑人的供述，克服自身存在的先入为主、主观臆断的错误倾向，真正贯彻以事实为根据、以法律为准绳的原则，取得严谨可靠的证人证言，切实保障犯罪嫌疑人的合法权益。在调取证人证言时，侦查人员应当做到以证定案，构建认定犯罪的证据体系，同时要全面收集能够证实犯罪嫌疑人有罪或者无罪、涉嫌犯罪情节轻重的证言，从而有利于查清犯罪事实，正确运用法律惩罚犯罪，维护公民的合法权益。

（2）强调证人出庭，并记明笔录。

侦查人员在书面调取证人证言时除正面告知证人应履行作证的义务外，还要要求证人在书面出证后按照人民法院通知到法庭当庭作证，并将这些内容记明笔录。对证人书面出证后推诿当庭作证的，要对其做工作，要求其履行出庭作证的义务。对于证人因特殊情况不能或者不愿出庭作证的，侦查人员应当将不能或者不愿出庭作证的理由记明笔录，要告知其人民法院通知证人出庭作证，如经依法通知不出庭作证的，其书面证言经质证无法确认的，不能作为定案的根据。在证人证言中表明证人愿意出庭作证或者不能、不愿出庭作证的理由，可以使证人证言更加具有可靠性，也便于公诉人做好出庭工作和对证人的保护。

（3）调取证人证言要注意证据的内容和形式。

侦查人员在调取证人证言时，要严格遵守刑事诉讼法的规定，先由证人叙述其要了解的案件事实，然后侦查人员向其有针对性地提出问题，由证人作出如实的回答。同时要注意讲究调取证人证言的技巧，运用取证谋略。一是证人证言中证实有罪的内容和证实无罪的内容应当合理安排。为避免公诉人在法庭上的被动局面，侦查人员调取证人证言时应当有意识地将证实被告人有罪、罪轻的内容和证实被告人无罪的内容进行合理安排。具体讲，可以将有罪的事实与无罪、罪轻的事实分别集中列述，对于多起犯罪事实中分别存在无罪或者罪轻情节的应当逐一分开表述。在每一起犯罪事实表述后单独表述这起犯罪事实中的无罪或者罪轻情节。有意识地将证实被告人有罪的内容和证实被告人无罪的内容合理安排。二是采取最相类似证人出庭的方式调取证人证言，以便于法庭质证。侦查人员调取证人证言时应当充分设想证人出庭的情况，这样既能证明案情，又可以进行法庭质证，以充分维护被告人的合法权益。侦查人员在调取证人证言时可以采取简明扼要的问答方式进行，对于每一起案件事实要集中询问，几起案件事实分开进行询问并记明笔录。这样即使证人不出庭作证，也能使被告人、辩护人对证人证言充分发表意见，最大限度地进行法庭质证。

（4）调取证人证言要确保证人资格和消除证言的矛盾。

证人证言被认定为瑕疵、非法或者有限使用的证据主要是指因证人没有作证的资格或者证人证言相互矛盾无法确定其可信性，而被法庭认定不能成为定案根据。具体表现为：一是证人是犯罪嫌疑人、被告人或者被害人的近亲属，是与犯罪嫌疑人、被告人或者被害人有矛盾的人、年幼的人、精神病人等。根据修改后的《刑事诉讼法》第60条的规定，只有因生理上、精神上有缺陷或者年幼，不能辨别是非、不能正确表达的人才不能作为证人。在调取证人证言时，如果证人确实有属于刑事诉讼法规定的情形，就应当将该证人的证言予以排除并将证人的情况在笔录中注明。对于那些只有亲属才了解案件情况，或者只有年幼的人等看到事实经过的案件来讲，在调取这些证人证言时就要在书面证人证言中表明证人与犯罪嫌疑人、被告人、被害人的关系，表明证人是否能够辨别是非、正确表达，表明证人出证的动机和目的等，这样调取证人证言可以使证人证言更加可靠可信，避免被人民法院认定为瑕疵、非法或者有限使用的证据。二是正确解决同一证人多份证言间的矛盾。修改后的《刑事诉讼法》

第59条规定，证人证言必须在法庭上经过公诉人、被害人和被告人、辩护人双方质证并且查实以后，才能作为定案的根据。对于同一证人多份证言间存在矛盾的情况，侦查人员切不可回避矛盾，采取不直接解决多份证言中的矛盾，而从主观出发硬性地以某份证言为准的方式武断地预先决定某一证言的证据效力。即使在法庭上没有全部宣读同一证人多份证言的，按照法律规定，如果该证人提供过不同的证言，人民检察院也应当将该证人的全部证言移交人民法院，在人民法院认定证据时该证人证言仍不会被人民法院采信。对这种情况最稳妥的解决办法是在后取的证人证言中，由该证人就以前所作的证言中存在的问题逐一作出解释，说明理由，以排除证人自身的矛盾，使证人证言的改变合情、合理、合法、合乎逻辑。

（5）要求证人准确回忆，确定证人证言的类别，强化其证明力。

由于人的记忆具有多变性和不准确性，在调取证人证言时，应要求证人对案件事实要准确回忆。如在一起故意伤害案中，犯罪嫌疑人在供述中供称其拾一砖头扔向被害人，击中被害人的头部致伤。在侦查机关调取的四份目击证人的证言中将这一情节证为："犯罪嫌疑人拾一砖头拍被害人头部一下"、"犯罪嫌疑人拾一砖头打被害人头部一下"、"犯罪嫌疑人拾一砖头砸中被害人头部"、"犯罪嫌疑人拾一砖头击打被害人头部"，可见，要求证人对案件事实要准确回忆是很重要的。为确定证人证言的类别，在调取证人证言时要表明证人在什么时间、什么地点、以何种角度、何种身份知悉案情。这样可通过证人证言分析出其来源，判断其是直接证据还是间接证据。在证人证言中清楚无误地表明这个证人证言是否是证人亲眼看见犯罪嫌疑人实施犯罪行为，清楚表明证人看到犯罪嫌疑人是如何实施犯罪行为的，这种证人证言就是直接证据，可以直接证明案情。如果证人对于案情的证明是片面的、含混不清的，无法证明案情，就应当认为其是间接证据，其证明力较弱。通过证人证言以分析出其是否为传来证据。要在证人证言中清楚地表明证人证明的情况是否听来的，是听何人讲述的，经过几个人转述的，这样有利于公诉人在法庭上安排举证次序，掌握庭审节奏；要在证人证言中清楚地表明其听来的案件事实的确切内容，即该证人听到犯罪嫌疑人实施了何种犯罪行为，是如何实施的，别人是如何陈述的。

（三）证人拒绝作证的应对

证人拒绝作证是指在刑事诉讼中，证人拒绝将自己所认识、了解的案件事实向司法机关提供的行为。证人作证是公民的法定义务，由于受社会风气的不良影响，在刑事诉讼过程中，证人拒绝作证的情况时有发生，严重影响了刑事诉讼活动的进行。

1. 证人拒绝作证的表现形式

（1）证人直接拒绝作证。

证人对侦查机关的调查取证工作不予配合，就自己亲眼目睹的刑事案件事实缄口不言，以种种借口予以搪塞。直接拒绝作证可以表现为证人明明在案发现场而谎称不在现场、明明目睹了案件过程却称自己不知道等，极力表明自己与案件没有关系。也可以表现为证人直接表明自己记忆力不好，记不清了，忘记了等。

（2）证人对案件的部分情节拒绝作证。

证人对案件的部分情节作真实的陈述而对部分事实特别是对案件中的关键情节作虚假陈述，使证言处于不稳定状态，无法作为定案的依据。在司法实践中，经常出现一些证人证言不断发生变化，先后多次作证，证言的部分情节始终存在矛盾的情况。同一证人就同一问题所作的不同证言不可能都是真实的，这些证言中明显存在着部分内容虚假的情况。对案件的部分情节拒绝作证表现为同一证人对同一事实的不同证言先后矛盾、同一证言内存在不能作出合理解释的矛盾或者对无关紧要的情节正确陈述，对案件关键情节作错误的陈述等。这种情况在司法实践中存在最多。这些证言难以证伪，无法作为定案的依据，最难以处理，有时能使一些案件得不到及时处理而久拖不决，甚至导致错案的发生。如在一起故意伤害致死的案件中，证人赵某对案件的起因和案发后犯罪嫌疑人的表现向公安机关作了陈述，这个证言可以证明犯罪嫌疑人案发后的表现，为犯罪嫌疑人可能实施犯罪行为提供参考。几天后，赵某对案件的起因和案发后犯罪嫌疑人的表现向公安机关作了相反的陈述，并声明自己原来是记错了。对赵某证言由于没有过多的证人印证，不能查明其哪次证言是真实的，造成案件久拖不决。

（3）借口感知模糊，对案件关键情节不予证明。

目睹现场实施犯罪行为的证人是关键证人，其证言对案件的定性、确定直接责任人员有着重要作用。面对如此重大的责任，证人往往采取虽然承认自己在犯罪现场，但推托自己当时走神没有看到关键情节；谎称自己离现场较远，明明看清了犯罪事实却说没有看清或者没有看见。如一起聚众斗殴的案件，犯罪嫌疑人在斗殴过程中持木棍猛击被害人头部将其击成重伤。这一情节被围观的证人郑某看到，当侦查人员找到郑某时，郑某坦然承认自己看到了斗殴，但问及谁击伤被害人时，郑某推说当时自己鞋松了，自己低头提鞋没有看见击伤被害人的情况。证人郑某就属于对案件的关键情节拒不证明。

2. 证人拒绝作证的对策

（1）充分了解证人拒绝作证的心理。

人的行为是在心理支配下实施的，掌握了证人拒绝作证的心理也就为应对这一难题打下了基础。证人拒绝作证的心理主要有：①回避矛盾，证人觉得自己如实证明会有利于犯罪嫌疑人、被告人，怕引起被害人及其亲友的不满和报复，而不如实作证又怕受到法律追究和引起犯罪嫌疑人、被告人及其亲属的不满和报复，左右为难，于是干脆选择自己不了解情况。②证人受到来自被害人及其亲友的威胁，有时会不敢作出有利于犯罪嫌疑人、被告人的陈述。证人还可能受到来自犯罪嫌疑人、被告人及其亲友的威胁，犯罪嫌疑人、被告人为避免受到惩罚，其亲友为包庇犯罪嫌疑人、被告人，有时会采取威胁的手段强迫证人不作陈述。③受到收买，证人可能因被收买而不作如实的证言。犯罪嫌疑人、被告人为逃避惩罚，其亲友为包庇其犯罪，都可能以金钱、财物、前途等对证人进行收买，证人为了私利而甘愿被收买，在询问时按照收买者的意图不作陈述。④精神麻木，证人以“事不关己，少说为佳”，“闲事少管，走路伸展”，“事不关己，高高挂起”为处世准则，对侦查人员的询问持冷漠态度，能避则避，能不讲则不讲，能少讲则少讲。⑤怕受牵连，证人如果与案件有某种利害关系，则不愿作证。如自己曾无意识地提供过便于犯罪的情况，不知情地提供过作案工具，从犯罪嫌疑人、被告人的犯罪中得到过好处，不知情地隐藏过赃物和犯罪嫌疑人、被告人等，证人怕吐露真实情况后把自己牵连进去，于是拒不作证，或者伪装什么都不知道。这些心理都会引起证人拒绝作证情况的发生。

（2）掌握证人的现实表现，从中发现异常。

拒绝作证是在证人内心支配下的故意行为，不免会以言行举止、神色表现出来，这些都是判断证人是否如实作证的依据。一是看证人表现是否正常。看证人的言语反应，在询问中说假话的人与说真话的人的言语反应是不同的，表现在对提问做出语言反应所间隔的时间长短不同，回答问题的清晰程度不同，是否直接从正面回答问题等方面。看证人的举止反应，说谎的证人一般都不敢直视询问人员，而是把目光注视在询问人员以外的地方。说谎的证人一般都神情异常、口干舌燥、呼吸速度加快、脸部抽搐等。说谎的证人一般都不断变换姿势，全身性动作、修饰性动作、支持性动作等较多。二是看证人证言内容是否正确。①说谎的证人证言一般都与证据、事实相互矛盾，比对证据、事实是发现谎言最有效的方法。说谎的证人证言编造得再完美，如果与询问人员已经掌握的客观事实、证据相矛盾，谎言也会不攻自破。②说谎的证人证言本身互相矛盾，说谎的证人证言是在询问时编造的或是受审前就已编好，既然是虚构和编造，即使再精心细致，其证言也不会天衣无缝，必然会存在逻辑上的矛盾或无法用常理解释清楚的地方。

(3) 掌握方法，促使证人如实提供证言。

一是说服教育。询问人员要在询问中通过法律、政策和道德教育，促使证人弄清是非界限和权衡利弊得失，消除心理防线，从而主动转变思想，如实提供证言。特别是在法庭上的询问中，证人目睹被害人状况，恻隐和同情会打动证人，良心道义的谴责会使证人冷静下来反思自己的行为，面对良心、道德的谴责，证人对自己的行为感到后悔时，就会积极配合询问人员。另外，证人毕竟是案件的无关第三人，拒不作证使该证人面对困境，证人在询问中始终存在着惧怕行为被发现而受到法律惩罚的心理，所以，他们会以各种不同的方式探寻询问人员对案件的掌握情况，时时想摆脱困境。

二是运用正确的询问方法。由于侦查人员已经察觉证人在拒绝作证并能正确分析其心理，同时又掌握了大量证据，具有专业的询问技能，此时运用正确的询问方法能够在有力的询问和政策感召下，促使拒绝作证的证人改变态度如实作证。询问人员要抓住证人拒绝作证的核心，根据自己掌握的证据的情况，审时度势，适时加以揭露，使证人无法继续编造谎言。同时，询问人员要深追细问，刨根问底，详细地追问细节，使证人的防御体系彻底失败而暴露矛盾，使证人失去心理平衡，其拒不作证、谎证的事实就会被戳穿，最后在进行利弊权衡后无奈地选择如实作证。

三是依法制裁拒绝作证的证人。对于特定的犯罪如拒绝提供间谍犯罪证据罪，当证人明知他人有间谍犯罪行为，在国家安全机关向其调查有关情况、收集有关证据时，不讲或不交出有关证据，延误重大间谍犯罪案件侦破，使犯罪分子逃避法律追究，使国家安全、利益遭受重大损害或妨害了国家安全机关维护国家安全任务等时，依法予以刑事追究。这里的不讲证据就是在国家安全机关向其交待政策、思想教育工作后，依然对国家安全机关的调查取证工作不予配合，拒绝作证或者拒绝对案件中的关键情节作证的情形。当出现这种情形的，要坚持依法处理拒绝作证的证人。

第五节　被害人陈述的收集与审查

被害人陈述是刑事诉讼活动的重要证据材料，凡犯罪行为侵犯公民的经济上或者物质上的利益，或者侵犯公民的精神上或者名誉上的利益，抑或是侵犯公民健康生命造成损失时，就会存在犯罪行为直接侵害者，即被害人。被害人就自己对侵犯其人身、财产权利的犯罪事实或者犯罪嫌疑人向公安机关、人民检察院或者人民法院报案或者控告往往是刑事诉讼活动的开始。侦查机关调取被害人报案、控告材料，就出现了被害人陈述。

一、被害人陈述概述

（一）被害人陈述的概念

被害人陈述是指犯罪行为的直接受害者向侦查、检察、审判人员就自己遭受犯罪行为直接侵害的事实和有关犯罪分子的情况所作的叙述。被害人作为直接受犯罪行为侵害的人，对犯罪有着切身感受，其陈述能够在刑事诉讼中发挥无可替代的作用。

（二）被害人陈述的作用

第一，被害人及时报案或者控告能够引起追究犯罪的诉讼活动。许多刑事案件都是由被害人首先报案、控告开始的，被害人的及时报案对于侦查机关迅速收集案件证据，发现线索，确定侦查对象有着积极的意义。

第二，被害人陈述是重要的案件证据，及时收集、固定被害人陈述对于侦查案件有着积极的作用。被害人直接与犯罪嫌疑人接触，最能直接了解犯罪嫌疑人情况，及时收集被害人陈述能够直接说明案件情况，发现犯罪嫌疑人。

第三，被害人陈述是验证其他证据的重要手段。被害人直接遭受犯罪行为侵害，反映的案件事实最为全面，要求破案的心情也最为迫切，其证据内容也就最为全面，与其他证据相比较，可以及时检验相关证据的真伪，更好地发挥其他证据的作用。被害人直接与犯罪嫌疑人接触，充分掌握犯罪嫌疑人的犯罪行为，其陈述内容也是制服犯罪嫌疑人狡辩的有力手段。

二、被害人陈述的证据属性

（一）被害人陈述是指控犯罪的重要证据

被害人陈述是刑事案件的最初证据，许多案件都是被害人首先发现的或者报案的，许多案件被害人的控告、报案是立案侦查、追究犯罪的根据和起点，没有被害人的控告、报案就发现不了犯罪行为，更谈不上立案侦查、追究刑事责任了。被害人陈述对于公安机关正确认定案件性质有着重要作用，刑事立案侦查以构成犯罪和需要追究刑事责任为前提，构成犯罪和需要追究刑事责任最初往往是通过对被害人陈述加以判断的，脱离了被害人陈述就无法弄清案件的事实，也就无法解决刑事责任问题了。基于被害人陈述的作用，案件发生后，侦查人员首先要迅速接触被害人，及时全面了解案件情况。

（二）被害人陈述是直接证据

被害人是犯罪的直接受害者，往往同犯罪嫌疑人有直接接触，对犯罪事实有清楚的了解，对犯罪嫌疑人特征比较熟悉，能较详细地描述犯罪分子的生理特征，如身高、身材、年龄、口音、衣着打扮、行走姿势等，有的被害人甚至能直接指认犯罪分子。由于被害人陈述能够直接反映情况，直接指出案件的主要事实，直接指控犯罪嫌疑人、被告人实施犯罪行为，因此是直接证据和有罪证据。有观点对被害人陈述属于直接证据有怀疑，认为：被害人陈述有以下两种情况：一种是与犯罪分子直接接触或耳闻目睹犯罪行为的被害人陈述。这种陈述可以直接指陈犯罪过程和犯罪分子的特征，常常是直接证据。另一种是与犯罪分子没有直接接触或亲自耳闻目睹犯罪行为的被害人陈述。这种陈述的内容不如前者丰富和具体。[①] 还有观点对案件主要事实作出了极为严格的界定，认为：所谓案件的主要事实，包括两个互相联系的内容，一是是否发生了犯罪；二是犯罪人是谁，将这两个方面的内容统一起来就是犯罪嫌疑人、被告人是否实施了被追诉的犯罪行为。[②] 被害人陈述只要能够证明发生了侵害自身利益的刑事案件和依法应当追究刑事责任的事实，就应当认为是直接证据。

（三）被害人陈述具有特有的复杂性

被害人陈述是言词证据，具有言词证据的一般特征，由于是亲身感知案件事实的人，距案件事实时间较近，可具有很强的证明力；同时也容易受各方面因素的影响而发生变化，影响其证明力。大多数被害人在揭露犯罪时义无反顾，但如涉及个人隐私或交织某种复杂关系时，被害人陈述的内容就会发生一些变化。即使在揭露犯罪时，被害人会由于受犯罪行为侵害的痛苦，从希望严惩犯罪人的个人愿望出发，往往在陈述中夸大对被告人不利的事实或者隐瞒对被告人有利的事实；由于被害人遭受侵害时精神高度紧张，容易产生各种错觉，在陈述中容易出现错误。这些都使得被害人陈述具有特有的复杂性。

（四）被害人陈述具有特定作用

被害人陈述的特定作用是由被害人在刑事案件中的地位决定的，在一些有被害人的案件中，被害人陈述对案件的认定起着至关重要的作用，直至决定了刑事案件的认定。如在一起聚众斗殴的案件中，犯罪嫌疑人甲、乙、丙共同殴打了被害人丁，殴打期间，乙持尖刀将被害人腹部捅成重伤。案发后，侦查机关收集到犯罪嫌疑人甲、乙、丙的供述，三名犯罪嫌疑人对共同殴打了被害人

---

① 陈光中主编：《刑事诉讼法学（新编）》，中国政法大学出版社 1996 年版，第 174 页。

② 汪建成：《直接证据和间接证据的划分标准及其运用》，载《刑事司法指南》（2001 年第 1 辑），法律出版社 2001 年版。

丁，殴打期间，乙持尖刀将被害人捅伤的事实供认不讳；现场目击证人李某、王某证言也证明了上述事实。被害人丁坚决否认是犯罪嫌疑人乙将其捅伤，而一口咬定是犯罪嫌疑人甲将其捅伤。此时在无法查明被害人存在不法动机的情况下，被害人陈述就具有了特定作用。

三、被害人陈述的收集与审查要点

（一）被害人陈述的收集

被害人陈述，就其证据性质来说，同证人证言是基本相同的。被害人享有的权利义务也与证人基本相同。修改后的《刑事诉讼法》第125条规定，询问被害人，适用询问证人的各条规定。因此，收集被害人陈述时，应当遵守同收集证人证言相同的询问主体、询问地点、告知诉讼权利、询问方法及内容、询问笔录、询问应当个别进行、必要时进行录像录音、不被以暴力或者其他手段非法获取陈述、应当提供通晓聋哑手势的人员或者翻译人员、询问未成年被害人应当通知其法定代理人到场和被害人保护等各项规定。由于被害人是被犯罪侵害的人，在对其进行询问时应当注意这一特定的身份。在询问被害人时要尊重被害人的人格，照顾被害人的心理感受，为其陈述提供适宜的条件、环境。

（二）被害人陈述的审查要点

在审查被害人陈述时，也遵守同收集证人证言相同的程序、实体、法庭审查等内容，对于瑕疵和非法被害人陈述应当作与瑕疵和非法证人证言相同的处理，对被害人陈述存在的有限采用情形，应当比照证人证言作相同处理。同时还要正确应对被害人改变陈述，克服调取被害人陈述过程中存在的问题。如在审查起诉一起奸淫幼女的案件中，公诉人发现本案犯罪嫌疑人是被害人的继父，在侦查阶段根本不承认犯罪，被害人（时年8岁）曾两次在公安机关作了指控其继父犯罪的陈述，两次陈述的内容完全一致。公诉人对此产生了怀疑，于是找到了被害人核实证据，在询问过程中，被害人闭着双眼将“被害过程”背诵了下来，与其在公安机关的陈述一字不差。公诉人考虑到被害人虽属年幼，有一定的辨别是非和正确表达的能力，能够提供与其年龄、智力相适应的陈述，但是其多次陈述没有任何差别，显然与其年龄、智力不相适应，该陈述应当慎重使用。经退回补充侦查查明，被害人之母为取得城市户口携“被害人”与“犯罪嫌疑人”结婚，待取得城市户口后便找茬与“犯罪嫌疑人”离婚，“犯罪嫌疑人”坚决不同意。被害人之母为达到离婚之目的，唆使其女控告其继父强奸。在本案中，公诉人认识到被害人陈述是定罪的重要证据，但被害人年幼又与犯罪嫌疑人有利害冲突，其所作的对该犯罪嫌疑人不利的陈述应当慎重使用。正是由于采取了慎重的态度，才避免了一起错案的发生。

四、被害人出庭的应对

《死刑案件证据规定》中多次强调言词证据以当庭直接作证为原则，以书面作证为例外的基本要求，而且强调指出出庭被害人陈述应当优先采信，即人民法院通知被害人出庭，经依法通知，不出庭的被害人的书面陈述经质证无法确认的，不能作为定案的根据。被害人在法庭上的陈述与其庭前陈述相互矛盾，如果被害人当庭能够对其改变的陈述作出合理解释，并有相关证据印证的，应当采信庭审陈述。对未出庭的被害人的书面陈述，应当听取出庭检察人员、被告人及其辩护人的意见，并结合其他证据综合判断。未出庭的被害人的书面陈述出现矛盾，不能排除矛盾且无证据印证的，不能作为定案的根据。这样基本确定了被害人出庭的规则。作为案件重要的诉讼参与人，被害人陈述对定罪量刑有着重大影响，被害人当然属于人民法院认为应当出庭的人员。当前被害人出庭陈述还比较少，如何应对被害人出庭是一项存在困难的问题。

（一）正确认识被害人出庭的作用

1. 被害人出庭有利于弘扬社会正气

被害人是犯罪行为的直接受害者，其敢于出庭本身就表示其憎恶犯罪，希望严惩罪犯，特别是表明了自己出庭指证犯罪的正义性，衬托侦诉机关指控犯罪的正确。从弘扬正义出发，被害人出庭可以亲眼看到残害自己的人站在被告席上，受到法律的制裁，能够使自己扬眉吐气。同时被害人出庭可以使法庭了解犯罪对被害人造成的伤害，了解犯罪的社会危害程度，准确地量刑，从而彰显法律保护社会的作用。

2. 被害人出庭有利于指控犯罪

被害人是案件的当事人，是犯罪的直接受害者，具有不可替代性，其陈述属于直接证据、言词证据，具有直接、形象、具体、生动的特点，一般讲比较直观真实，对犯罪分子的作案的时间、地点、方法过程及结果，揭露得比较深刻，能够直接证明犯罪。被害人的陈述由被害人在法庭之上叙述，对证实犯罪有着直接的作用。被害人当庭陈述可以用鲜明的态度、准确肯定的语言指证犯罪，能够强化对被告人的指控，这种效果是其他证据不能达到的。被害人出庭作证可以检验证据的真实性。一般地说，被害人敢于出庭作证其真实性极大，可采信的程度极大。反之，被害人不敢出庭、不敢坚决指证犯罪就会影响其陈述的真实可信程度。特别是在强奸等案件中，由于当事人单一，没有其他见证人，也缺乏知情人，在案件过程、起因、危害，当事人主观心态等只有当事人知晓的情况下，被害人敢于面对面地指证犯罪、与被告人及其辩护人相互对质，往往能够准确地说明案件真实情况。

3. 被害人出庭有利于提高诉讼效率

被害人出庭可以消除证据中存在的问题。被害人在法庭上的陈述与其庭前陈述相互矛盾或者审判前的书面陈述存在矛盾，通过被害人出庭可以当庭对其翻证作出合理解释。如在强奸犯罪中，被害人精神处于高度紧张状态，容易产生错觉或夸大案件事实，使他人对被害人陈述的真实性产生怀疑。另外，有些侦查人员的侦查方法或技巧不熟练，未能及时收集证据，加上收集犯罪嫌疑人、被告人供述和被害人陈述是分别进行的，往往会出现被害人陈述内容上的矛盾以及与其他证据的不一致等情况，被害人出庭时，在公诉人、被告人、辩护人、法定代理人的交叉询问下，可以就案件事实逐一进行回答，化解证据中的矛盾，使其陈述能够与其他证据相互印证，弥补证据体系的不足，从而有力地指控犯罪。在法庭审理过程中，一些被告人有时会当庭翻供进行无理狡辩，如在强奸等涉及个人隐私的案件中，被告人往往辩称其与被害人存在密切关系，甚至存在不正当两性关系，或者双方有宿怨等情况，这些问题只有被害人知晓，通过被害人出庭可以当面有力地反驳被告人的这些无理辩解，及时解决这些问题，使被告人不能合理说明翻供理由或者使其辩解与全案证据相矛盾，不能与其他证据相互印证，迫使被告人当庭认罪，避免休庭对证据进行调查核实等情况的出现，从而提高诉讼效率。

（二）被害人出庭应注意的几个问题

1. 注意保护被害人

在刑事诉讼过程中，被害人陈述对被告人的定罪量刑有重大影响，人民检察院、被告人及其辩护人对被害人陈述有异议是必然的，这种异议会导致被害人在各个诉讼阶段不断地陈述被害事实。由于被害人在被告人实施犯罪过程中已受侵害，在以后的诉讼活动中应当注意保护被害人的合法权益。如强奸犯罪，强奸是一种侵害女性身心健康的犯罪，必然给妇女造成了严重的精神创伤。在我国社会中，妇女遭受性侵害不仅会给她个人造成身心痛苦，如果传播到社会中去还会影响其人格尊严、社会评价。被害人出庭陈述就是要求被害人将被害事实在合议庭、公诉人、被告人、辩护人面前坦露出来，所涉及的内容是被害人最感羞辱、最隐蔽和最难以启齿的，这就不免给被害人造成极大的思想压力。因此，在被害人出庭时要注意保护其合法权益，减轻其精神压力。一是要注意保护被害人名誉。强奸案件是一种涉及个人隐私的案件，从保护被害人角度出发，其被害情节知晓的范围越小、程度越少越好。在审判过程中要牢固树立保护被害人名誉的观念，被害人是否出庭及出庭时间、地点要严格保密；撰写起诉书、判决书时要省略相关内容，移送被害人姓名、地址、通信处的，要严格按照规定单独移送人民法院。二是做好被害人工作。强奸案件被害人出庭是一项政策性、法律性很强的工作，应当在出庭前摸清被害人的心理动态，使之敢于在法庭上指控犯罪。特别是公诉人要做好被害人的安抚工作，防止被害人在法庭上由于气愤而夸大事实，同时又要防止被害人过于懦弱，在法庭上缄默不言，噤若寒蝉，使公诉人陷于被动。公诉人应当弄清案件事实，制定周详的出庭讯问、询问提纲，防止由于计划失误使被告人在庭上处于上风，动辄指责被害人，使被害人精神再次受到伤害。人民法院也应当对通知被害人出庭陈述作细致考虑，防止简单处理，在法庭调查过程中对被告人及其辩护人发问的内容、发问的方式不当的，要及时加以制止，体现对被害人的保护。

2. 结合案件情况决定被害人出庭

虽然言词证据以当庭直接作证为原则，但是人民检察院、被告人及其辩护人对被害人陈述内容方式没有异议；或者法庭对被害人审判前书面陈述取得的合法性有疑问，公诉人通过向法庭提供询问笔录、原始的询问过程录音录像或者其他证据加以排除；或者被告人及其辩护人对被害人陈述内容方式有异议，法庭对被害人审判前书面陈述取得的合法性没有疑问时，被害人可以不出庭作证。对于那些因审判实际需要，人民法院认为被害人应当出庭陈述的，则应当依法要求被害人出庭。如被告人翻供、在供证材料一对一等情况下，被害人陈述处于特别关键的地位，只有认定被害人陈述，才能认定被告人有罪，或者只有被害人出庭当庭指证犯罪，才能发挥公诉人举证所不能达到的作用时，应当由被害人出庭。

3. 结合被害人具体情况决定其是否出庭陈述

被害人出庭陈述应当根据被害人的具体情况进行安排，只有被害人能够出庭时才予以安排。当被害人具有一些不宜出庭的情况时不宜强令其出庭。被害人不宜出庭的情况应当包括：被害人身体行动不便的，如被害人患有偏瘫等严重疾病的，不宜安排其出庭。被告人的精神、心理不正常的，如被害人患有严重精神病、精神发育不全等或者患精神病处于发病期，以致不能正确表达，考虑到法庭是庄严的场所，如果此时精神病人进入法庭既会影响法庭审理工作的气氛，又不能达到出庭效果，这种被害人不能出庭。被害人由于年幼或年老一般也不应出庭，如强奸案件中的被害人是幼女，幼女由于尚处于生长发育的阶段，不断要求其陈述被害经历会强化其对被害经历的回忆，会加深其内心创伤，不利于其成长，可不安排其出庭；被害人患有严重疾病不能正确表达的，如被害人有盲、聋、哑等情况，如果其不能正确辨认被告人，不能正确述说被害情节，此时可不要求被害人出庭。

4. 做好询问被害人工作

当庭做好对被害人的询问是被害人出庭质量的保证。公诉人认为法庭可能安排被害人出庭陈述时，就应当根据在审查起诉阶段通过阅卷和提讯犯罪嫌疑人已查明案件存在的问题，在被害人出庭前仔细地询问被害人，对被害人陈述和案件其他事实证据有详尽的了解，掌握案件证据存在的矛盾之处，提前做好准备。在法庭询问时，公诉人首先应掌握询问的目的，根据目的进行询问。一般地讲，被害人出庭的目的包括：由被害人准确地陈述被害事实、弥补案件中证据存在的欠缺、解决案件中证据存在的矛盾、当庭指证被告人等，只有根据目的有针对性地进行询问才能达到被害人出庭效果。其次是针对被告人的供述对被害人进行询问。在法庭上，被告人往往否认自己的犯罪事实或者进行翻供，与公诉人移送法院的证据发生矛盾，公诉人要善于抓住这些问题对被害人进行询问，通过对被害人的询问对这些问题逐一加以印证，并通过询问被害人反映出被告人不良的犯罪动机和揭露其避重就轻的心理态度，使法庭对被告人翻供事实一目了然。再次是正确地进行被告人和被害人对质，除被害人自己陈述之外，公诉人还要正确地提请法庭在被害人与被告人之间进行对质，也就是在被告人与被害人就案件事实的陈述相互矛盾或互相对立的情况下，由法庭当庭要求他们当面质询，相互诘问，法官通过察言观色取得可靠的证据或判断他们所提供证据的真伪，形成内心正确的判断，这样就可以在几乎不能解决供证矛盾的情况下解决证据的采信问题，准确地惩罚犯罪，同时又能够保证案件质量。最后是要根据被告人及其辩护人对被害人陈述的异议进行询问，在法庭交叉询问中，被告人及其辩护人对被害人的询问往往会暴露出其对被害人陈述的怀疑之处，公诉人要及时针对被告人及其辩护人对被害人陈述的怀疑之处进行补充询问，使被害人陈述与案件的其他证据能够保持相互印证，发挥被害人陈述的证明作用。

第六节 犯罪嫌疑人、被告人供述和辩解的收集与审查

犯罪嫌疑人、被告人供述和辩解是刑事诉讼法规定的独立诉讼证据，犯罪分子实施了犯罪行为，才使犯罪嫌疑人、被告人在刑事案件中处于被追究的地位，犯罪嫌疑人、被告人是刑事案件不可缺少的，其供述和辩解也就成为了刑事案件中的证据。如何全面、客观地收集、审查、核实和认定犯罪嫌疑人、被告人的供述和辩解向来是刑事诉讼法中的难点问题。

一、犯罪嫌疑人、被告人供述和辩解概述

（一）犯罪嫌疑人、被告人供述和辩解的概念

犯罪嫌疑人、被告人供述和辩解，是指犯罪嫌疑人、被告人在刑事诉讼过程中，就与案件有关的事实情况向司法机关所作的供述、辩解和陈述，即通常所说的口供。它一般由以下三部分组成：（1）犯罪嫌疑人、被告人的有罪供述，即犯罪嫌疑人、被告人向司法机关承认自己的犯罪行为，供述犯罪的起因、过程、情节和后果等。（2）犯罪嫌疑人、被告人的辩解，即犯罪嫌疑人、被告人否认自己实施了犯罪行为，或者虽然承认自己的犯罪行为，但是依法属于不应当追究刑事责任以及有从轻、减轻或免除处罚等情况的申辩、解释。（3）犯罪嫌疑人、被告人检举、揭发同案其他犯罪嫌疑人、被告人的犯罪行为，即称为“攀供”。在司法实践中，认为案件中存在犯罪嫌疑人、被告人的供述和辩解，主要是指犯罪嫌疑人、被告人的有罪供述和虽然承认自己的犯罪行为，但是依法属于不应当追究刑事责任以及有从轻、减轻或免除处罚等情况的申辩、解释。犯罪嫌疑人、被告人否认自己实施了犯罪行为和拒不供述，出现了案件中无犯罪嫌疑人、被告人有罪供述的情况，被称为“零口供”案件。

（二）犯罪嫌疑人、被告人供述和辩解的作用

1. 犯罪嫌疑人、被告人对自己所犯罪行的如实供述，有利于司法机关迅速查明案件事实，提高办案效率。同时根据犯罪嫌疑人、被告人供述，可以发现案件中的新情况，扩大案件线索，为及时查获收集其他证据提供必要的条件。

2. 犯罪嫌疑人、被告人否认自己实施了犯罪行为或者进行的申辩、解释，可以使公安司法人员从正反两方面认识和分析案件事实，防止片面收集运用证据，克服有罪推定的主观臆断，做到兼听则明，及时发现和纠正办案中的偏差，避免无罪的人受到错误的刑事追究或者有罪的人罚不当罪。

3. 犯罪嫌疑人、被告人的供述和辩解，有利于审查、核实本案中的其他证据，更好地对其他证据作出正确判断，有利于发现和排除矛盾，对作出正确处理决定具有重要意义。

4. 犯罪嫌疑人、被告人的认罪、悔罪态度以及立功等表现是司法机关定罪量刑的酌定、法定情节，分析犯罪嫌疑人、被告人的供述和辩解，有利于司法机关衡量犯罪嫌疑人、被告人是否认罪、悔罪以及立功的表现情况，正确认定从轻、从宽、从重情节，从而有利于区分不同的情况，正确执行宽严相济刑事司法政策，对案件作出正确的处理。

二、犯罪嫌疑人、被告人供述和辩解的证据属性

（一）犯罪嫌疑人、被告人供述和辩解是直接证据

犯罪嫌疑人、被告人是案件的当事人，是刑事案件中必不可少的，每个案件都有犯罪嫌疑人、被告人供述和辩解。作为案件的当事人，犯罪嫌疑人、被告人对自己是否实施了犯罪行为，实施犯罪的动机、目的、手段、情节和过程，其内心最清楚。犯罪嫌疑人、被告人的如实供述能够单独、直接证明其实施了犯罪事实。作为直接证据的犯罪嫌疑人、被告人自首、坦白、供认犯罪事实的供述和辩解，是有罪的直接证据，是有罪证据；犯罪嫌疑人、被告人否认犯罪的辩解是无罪的直接证据，是无罪证据。犯罪嫌疑人、被告人供述和辩解直接来源于案件事实，不可能经过复制、转述、传抄，属于原始证据。

（二）犯罪嫌疑人、被告人供述和辩解是最为复杂的言词证据

犯罪嫌疑人、被告人供述和辩解是以犯罪嫌疑人、被告人的言词作为表现形式的证据，能够生动形象地揭示案件的过程，甚至可以将案件中除犯罪嫌疑人、被告人以外不可能为他人所知的共同犯罪中分工、地位、实施犯罪的全过程、企图掩盖罪行以及犯罪集团、黑社会组织的形成及其实施犯罪的各种情况和各种行为等反映出来。但是言词证据是由人用语言表达的，必然受人的思想支配，特别是犯罪嫌疑人、被告人是刑事责任承担者，案件的处理结果将关系到他的命运，实践中，犯罪嫌疑人、被告人的口供前供后翻、时供时翻、屡供屡翻、多次反复等都是在其不同心理支配下形成的，这也使得犯罪嫌疑人、被告人供述和辩解极易变化。

（三）犯罪嫌疑人、被告人供述和辩解内容具有复杂性

犯罪嫌疑人、被告人是基于一定的动机而供述和辩解的，不同的供述和辩解动机，造成犯罪嫌疑人、被告人供述内容的有真有假、真假混杂等情况，如犯罪嫌疑人、被告人有基于真诚悔罪而供述的，有狡辩抵赖进行反侦查而供述的，有因为不懂法而进行辩解的，也有妄图规避法律、钻法律空子而辩解的，等等。一般地，犯罪嫌疑人、被告人除投案自首、真诚悔罪而如实供述犯罪事实的以外，其他的供述大都是为减轻罪责或逃避惩罚而采取狡辩抵赖、避重就轻的手法对自己的罪行加以掩盖。如只讲自己具有从轻或减轻的犯罪情节，而回避自己具有从重或加重的犯罪情节；只承认已被公安司法机关掌握的表面的犯罪事实，否认、掩盖司法机关还未掌握的其他罪行；有的犯罪嫌疑人、被告人代人受过，将别人的罪行谎称为自己实施；有的捏造事实，虚构情节，将自己的罪行推到别人身上，嫁祸于人；有的犯罪嫌疑人、被告人为了得到从宽处

理，争取立功而在检举他人违法犯罪时往往夸大犯罪事实；还有的犯罪嫌疑人、被告人由于记忆、表述确有障碍，无法如实供述的，等等。这些情况都使得犯罪嫌疑人、被告人供述和辩解内容具有复杂性，不应轻易相信。

三、犯罪嫌疑人、被告人供述和辩解的收集

犯罪嫌疑人、被告人供述和辩解的收集主要是公安司法人员通过讯问犯罪嫌疑人、被告人，制作讯问笔录的方式进行，讯问犯罪嫌疑人、被告人应当遵守一定的工作步骤、履行法律手续，严格按照法律规定进行。

（一）讯问犯罪嫌疑人、被告人的主体

讯问犯罪嫌疑人、被告人的主体是指依法有权讯问犯罪嫌疑人、被告人的人。根据修改后的《刑事诉讼法》第116条、第186条的规定，侦查人员、检察人员、审判人员有权讯问犯罪嫌疑人、被告人。侦查人员、检察人员、审判人员是指承办本案的侦查人员、检察人员、审判人员，非本案承办人员不得讯问本案的犯罪嫌疑人、被告人。讯问犯罪嫌疑人应当由行使侦查权的侦查人员、检察人员进行，讯问犯罪嫌疑人的侦查人员、检察人员不能少于2人，不能一人进行讯问。行使侦查权的侦查人员是指侦查刑事案件的人民警察，协助人民警察的辅警、联防队员等，无权讯问犯罪嫌疑人。行使侦查权的检察人员是指承办本案的具有检察官资格的检察人员，书记员无权讯问犯罪嫌疑人。讯问被告人的审判人员是指审理本案的合议庭组成人员。

（二）讯问过程

1. 确定讯问地点

在首次讯问时，犯罪嫌疑人往往身份尚未确定，《人民警察法》第9条第1款规定，公安机关的人民警察对有违法犯罪嫌疑的人员，经出示相应证件，可以当场盘问。对于有被指控有犯罪行为、有现场作案嫌疑、有作案嫌疑身份不明、携带的物品有可能是赃物等情形之一的，可以将其带至公安机关，继续盘问。上述进行的盘问可以认为是首次讯问。拘留、逮捕后，应当立即将被拘留、逮捕的犯罪嫌疑人送看守所羁押，公安人员、检察人员讯问在押的犯罪嫌疑人，应当在看守所进行。检察人员因侦查工作需要，需要提押犯罪嫌疑人出所的，可以提押犯罪嫌疑人到人民检察院接受讯问。提押犯罪嫌疑人到人民检察院讯问的，应当经检察长批准。公安人员、检察人员对于对不需要逮捕、拘留的犯罪嫌疑人，可以传唤到犯罪嫌疑人所在市、县内的指定地点或者到他的住处进行讯问，但是应当出示人民检察院或者公安机关的证明文件。传唤犯罪嫌疑人时，应当出示《传唤通知书》和侦查人员的工作证件，并责令其在

《传唤通知书》上签名（盖章）、捺指印。对在现场发现的犯罪嫌疑人，经出示工作证件，可以口头传唤，但应当在讯问笔录中注明。

2. 讯问时间

讯问犯罪嫌疑人应当遵守法定的讯问时间，一是讯问时间的长短。《人民警察法》第9条第2款规定，对被盘问人的留置时间自带至公安机关之时起不超过24小时，在特殊情况下，经县级以上公安机关批准，可以延长至48小时，并应当留有盘问记录。修改后的《刑事诉讼法》第117条规定，传唤、拘传持续的时间不得超过12小时；案情特别重大、复杂，需要采取拘留、逮捕措施的，传唤、拘传持续的时间不得超过24小时。不得以连续传唤、拘传的形式变相拘禁犯罪嫌疑人。传唤、拘传犯罪嫌疑人，应当保证犯罪嫌疑人的饮食和必要的休息时间。根据修改后的《刑事诉讼法》第84条、第92条、第164条的规定，公安机关对于被拘留的人以及经人民检察院批准逮捕的人，必须在拘留、逮捕后的24小时以内进行讯问；人民检察院对于自行决定拘留、逮捕的人，必须在拘留、逮捕后的24小时以内进行讯问；人民法院自行决定逮捕的人，必须在逮捕后的24小时以内进行讯问。这些就是讯问犯罪嫌疑人时的时间规定，不得违反。

3. 告知犯罪嫌疑人各项诉讼权利

告知犯罪嫌疑人各项诉讼权利是保护犯罪嫌疑人合法权益、保障诉讼行为的有效与合法的重要体现，虽然在犯罪嫌疑人各项诉讼权利中回避权和聘请律师权是两项较为重要的权利，但是在告知权利时应当以全部告知为基本方式。应当告知犯罪嫌疑人的权利包括：用本民族语言文字进行诉讼的权利；自被侦查机关第一次讯问或者采取强制措施之日起，有委托辩护人的权利；认为侦查人员或者他的近亲属与本案有利害关系，有要求其回避的权利（对驳回申请回避的决定，可以申请复议一次）；犯罪嫌疑人、被告人及其法定代理人、近亲属、律师及其他辩护人有申请变更强制措施的权利，有在采取强制措施法定期限届满时要求解除强制措施的权利；对与本案无关的问题的讯问，有拒绝回答的权利；对讯问笔录认为有遗漏或者差错，可以提出补充或者改正的权利；对用做证据的鉴定结论，有申请补充鉴定或重新鉴定的权利；对人民检察院作出的不起诉决定，有申诉的权利；对侦查人员侵犯犯罪嫌疑人的诉讼权利和进行人身侮辱的行为，有提出控告的权利；犯罪嫌疑人人身权利、财产权利因人民检察院及其工作人员违法行使职权受到侵犯的，有取得赔偿的权利；有自行书写供述的权利；本人认罪，有要求进行普通程序简化审理的权利；有同被害人等进行刑事和解的权利；有如实供述自己罪行要求从宽处理的权利。为消除犯罪嫌疑人、被告人的抵触情绪，敦促犯罪嫌疑人、被告人如实供述犯罪事实，在告知权利的同时还应当告知其应尽的义务，这些义务包括：对侦查人员的讯问应当如实回答；对所知道的案件情况，有作证的义务；在符合法定条件的情况下，应当承受逮捕、拘留、监视居住、取保候审、拘传等强制措施，接受侦查人员的讯问、搜查、扣押等侦查行为的义务；犯罪嫌疑人、被告人如被取保候审应当遵守以下规定：（1）未经执行机关批准不得离开所居住的市、县；（2）住址、工作单位和联系方式发生变动的，在24小时以内向执行机关报告；（3）在传讯的时候及时到案；（4）不得以任何形式干扰证人作证；（5）不得毁灭、伪造证据或者串供。并按照人民法院、人民检察院、公安机关的要求，遵守不得进入特定的场所，不得与特定的人员会见或者通信，不得从事特定的活动，将护照等出入境证件、驾驶证件交执行机关保存等项规定。犯罪嫌疑人、被告人如被监视居住应当遵守以下规定：（1）未经执行机关批准不得离开执行监视居住的处所；（2）未经执行机关批准不得会见他人或者通信；（3）在传讯的时候及时到案；（4）不得以任何形式干扰证人作证；（5）不得毁灭、伪造证据或者串供；（6）将护照等出入境证件、身份证件、驾驶证件交执行机关保存等。

4. 正确进行讯问

（1）掌握讯问方法。首先查明犯罪嫌疑人的基本情况，了解犯罪嫌疑人身份情况，特别是要了解犯罪嫌疑人认知水平、记忆能力和表达能力，生理上和精神上的状态等。发现生理上、精神上可能存在缺陷的犯罪嫌疑人、被告人，如果其在对案件事实的认知和表达上存在一定困难，对其是否丧失正确认知、正确表达能力有怀疑，应当慎重进行讯问，必要时对其生理、精神的缺陷及程度进行鉴定。其次讯问犯罪嫌疑人是否有犯罪行为，让他陈述有罪的情节或者无罪的辩解，然后向他提出问题。讯问的过程首先是问明犯罪嫌疑人、被告人是否有犯罪行为。在侦查机关可以采取“你为什么被扭送到侦查机关”、“你为什么被带到侦查机关”这类的问题开始讯问。在检察机关可以采取“侦查机关为什么对你采取某某强制措施”这类的问题开始讯问。再次是由犯罪嫌疑人、被告人对犯罪事实进行完整供述，让其供述有罪的情节或者陈述无罪的辩解。在这个过程中，侦查人员可以根据犯罪嫌疑人、被告人供述有罪的情节或者陈述无罪的辩解情况加以必要的提示，以保持供述、辩解的连贯性。最后是在犯罪嫌疑人、被告人完整供述有罪的情节或者陈述无罪的辩解后，针对有关问题进行提问。对一些案件细节应当逐一进行提问。在讯问犯罪嫌疑人和被告人时应当留有让犯罪嫌疑人和被告人补充的时机，如在讯问完毕犯罪嫌疑人和被告人对笔录确认后，应当进行补充性告知，如“你还有什么补充吗”等。

（2）做好讯问笔录。讯问犯罪嫌疑人、被告人笔录的制作是指承办刑事案件的侦查人员、检察人员、审判人员依照法定程序，讯问犯罪嫌疑人、被告人时所作的笔录，是对讯问过程的客观反映，也是收集犯罪嫌疑人、被告人供述和辩解这一证据的方法。讯问犯罪嫌疑人、被告人笔录贵在真实，应当根据犯罪嫌疑人、被告人对犯罪事实的供述实事求是、全面准确地记清犯罪事实，将犯罪嫌疑人、被告人所进行的完整供述和回答侦查人员所提出的问题记清楚。在提出问题时，要做到问一句，记一句；答一句，记一句；不回答，则记明不回答；犯罪嫌疑人、被告人回答时如有哭、怒、笑等表情的，也要如实记载。特别是对关键的地方准确如实地记清原话，把犯罪的时间、地点、经过、手段、目的、动机、危害后果等与定罪有关的事实要素记清楚。讯问笔录应当字迹清楚，详细具体，忠实原话，这样才能完整地、客观地反映讯问的真实情况。清人王又槐的《办案要略》提出所谓的“八不可”的要领，即：供不可文（不通俗），供不可野（粗俗），供不可混（模棱），供不可多（不精要），供不可偏（偏颇），供不可奇（玄虚），供不可假（虚假），供不可忽（疏漏）。[①] 这些要领在制作讯问犯罪嫌疑人、被告人笔录时有着一定的借鉴意义。

（3）由犯罪嫌疑人、被告人确认其供述和辩解。这是保证犯罪嫌疑人、被告人供述和辩解这一证据完整、真实、客观的重要方法。修改后的《刑事诉讼法》第120条规定，讯问笔录应当交犯罪嫌疑人核对，对于没有阅读能力的，应当向其宣读。如果记载有遗漏或者差错，犯罪嫌疑人可以提出补充或者改正。犯罪嫌疑人承认笔录没有错误后，应当由其在笔录上逐页签名（盖章）、捺指印，并在末页写明“以上笔录我看过（或向我宣读过），和我说的相符”、“以上笔录看过全对”。拒绝签名（盖章）、捺指印的，侦查人员应当在笔录上注明。所有参加讯问的侦查人员也应当在笔录上签名。对于犯罪嫌疑人的亲笔供述，犯罪嫌疑人应当在亲笔供词的末页签名（盖章）、捺指印。侦查人员收到后，应当在首页右上方写明“于某年某月某日收到”，并签名。

（4）不得以刑讯逼供和以威胁、引诱、欺骗以及其他非法的方法讯问犯罪嫌疑人、被告人。严禁使用非法的方法讯问犯罪嫌疑人、被告人是我们党和国家一贯坚持的刑事司法原则，在实践中必须坚决禁止以刑讯逼供等非法的方法逼取犯罪嫌疑人、被告人口供的做法。在侦查过程中不得采用的非法方法包括：刑讯逼供、侮辱人格、威胁、引诱、欺骗、指供和其他非法讯问方法。其中刑讯逼供是指国家司法工作人员在讯问工作中，对被讯问人使用肉刑或者变相肉刑逼取口供的行为。侮辱人格是指通过使被讯问人人格、尊严或名誉受到损害、蒙受耻辱的方法促使交待的行为。威胁是指以损害被讯问人及其亲友某

---

① 宁致远主编：《法律文书教程》，中央广播电视大学出版社2001年版，第7页。

种权益相恫吓，迫使其按照讯问人员的要求提供案件情况的讯问方法。引诱是指对被讯问人许以一种现实的利益，诱惑其作出供述的讯问方法。欺骗是指为了获取被讯问人的真实供述，虚构一些事实促使被讯问人产生某种误解并在此基础上供述的讯问方式。指供是指在讯问人员提出的问题中已经包含了答案，要求或暗示被讯问人按预设的答案回答提问的讯问方法。其他非法讯问方法即上述非法方法以外的其他法律禁止的方法，如未经依法批准采用技侦手段、或采用催眠、使用药物等方法来获取被讯问人的口供等。以刑讯逼供、侮辱人格、威胁、引诱、欺骗、指供和其他非法讯问方法取得的犯罪嫌疑人、被告人供述是非法证据，必须依法排除，不得在刑事诉讼程序中使用，同时要追究以各种非法的方法逼取犯罪嫌疑人、被告人口供人员的法律责任。

（三）讯问犯罪嫌疑人、被告人时应当注意的问题

1. 讯问犯罪嫌疑人、被告人应当个别进行。《公安机关办理刑事案件程序规定》第 177 条规定，讯问同案的犯罪嫌疑人，应当个别进行。最高人民法院《关于执行〈中华人民共和国刑事诉讼法〉若干问题的解释》第 134 条规定在开庭审理共同犯罪案件时，对于共同犯罪案件中的被告人，应当分别进行讯问。合议庭认为必要时，可以传唤共同被告人同时到庭对质。可见，为防止同案犯罪嫌疑人、被告人之间的互相影响，形成串供给侦查、审查起诉、审判工作带来困难，讯问犯罪嫌疑人、被告人时应当个别进行。当然，为了制服某些犯罪嫌疑人、被告人，根据讯问情况可以将共同犯罪案件中的犯罪嫌疑人、被告人传唤在一起进行对质，但要讲究方法。

2. 讯问聋、哑的犯罪嫌疑人、被告人，应当有通晓聋、哑手势的翻译人员参加；讯问不通晓当地通用的语言文字的犯罪嫌疑人、被告人、外国人，应当为他们提供翻译人员。在少数民族聚居或者多民族杂居的地区，讯问犯罪嫌疑人、被告人时应当用当地通用的语言，同时将这些情况记明笔录，翻译人员应当在笔录上签名。

3. 正确收集犯罪嫌疑人、被告人亲笔供述。犯罪嫌疑人是指在刑事案件的侦查过程中，人民检察院或者公安机关的侦查人员讯问犯罪嫌疑人时，犯罪嫌疑人要求自行书写或者侦查人员要求书写的书面供述。书面供述往往能够对讯问笔录的真实性进行自我补强。书面供述是犯罪嫌疑人自行书写的，更能够反映犯罪嫌疑人真实心态，而与讯问相比较，自行书写供述时犯罪嫌疑人精神放松，能够较为冷静地回忆犯罪事实，更能真实地反映案件事实。同时可以有效应对犯罪嫌疑人、被告人翻供、抵赖和无理指责，如讯问笔录可以在刑讯逼供下获得，犯罪嫌疑人自行书写供述则在刑讯逼供下不易获得，可以有效应对“讯问时没有听清侦查人员问话”、“笔录没有经过自己核对”等现象。

4. 讯问犯罪嫌疑人进行录像、录音。讯问犯罪嫌疑人时进行的录像、录音是保障讯问合法的重要程序证据，也是对讯问笔录的有效补强。在讯问犯罪嫌疑人时进行同步录音录像，既可以证明取证的合法性，又可以防止讯问时可能存在的不合法行为，增强了犯罪嫌疑人、被告人供述和辩解的证据效力。在对讯问过程进行录像、录音时，应当告知犯罪嫌疑人被录像、录音，但不必征得其同意。讯问结束后，录制人员应当立即将录音、录像资料复制件交给讯问人员，并经讯问人员和犯罪嫌疑人签字确认后当场对录音、录像资料原件进行封存。必要时，可由观看录像并予以认可，当面签字封存。案件侦查终结时录音录像资料应当随案移送。讯问笔录应当在录音录像现场进行，不允许根据录音、录像整理讯问要点或笔录，根据录音、录像整理讯问要点或笔录实际上造成了讯问与录音录像现场分离，丧失二者之间的证明作用，有违制度设立的初衷。

5. 讯问未成年犯罪嫌疑人时，应当通知其法定代理人到场，而且其法定代理人应当在场，对此应当记入笔录。

6. 犯罪嫌疑人、被告人的所有供述和辩解应当全部入卷。当犯罪嫌疑人、被告人的供述前后不一致等出现矛盾，或者出现前供后翻、时供时翻、屡供屡翻等现象时，侦查人员应当及时讯问，查明原因，排除矛盾。这些多次调取的犯罪嫌疑人供述和辩解，无论内容是否相同均应当入卷。如果应当入卷的供述和辩解没有入卷的，侦查机关、侦查人员应当出具相关说明。

7. 注意犯罪嫌疑人、被告人首次供述的收集。《死刑案件证据规定》强调首次讯问时要告知被讯问人申请回避、聘请律师等诉讼权利，首次讯问笔录没有记录告知被讯问人诉讼权利内容的属于瑕疵证据。但是在一些案件中，被告人最初不是以犯罪嫌疑人身份而是以证人、知情人的身份出现的，开始使用的是调查笔录而非讯问笔录。对这种情况应当把握在调查笔录中告知其证人的权利义务，而自其被确定为犯罪嫌疑人之始，首次讯问时要告知被讯问人申请回避、聘请律师等诉讼权利。

四、犯罪嫌疑人、被告人供述和辩解的审查要点

对犯罪嫌疑人、被告人供述和辩解分为程序审查和实体审查两方面，审查的方法主要是通过审查对犯罪嫌疑人、被告人的讯问笔录，结合控辩双方提供的所有证据以及犯罪嫌疑人、被告人本人的全部供述和辩解，并结合侦查机关随案移送的讯问过程的录音录像资料进行审查，对犯罪嫌疑人、被告人供述和辩解的审查，还可以通过再次讯问犯罪嫌疑人、被告人进行。审查犯罪嫌疑人、被告人供述和辩解还可以采用科技方法，如使用测谎仪审查其口供可靠

性。值得注意的是，测谎仪测试的是犯罪嫌疑人是否说谎，不测试犯罪嫌疑人实施案件事实的情况。从科学技术今后发展的角度看，测谎仪测试犯罪嫌疑人是否说谎应当是越来越准确，这种结论不是证明案情，只能反映犯罪嫌疑人说谎这一现象，因此，不可能成为证据。但是对于侦查机关调整侦查方向，进而提高诉讼效率还是有一定作用的。

（一）对犯罪嫌疑人、被告人供述和辩解的程序审查

《死刑案件证据规定》第 18 条规定，对被告人供述和辩解应当着重审查以下程序内容：（1）讯问的时间、地点、讯问人的身份等是否符合法律及有关规定，讯问被告人的侦查人员是否不少于 2 人，讯问被告人是否个别进行等。（2）讯问笔录的制作、修改是否符合法律及有关规定，讯问笔录是否注明讯问的起止时间和讯问地点，首次讯问时是否告知被告人申请回避、聘请律师等诉讼权利，被告人是否核对确认并签名（盖章）、捺指印，是否有不少于 2 人的讯问人签名等。（3）讯问聋哑人、少数民族人员、外国人时是否提供了通晓聋、哑手势的人员或者翻译人员，讯问未成年同案犯时，是否通知了其法定代理人到场，其法定代理人是否在场。（4）被告人的供述有无以刑讯逼供等非法手段获取的情形，必要时可以调取被告人进出看守所的健康检查记录、笔录。（5）被告人的所有供述和辩解是否均已收集入卷；应当入卷的供述和辩解没有入卷的，是否出具了相关说明。审查逮捕、审查起诉过程中第一次讯问犯罪嫌疑人，应当讯问其供述是否真实，并记入笔录。对被羁押的犯罪嫌疑人要结合提讯凭证的记载，核查提讯时间、讯问人与讯问笔录的对应关系；对提押至看守所以外的场所讯问的，应当要求侦查机关（部门）提供必要性的说明，审查其理由是否成立。

在程序审查过程中，重点审查有无以刑讯逼供等非法手段获取被告人供述的情形。判断有无以非法手段获取被告人供述的情形有以下途径：（1）看讯问笔录的内容。犯罪嫌疑人、被告人供述作为言词证据，应当经历从其行为的客观事实到其主观印象再到言词表述的过程。客观事实反映到主观印象时不会绝对相同，通过口头的方式表述所获得的主观印象也会有所不同，不同的时间间隔、不同的语言运用能力和被告人的自身利益与案件处理存在的密切关系等都会影响人的主观印象，在这种情况下，犯罪嫌疑人、被告人供述绝对不会每次供述内容都一致。出现犯罪嫌疑人、被告人供述笔录惊人一致，很可能存在非法手段获取被告人供述的情形。（2）看讯问笔录的语言。如讯问人员使用“你作案是在某时间、某地点吗”、“你是想打死他吗”、讯问人员先将有关人员说出来后问“是他吗”，等等，这些问话属于指供诱供的行为，所得证据当然是非法手段获取的。（3）通过犯罪嫌疑人、被告人身体上留下的伤痕、表

达的话语、动作以及反映的情况对是否存在非法手段获取被告人供述的情形作出判断。(4) 证明犯罪嫌疑人是否被刑讯逼供等，可以调取被告人进出看守所的健康检查记录、笔录。在犯罪嫌疑人进入看守所时，看守所管教民警应当对犯罪嫌疑人身体健康情况进行检查，并将健康检查情况制作健康检查记录、笔录予以写明，制作移交材料，随案移交。特别是要随着诉讼的发展阶段及时写明犯罪嫌疑人的健康检查记录、笔录。这种制作犯罪嫌疑人健康检查记录、笔录方式可以视为建立了司法人身检查制度。即侦查机关在每次讯问犯罪嫌疑人后，羁押场所应依职权或应犯罪嫌疑人的要求对其进行人身检查，以作为证明讯问过程中是否合法以及是否存在以刑讯逼供等非法手段获取被告人供述情形的依据。在侦查机关每次讯问犯罪嫌疑人时，可以由看守所管教民警做讯问的见证人。调取被告人进出看守所的健康检查记录、笔录，可以采取直接查寻的方法，也可以采用由看守所出具说明的方法，看守所出具说明应当由两名管教民警签名写出，由看守所盖章。人民检察院的批捕、公诉部门提讯犯罪嫌疑人时，应当在笔录中就犯罪嫌疑人是否被刑讯逼供进行特别讯问并在笔录中予以写明，以防出现犯罪嫌疑人在以后的诉讼阶段反复的现象。在被告人提出被刑讯逼供时，在法庭调查时既可以由侦查人员出庭说明，也可以由看守所管教民警就其接手被告人时的情况予以说明，必要时看守所可以提供书面的健康记录以及有关的录音录像资料。

（二）对犯罪嫌疑人、被告人供述和辩解的实体审查

《死刑案件证据规定》第 18 条规定对被告人供述和辩解应当着重审查以下实体内容：(1) 被告人的供述是否前后一致，有无反复以及出现反复的原因；(2) 被告人的辩解内容是否符合案情和常理，有无矛盾；(3) 被告人的供述和辩解与同案犯的供述和辩解以及其他证据能否相互印证，有无矛盾。实体审查主要是审查犯罪嫌疑人、被告人供述和辩解是否真实可靠，一方面可以判断犯罪嫌疑人、被告人供述和辩解符合事实的内容，分析其供述是全部可靠还是部分可靠；另一方面要排除完全虚假的供述。首先是审查犯罪嫌疑人、被告人的口供是否符合情理，根据案情发展内在逻辑、生活中一般常识可以对犯罪嫌疑人、被告人的口供是否真实作出判断。如在一起故意伤害的案件中，被害人臀部被利刃刺入了 10 公分，犯罪嫌疑人却供称自己只是用刀轻轻挥舞，根据生活中一般常识完全可以判断犯罪嫌疑人供述虚假。其次是通过被告人的供述和辩解与同案犯的供述和辩解以及其他证据相互比较，分析供证之间能否相互印证，查明其供述的真实性。

（三）对犯罪嫌疑人、被告人供述和辩解的庭审审查

对被告人供述和辩解的审查还应当在法庭审理过程中进行。在法庭审理过

程中，控辩双方可以讯问被告人或向被告人发问，审判人员可以讯问被告人，控辩双方经过讯问、质证等法庭调查程序对被告人供述和辩解进行查证，经过审查确实的，才能作为定案的根据；否则不能作为定案的根据。为在法庭审理过程中正确进行被告人供述和辩解的审查，《死刑案件证据规定》第22条规定，被告人庭前供述一致，庭审中翻供，但被告人不能合理说明翻供理由或者其辩解与全案证据相矛盾，而庭前供述与其他证据能够相互印证的，可以采信被告人庭前供述。被告人庭前供述和辩解出现反复，但庭审中供认的，且庭审中的供述与其他证据能够印证的，可以采信庭审中的供述；被告人庭前供述和辩解出现反复，庭审中不供认，且无其他证据与庭前供述印证的，不能采信庭前供述。庭审中对被告人供述和辩解的审查强调两点：一是对被告人供述和辩解的审查以与其他证据印证为原则，无论庭前供述、还是法庭上的供述以与其他证据能够印证为采信的标准。二是在法庭审理中被告人供述和辩解的优先采信。刑事司法是一种察言观色的法律活动，根据直接言词原则的要求，所有的被告人、被害人、证人、鉴定人、勘验人到庭，在法庭的庭审过程中接受控辩双方交互询问，这使诉讼当事人、参与人的言词、表情及至动作成为检验证据的真伪重要依据。在讯问被告人时，法官与被告人在法庭上直接接触，法官亲自聆听被告人供述和辩解，直接观察被告人的表情态度，直接审查证据实际状况，易于准确掌握案件事实，从而发现案件真实。被告人庭前供述和辩解出现反复，但庭审中供认的，且庭审中的供述与其他证据能够印证的，可以采信庭审中的供述，这就确认了被告人在庭审中的供述和辩解的效力要高于庭外的被告人供述和辩解。可见，庭审中的被告人供述和辩解是优先采信的。

五、瑕疵和非法犯罪嫌疑人、被告人供述和辩解的处理

（一）瑕疵犯罪嫌疑人、被告人供述和辩解的处理

实践中经常出现的犯罪嫌疑人、被告人供述和辩解的瑕疵多是侦查人员未严格遵守法律规定出现的一些程序性问题，如签名、告知权利、使用笔录等。《死刑案件证据规定》第21条列举了以下几种瑕疵犯罪嫌疑人、被告人供述和辩解：（1）笔录填写的讯问时间、讯问人、记录人、法定代理人等有误或者存在矛盾的；（2）讯问人没有签名的；（3）首次讯问笔录没有记录告知被讯问人诉讼权利内容的。这些情况具体表现为：笔录标头记载错误，将讯问笔录使用为询问笔录；讯问人、记录人、法定代理人或者讯问的起止时间、地点没有填写或者填写不全；首次讯问笔录中缺乏记载告知犯罪嫌疑人、被告人权利事项；因在制作笔录当时未填写时间、人员后来补充填写时造成多份讯问笔录反映出在同一时间段内，同一讯问人员讯问不同犯罪嫌疑人和被告人等情

况。这些情况都是在工作中缺乏严谨造成的程序瑕疵，应当引起高度重视。在制作犯罪嫌疑人、被告人供述和辩解时，应当将这些程序性内容即时写明，防止后填、补填造成错误。犯罪嫌疑人、被告人供述和辩解存在上述程序瑕疵，应当通过有关办案人员的补正或者作出合理解释加以弥补。笔录填写的讯问时间、讯问人、记录人、法定代理人等有误或者存在矛盾的，办案人员应当作出合理解释，结合提押证等文书对相关记载进行修改，消除矛盾。讯问人没有签名的，应当予以补签。首次讯问笔录没有记录告知被讯问人诉讼权利内容，如果是已经告知的只是没有记录，可以提供相应材料或者说明解释；如果首次讯问没有告知，在以后的讯问过程中告知的，可以由办案人员作出合理解释；如果首次讯问没有告知，在以后的讯问过程中也没有告知的，在由办案人员作出合理解释后立即告知。

（二）非法犯罪嫌疑人、被告人供述和辩解的处理

非法犯罪嫌疑人、被告人供述和辩解主要是由于严重违反诉讼程序，侵犯犯罪嫌疑人、被告人正当诉讼权利，造成无法判断犯罪嫌疑人、被告人供述和辩解真伪的情况。《死刑案件证据规定》列举了以下几种非法犯罪嫌疑人、被告人供述和辩解：（1）采用刑讯逼供等非法手段取得的被告人供述；（2）讯问笔录没有经被告人核对确认并签名（盖章）、捺指印的；（3）讯问聋、哑人、不通晓当地通用语言、文字的人员时，应当提供通晓聋、哑手势的人员或者翻译人员而未提供的。《死刑案件证据规定》列举的非法获取犯罪嫌疑人、被告人供述和辩解的情形都侵犯了犯罪嫌疑人、被告人正当的诉讼权利，主要侵犯了宪法和法律规定的公民基本权利。如《宪法》第 37 条、第 38 条规定，公民的人身自由、人格尊严不受侵犯，采用刑讯逼供等非法手段逼取口供，既践踏了社会主义法制，又严重侵犯了宪法规定的公民基本权利；《宪法》第 134 条规定，各民族公民都有用本民族语言文字进行诉讼的权利。人民法院和人民检察院对于不通晓当地通用的语言文字的诉讼参与人，应当为他们翻译。应当提供翻译人员而未提供，即侵犯了宪法规定的各民族公民使用本民族语言文字进行诉讼的权利。修改后的《刑事诉讼法》第 119 条、第 120 条规定，讯问聋、哑的犯罪嫌疑人，应当有通晓聋、哑手势的人参加，并且将这种情况记明笔录；讯问笔录应当交犯罪嫌疑人核对、补充、改正、签名或者盖章，对讯问笔录的内容进行确认。如果讯问聋、哑人没有提供通晓聋、哑手势的人员，讯问笔录没有经被告人核对确认并签名（盖章）、捺指印的就违反了上述规定。非法犯罪嫌疑人、被告人供述和辩解应当予以排除，不能作为定案的根据。

六、犯罪嫌疑人、被告人供述和辩解的运用

（一）正确认识犯罪嫌疑人、被告人供述和辩解的作用

我国的刑事诉讼历来主张在认定被告人有罪和处以刑罚时，特别注重口供以外证据的调查研究和运用，口供并不具有决定性的意义，但是这并不意味着口供是可有可无的，是不重要的。尽管修改后的刑事诉讼法规定了不得强迫任何人证实自己有罪，但是由于犯罪嫌疑人、被告人对自己是否实施了犯罪，以及实施犯罪的过程比其他人都清楚，他的供述或辩解对司法机关处理刑事案件能起到很大帮助作用。犯罪嫌疑人、被告人自愿供述及侦查机关通过合法方法获得的犯罪嫌疑人、被告人供述在刑事诉讼中还是具有特殊作用的，这种作用是不可忽视的。通过犯罪嫌疑人、被告人供述可以更有力地证明案件的全部真实情况，特别是被告人实施犯罪的主观动机、目的以及其他细节；可以提供出能证明案件真实情况的其他人证或物证；可以进一步印证其他证据的真实可靠程度；可以揭发并证实另外的犯罪事件；可以鉴别被告人对所犯罪行的态度；可以帮助办案人员全面地分析认识案情，防止偏听偏信，主观片面；可以发现司法机关侦查、审判工作的某些不足，从中吸取有益的启示和教训。所以，不轻信口供，不是不要口供，也不是可以忽视口供。在实践中，必须采取正确的策略方法，依法积极取得犯罪嫌疑人、被告人供述。在审判中，根本没有被告人的任何供述，全靠其他充分确实证据来定案的情况，只能是个别的。《死刑案件证据规定》着重指出，根据间接证据定案的，判处死刑应当特别慎重。在实践中，对于缺少犯罪嫌疑人、被告人供述这一直接证据的案件，定案时必须格外慎重。特别是判处死刑的案件，更要慎之又慎，要对各种证据进行反复查对，不可轻易作出判决。

（二）共同犯罪的犯罪嫌疑人、被告人供述的运用

共同犯罪的犯罪嫌疑人、被告人供述是指共同犯罪嫌疑人、被告人就其被指控的犯罪事实以及其他案件事实向公安司法机关所作的陈述，即共犯口供。共犯口供包括对自己与他人参加共同犯罪的供述和证明其共同犯罪人其他犯罪的证供二类。这里分析的是供述自己与他人参加共同犯罪的共犯口供的运用。

1. 共犯口供的证据属性

（1）共犯口供属于被告人供述是直接证据。

由于共同犯罪的被告人是受到刑事追诉的人，其供述具有反复性、复杂性和不稳定性。

（2）共犯口供属于需要补强证据辅助的主要证据。

共犯口供能够证明犯罪行为是否发生以及是否由被告人实施，是主要证据。但由于受到主客观因素的影响，其本身失实甚至虚假的可能性很大，需要证明其自身的可靠性和真实性后才能运用，运用被告人口供认定案件事实需要有其他补强证据的辅助。尽管共犯口供具有多数性，但被告人供述的特殊性就决定了共犯口供不能成为定案的唯一依据，而需要补强证据的辅助。

（3）共犯口供具有特殊性。

共犯口供除了具备被告人供述的一般特征以外，还具有自己的特殊性。共犯口供的最大特点是其内容中其他犯罪人的犯罪事实与本人犯罪事实牵连在一起，即“你中有我，我中有你”。因此在共犯口供中被告人有可能相互包庇、互相推诿或者相互胡咬乱供，造成其供述真假难辨。如果共犯口供内容一致，相互印证，会使共犯口供的证明力得到一定程度的加强，使得口供朝着真实可靠的方向前进一步。对于共犯而言，鉴于其存在可能将自己的罪责转移给他人的一般倾向，因此它仍是缺乏可信性的证据，也是危险的证据，在使用中应当采取谨慎的态度。司法实践中，仅凭共犯口供的互证，口供内容的真实性和可靠性仍然是难以确定的，在对共犯口供的运用时要附加若干条件。

2. 共犯口供的运用

（1）被告人供述的运用规则。

修改后的《刑事诉讼法》第53条规定：“对一切案件的判处都要重证据，重调查研究，不轻信口供。只有被告人供述，没有其他证据的，不能认定被告人有罪和处以刑罚；没有被告人供述，证据确实、充分的，可以认定被告人有罪和处以刑罚。”在被告人作有罪供述时，无论是其自愿认罪还是供述有罪，如果没有其他证据，绝不能认定被告人有罪和处以刑罚，也就是绝不可以凭口供定罪，即使是定罪免刑也是不可以的。

（2）共犯口供不能作为定案的唯一依据。

一是共犯间就共同犯罪情况的口供都与他们个人的罪责有关，作为直接证据，共犯口供就其本身而言不能证明自己的可靠性，因此共犯口供不能作为认定案件的唯一依据。但是共犯口供毕竟属于直接证据，属于能够直接说明案件事实的证据，所以共犯口供能够作为认定案件基本情况的证据。二是共犯口供不能作定案的唯一依据，也就是仅凭共犯口供而没有其他证据，不能定案。即使诸多共犯的口供可以相互佐证，但没有其他证据，共犯口供仍不能作为定案的唯一依据。三是共犯口供应当与其他可以证明其供述可信性的证据材料结合起来加以判断。共犯口供虽不能作为定案的唯一依据，但可以作为认定被告人有犯罪嫌疑的主要证据。《国家赔偿法》规定公民自己故意作虚伪供述或者伪造其他有罪证据导致被羁押的或者被判处刑罚的，国家不承担赔偿责任。在这里被告人口供就成为了认定被告人有犯罪嫌疑的主要证据。相比较而言，共犯口供能够相互印证，比单个被告人口供更容易为司法机关采信，也就更能作为判断罪与非罪的依据。但是仅凭被告人供述却不是对被告人处以刑罚的依据。

（3）共犯口供规则的运用。

共犯口供具体可以分成三种情况：即共犯都承认有罪的口供、部分共犯承认有罪另部分共犯否认有罪的口供、共犯都否认有罪的口供。这三种情况共犯口供的运用规则是不尽相同的。

第一，共犯都承认有罪的口供的运用。

这种口供指参与共同犯罪的共同犯罪人对于参与的犯罪行为、犯罪事实均已供认。在其他证据充分的情况下，运用这种证据自然不存在问题。在其他证据不很充分的情况下，运用这种共犯口供应当把握二点：一是根据共犯都承认有罪的口供可以基本认定违法事实、违法行为是存在的，但是要予以肯定应当要有其他证据印证，即需要其他证据对共犯口供进行辅助，验证其真实性。相比较而言，这些辅助作用的其他证据的证明要求可以是较低的，但是要有一定的数量。这些证据内容最低标准一般不要求有准确的时间、地点，只是能够验证这些共犯口供是否基本属实即可，如果可以验证属实则可以认定为案件事实清楚，证据确实充分，从而作出有罪判决。运用这种共犯口供应当慎重，具体表现在参与共同犯罪的共同犯罪人供述参与的犯罪行为、犯罪事实能够相互交叉、能够相互印证的部分才能成为共犯都承认有罪的口供，这些共同交代的那部分犯罪事实往往应是清楚的，是可以确认无疑的。如在一起扒车盗窃案件中，收集到的证据有：部分过往车辆的报案或者反映、近十名犯罪嫌疑人的口供、收赃人证实在一段时间曾多次收过犯罪嫌疑人所在村的人销售赃物的证言等。在这些证据中共犯口供证明有共同扒车行窃的行为，这种行为与失主反映的事实本质上是一致的，收赃人收受赃物与失主、共犯口供所称物品基本一致，这样就使共犯口供与其他证据得到验证，证明其本身的可靠性。这起犯罪的情节、手段、所得物品、数额均可以共犯口供认定。二是根据共犯口供可以认定直接造成犯罪结果的人。在一些妨害社会管理秩序犯罪中，这些犯罪的共同特点是参加人员众多、现场混乱、双方不能描述对方直接行为人、往往造成严重后果等，在共犯口供中对于自己一方参加人还是可以作出较为详细可靠的描述的，共犯口供往往成为认定直接造成犯罪后果的人的证据。如在一起聚众斗殴案中，被害人说不出谁将其打成重伤，四名共犯对其参与殴打他人的行为均予供认，但有三名被告人指认另一被告人实施殴打伤者的行为，该被告人对于损害结果予以否认，但承认殴打被害人。在这种证据之下就可以认定该被告人是具体伤害结果的行为人。

第二，部分共犯承认有罪另部分共犯否认有罪的口供的运用。

这种共犯口供首先应当把握的是尽管部分共犯否认有罪，如果其他证据确实充分，加之其他部分共犯承认有罪的口供佐证就应当认定这部分共犯有罪。在其他证据达不到确实充分的情况下，运用共犯口供应当注意：在必须要有二人以上参加的共同犯罪中，可通过承认有罪的共犯口供确定其他涉嫌犯罪的人，尽管这些人不承认犯罪。在这种情况下，往往可以证实承认有罪的被告人的犯罪事实清楚，证据确实充分，还不能直接证实否认有罪的其他涉嫌犯罪的人有罪，这还需要有其他相关证据用以验证部分共犯承认有罪口供的可靠性和用以排除部分共犯否认有罪口供虚假的可能，判断出唯一的结果，从而得出否认有罪的共犯有罪的结论。如在一起共同盗窃案件中，有一个 16 岁的被告人供述其和一个 20 岁的人共同盗窃犯罪，赃物大部分由后者占有，后者对犯罪事实否认。经侦查这起案件须有两个以上犯罪人才能实施，一个人无法实施犯罪，从而得出存在其他共同犯罪人的结论，另外还收集到本案涉嫌犯罪的二人来往过密，20 岁的嫌疑人家景不好但个人生活宽裕、花钱大方、在其家中发现有赃物等证据，根据这些证据，人民法院认为承认有罪的共犯的口供是真实可靠的，20 岁的嫌疑人犯罪是有其他证据证实的，从而作出了有罪判决。在无法认定必须要有二人以上参与的共同犯罪中，部分共犯承认有罪另部分共犯否认有罪的，在其他证据达不到确实充分可以认定否认的共犯有罪的情况下，尽管存在承认有罪共犯的口供，对于拒不认罪的共犯仍要遵循重证据，重调查研究，不轻信口供原则，作出没有犯罪的结论。

第三，共犯都否认有罪的口供的运用。

对于共犯口供全部否认有罪的情况，要严格遵循修改后的《刑事诉讼法》第 53 条所规定的，对一切案件的处理都要重证据，重调查研究，不轻信口供。只有被告人供述，没有其他证据的，不能认定被告人有罪和处以刑罚；没有被告人供述，证据确实充分的，可以认定被告人有罪和处以刑罚。在共犯全部否认有罪的情况下，对于其他证据确实充分的，应当定罪处罚；对于其他证据不确实充分的，不应当定罪处罚。

（三）犯罪嫌疑人、被告人翻供的应对

犯罪嫌疑人、被告人翻供是指在侦查机关的前一段侦查中，犯罪嫌疑人、被告人承认自己有犯罪行为并交待了关于犯罪的具体过程、情节后，又不承认自己有犯罪行为，或者不承认关于犯罪的具体过程、情节。正确判断和处理犯罪嫌疑人、被告人翻供是司法人员的一项比较困难的工作。

1. 正确把握犯罪嫌疑人、被告人辩解与犯罪嫌疑人、被告人翻供的区别

犯罪嫌疑人、被告人辩解是指犯罪嫌疑人、被告人否认自己有犯罪行为或者虽然承认自己犯了罪，但是有依法不应追究刑事责任以及有从轻、减轻或者免除处罚等情况所作的申辩和解释。犯罪嫌疑人、被告人辩解与犯罪嫌疑人、被告人翻供的区别包括：

(1) 两者前提不同。犯罪嫌疑人、被告人翻供是在存在犯罪嫌疑人、被告人供述基础上进行的，犯罪嫌疑人、被告人翻供往往是作出虚假的陈述，其陈述既不是根据客观事实也不是依据法律，而是企图否认和抵赖罪行，逃避罪责，犯罪嫌疑人、被告人翻供时，犯罪嫌疑人、被告人拿不出任何证据，又不能提出线索；而犯罪嫌疑人、被告人辩解无此基本前提。犯罪嫌疑人、被告人在解释和说明自己无罪或者罪轻时，可以采用否认、申辩、反驳、提出反证等多种形式，提出证据要根据客观事实或者依据法律进行。犯罪嫌疑人、被告人辩解中提出的反证，一般可以通过查证得以验证。

(2) 两者内容不同。在犯罪嫌疑人、被告人供述中，犯罪嫌疑人、被告人承认了自己有犯罪行为，并讲出了犯罪的动机、目的、手段、时间、地点、后果等案件事实，其翻供内容无非是在是否存在犯罪行为以及对犯罪的动机、目的、手段、时间、地点、后果等案件事实作出了与侦查阶段不相同或者否认的陈述。犯罪嫌疑人、被告人辩解是反复解释、说明、申辩自己无罪或者罪轻。

(3) 两者发展变化不同。犯罪嫌疑人、被告人翻供可能在任何诉讼阶段发生，表现为时供时翻、前供后翻等反复无常的情况，可以在侦查人员、检察人员、审判人员的教育下改变。犯罪嫌疑人、被告人翻供根据其发生的不同阶段可以分为四种情况：第一，在侦查机关的前供后翻，犯罪嫌疑人供述出现反复；第二，在移送审查起诉案件后，公诉人对犯罪嫌疑人进行讯问时，犯罪嫌疑人改变其在侦查过程的供述，但在公诉人的教育下，犯罪嫌疑人改变其翻供；第三，在公诉人接到审查起诉案件后对犯罪嫌疑人进行讯问时，犯罪嫌疑人改变其在侦查过程的供述，在公诉人将案件起诉至人民法院后，被告人在法庭上坚持其在公诉人在对其进行讯问时的供述。第四，被告人庭前供述一致，庭审中翻供即公诉人在法庭讯问过程中，被告人当庭改变其在侦查过程和审查起诉过程中的供述。犯罪嫌疑人、被告人辩解则相对比较稳定，不会因诉讼阶段发生变化而变化。

2. 犯罪嫌疑人、被告人翻供的原因

犯罪嫌疑人、被告人翻供的原因是很多的，这些原因可能会交叉出现。面对犯罪嫌疑人、被告人翻供，司法人员要冷静分析犯罪嫌疑人、被告人翻供是

否合理，认真分析其翻供的动机和原因，根据其具体情况采取针对性的对策。犯罪嫌疑人、被告人翻供的原因一般包括：

（1）犯罪嫌疑人、被告人心理发生变化。犯罪嫌疑人、被告人有罪供述后有时会对他们采取一定的强制措施，在案件侦查终结后，犯罪嫌疑人案件会移送审查起诉，此时犯罪嫌疑人面临着审判、判刑、身陷囹圄，其自身地位、荣誉就会彻底丧失，其社会评价就会降低，家人也会相应受到影响，地位的变化、社会的影响会使他们思想波动，在这时是认罪服法，还是顽抗到底以图侥幸，如果是抱着侥幸心理，犯罪嫌疑人、被告人就会在此心理支配下翻供。

（2）同监室的其他犯罪人的唆使。在犯罪嫌疑人、被告人关押期间，不免会与同监室其他在押人员发生接触，其他在押人员会彼此了解、打听案情、出谋划策、传授反侦查、反讯问经验，犯罪嫌疑人、被告人在与这些人进行交往的过程中，受到有关暗示或者直接受到唆使，产生与司法机关进行对抗的思想，此时犯罪嫌疑人、被告人就会翻供。

（3）犯罪嫌疑人、被告人的辩护人的暗示或者指使。辩护人在各个诉讼阶段会见犯罪嫌疑人、被告人，犯罪嫌疑人、被告人必然会向他们打听案情，打听自己的处罚等情况，就会向辩护人询问办法。由于辩护人是由犯罪嫌疑人、被告人或者其家人花钱聘请的，有少数辩护人抱着收人钱财，为人消灾的想法，当犯罪嫌疑人、被告人进行询问时，这些辩护人就可能会刻意或无意地流露出一些对抗审查起诉、法庭审判的方法或者改变供述的有关内容。在得到辩护人的暗示或者指使后，犯罪嫌疑人、被告人就可能翻供。

（4）对法律的错误理解。这种情况主要是发生在犯罪嫌疑人、被告人出现认识错误的时候，如行为人将刑法上规定为犯罪行为的行为误认为不构成犯罪或者对自己的罪名和罪刑的轻重发生了误解等。如犯罪嫌疑人张某弟兄二人，因琐事与同村李甲发生争执被人拉开，李甲找来李乙，李乙到张某面前，突然抽刀将张砍成轻微伤，张某弟兄二人将李乙打成重伤，后张某弟兄二人报案而被抓获。在检察机关审查起诉时，张某弟兄对自己的罪名和罪刑的轻重发生了误解，把构成犯罪的事实作为不犯罪事实供述从而翻供。

（5）因对司法机关认定事实不满导致翻供。在检察机关移送起诉后，由于起诉书认定事实有误，被告人产生逆反心理，认为自己如实供述是判刑，不如实供述也判刑，抱着破罐破摔的态度而翻供。

（6）确有冤情，改变供述而翻供。犯罪嫌疑人、被告人有罪供述的情况是相当复杂的，有时会出现确有冤屈的情况。如代人受过而供述了本不是自己实施的犯罪后又幡然悔悟出现翻供；也有侦查机关办案作风简单粗暴，迫使犯罪嫌疑人、被告人认罪，在审查起诉或者法庭庭审过程中翻供等就属于这种情况。

3. 正确处理犯罪嫌疑人、被告人翻供

处理犯罪嫌疑人、被告人翻供应当坚持实事求是的原则，坚持查证属实，坚持案件的证明体系，无论是先供，还是后翻，关键是看口供的内容是否与案件事实相符，是否与其他证据相一致，如果口供与案件事实，与其他证据无矛盾的就应当予以认定。

（1）处理犯罪嫌疑人、被告人翻供首先要找准翻供的主要矛盾，解决主要问题。犯罪嫌疑人、被告人翻供的形式千变万化，但翻供内容无非是犯罪嫌疑人、被告人是否存在犯罪行为以及犯罪的动机、目的、手段、时间、地点、后果等案件事实等情节。在这些情况中犯罪嫌疑人、被告人是否存在犯罪行为是首要问题，犯罪嫌疑人、被告人翻供是直接否认自己实施了犯罪行为，导致了是否存在犯罪这一本质问题，这时公诉人要抓住这一主要矛盾，通过证据证实被告人实施了犯罪行为。有一些犯罪的犯罪嫌疑人、被告人不否认存在违法行为但是就犯罪的动机、目的予以否认。如在认定销赃、窝赃等犯罪时，犯罪嫌疑人、被告人对是否明知是赃物予以否认，会导致案件的罪与非罪，公诉人要抓住这一主要矛盾，通过讯问、举证、质证论证犯罪嫌疑人、被告人的行为具有犯罪目的；还有一些犯罪的犯罪嫌疑人、被告人不否认存在违法行为，但对犯罪后果或者关键情节采取避重就轻或者规避法律的方式予以否认，造成重罪与轻罪、此罪与彼罪的认定，此时公诉人应明确掌握不同犯罪的界限，坚持自己的认定，有理、有利地展开证据，把握主动权。

（2）根据不同情况采取不同的方法。第一，对待在公诉人接到审查起诉案件后的犯罪嫌疑人翻供。解决这种翻供可以使公诉人将某些翻供解决在作出决定之前，或可以对被告人在法庭上的表现充分的预测。应对这种翻供，公诉人先仔细听取犯罪嫌疑人的供述，分析其翻供的原因，再相应地采取措施。如在前述犯罪嫌疑人张某兄弟二人故意伤害案，张某兄弟二人由于对法律不了解而翻供，公诉人对此在听取二人供述后，对二人进行政策教育，并实事求是地对被害人的行为及其过错作出恰如其分的评价，指出张某兄弟二人行为的危害，打消其顾虑，使二人幡然悔悟，当即表示不再翻供。再如犯罪嫌疑人韩某故意伤害案，韩某因琐事纠集近10人准备与被害人斗殴，被害人没有来，韩某即派其弟带路，指使这10人去被害人家中将其打成重伤。在讯问犯罪嫌疑人韩某时，韩某一边哭，一边大呼冤枉，进行翻供。公诉人认为其是翻供，对其进行教育，果然韩某表现的不似刚才那么坚定，使公诉人更加相信其是翻供，是进行试探的判断，公诉人接着提出有证人证言证实犯罪嫌疑人犯罪，特别是提出有其弟弟的证言时，犯罪嫌疑人韩某沉默不语，继而供述了其犯罪事实。因此面对这种翻供，公诉人应首先进行教育，弄清其翻供的原因，然后准确地阐述宽严相济的刑事司法政策，瓦解犯罪嫌疑人的对立思想，使其及时认罪悔罪。在有必要时向犯罪嫌疑人简单说明本案的证据，这种说明一般不要涉及案件证据的实质，犯罪嫌疑人如能领悟相关证据时就会重新认罪。对共同犯罪而言，如果共同犯罪人都翻供，也应当采取上述方法。如果是部分共同犯罪人翻供，这反而有利于公诉人判断共同犯罪人翻供的原因，为下一步审查起诉工作打下基础。

第二，对待在审查起诉阶段和在法庭审理过程中，被告人始终改变其在侦查阶段的供述。对于这种情况，公诉人在审查起诉过程中的讯问已经知道被告人有翻供情况，对个人犯罪而言，公诉人应考虑到被告人情况，不应纠缠于法庭审理过程中通过当庭讯问使其认罪，而应通过出示证据去证实其犯罪。首先，公诉人在讯问中及时发现被告人供述的不实之处，使被告人供述与全案证据相矛盾或与其他证据无法相互印证，同时使之不能合理说明翻供理由，然后通过宣读被告人在侦查阶段、审查起诉阶段的供述对其翻供进行揭露；其次，公诉人可以通过自己的证据体系去证实其犯罪，通过所有证据以及被告人本人的全部供述和辩解进行分析论证。对共同犯罪而言，如是全部犯罪嫌疑人都翻供，可以通过上述方法予以制服。如果是部分犯罪嫌疑人翻供，公诉人可以采取先易后难的讯问策略，先讯问如实供述的被告人，使法官和旁听群众对案件事实有了清晰的了解，然后公诉人再讯问翻供的被告人，当出现不实之处时，公诉人可以宣读被告人在侦查阶段、审查起诉阶段的供述进行揭露，并对其供述与其他被告人的供述进行评论，使法官和旁听群众认清被告人翻供的实质，使被告人的不实供述处于不攻自破的境地，最后公诉人再通过展示自己的证据体系去证实其犯罪，以彻底地制服被告人。

第三，对待被告人当庭突然改变其在侦查过程和审查起诉过程中的供述。这种情况是被告人翻供最为常见的情况。在这种情况下，共同犯罪的制服比个人犯罪容易，因为共同犯罪人彼此考虑各自利害不同，有一些被告人愿意如实供述，有一些被告人是死心塌地翻供；即使全部被告人都翻供，他们对共同犯罪事实翻供的内容绝不可能完全一致，这样就为公诉人各个击破共同犯罪人提供了可能、提供了时机，也就容易使公诉人摆脱被动取得主动权。个人犯罪则比较难以制服，需要公诉人认真加以对待。在法庭上制服被告人翻供，首先要求公诉人吃透案情，准确掌握案件证据，做到能够熟练运用证据。其次是公诉人要讲究方法、讲究策略。具体的方法除上述所言以外还有：运用法定情节去制服被告人。如被告人林某先向侦查机关投案自首，在法庭审理过程中突然翻供，公诉人提出被告人自首是可以从轻或者减轻处罚的，而翻供不但自首不能认定反而会因其认罪态度不好受到从严惩处，这样就将被告人置于十分被动的境地，被告人从自己切身利害出发往往会放弃自己的翻供。利用证人证言去反证被告人的翻供，特别是利用被告人所提供的证人的证言、被告人亲属的证言去与被告人的翻供进行比较。如在被告人许某故意伤害案中，被告人许某与其兄许甲共同殴打被害人，其中被告人许某将被害人打成轻伤。在此案审理过程中，被告人许某当庭翻供，公诉人宣读其兄许甲的证言，许甲的证言也不证实被告人实施了故意伤害的行为，但提出证人杨某看到了案件的全部情况，杨某能为他们作证。公诉人当即宣读证人杨某的证言，杨某在证言中恰恰证明了被告人实施了故意伤害的犯罪行为。这样就迫使被告人许某当庭认罪。运用高超的讯问方法突破被告人。运用二难讯问法，即针对被告人的翻供，提出一个让被告人进行两种选择回答，然而无论如何回答对其都是不利的问题。如在被告人赵某为其亲表兄宁某销赃案的审理中，被告人赵某当庭翻供，公诉人向其提问：你与宁某是什么关系？这个问题如果被告人回答是亲表兄，也就承认了解宁某的情况，从而为明知物品是赃物埋下伏笔；如果被告人不回答，又为直接表明其不好的认罪态度提供了依据。运用迂回讯问方法，先从与案件事实关系不大的事实开始讯问，制服被告人翻供。如被告人秦某敲诈勒索一案审理过程中，被告人当庭翻供。公诉人先从其与被害人的关系开始讯问，揭示了其与被害人没有亲戚朋友关系、也没有任何利害关系，也就表明被告人从被害人处取得钱财的不正当性。然后公诉人又从被告人取得被害人的钱财去向开始讯问，得出被告人多次取得钱财后自己花用，从没有还给被害人一分钱，说明了被告人非法占有的目的。这样再讯问被告人取得钱财的方法，就为认定被告人构成敲诈勒索罪打下基础。运用紧逼式讯问方法，就是公诉人面对被告人的翻供，根据证实被告人有罪的讯问思路，采用简单问答式的讯问方式，环环相扣向被告人发问，不给被告人任何喘息之机，迫使被告人仓促之间匆匆作答，很快使之暴露破绽，使被告人的翻供自相矛盾，不攻自破。

（四）特殊的犯罪嫌疑人、被告人供述和辩解的运用

特殊犯罪嫌疑人、被告人的供述和辩解是指生理上、精神上存在缺陷的犯罪嫌疑人、被告人所作的供述和辩解。特殊犯罪嫌疑人、被告人的供述和辩解适用证据有限采用规则，当犯罪嫌疑人、被告人由于其主体存在一定的缺陷，其所作出的供述和辩解在刑事诉讼中应当被限制使用。

生理上有缺陷是指因患有盲、聋、哑、色盲、弱视等疾病而对案件事实的认知和表达上存在一定困难，如因色盲而不辨颜色、因哑而不能陈述。精神上有缺陷是指患有精神疾病而对案件事实的认知和表达上存在一定困难。生理上、精神上存在缺陷的犯罪嫌疑人、被告人如果不能正确认识周围环境及自身

状况、存在思想意识注意和记忆障碍等，就不能如实陈述所了解的情况，不能提供对查明案件事实有实际意义的供述和辩解，这种供述和辩解不能采信为证据。

生理上、精神上有缺陷的被告人，在对案件事实的认知和表达上虽然存在一定困难，但是能够正确认知、正确表达而作供述和辩解，如聋哑人通过手势、书写等途径供述其实施的犯罪事实、轻度或者更轻的精神发育不全和其他轻性精神障碍的人的供述和辩解，能够采信为证据。

生理上有缺陷的被告人，在对案件事实的认知和表达上存在一定困难，但尚未丧失正确认知、正确表达能力，主要是指：被告人存在某种生理上的缺陷；这种缺陷导致其对案件事实的认知或者表达存在一定困难；被告人虽存在一定的正确认知、正确表达能力而不具有正常人所具有的全部正确认知、正确表达能力。如色盲的被告人在颜色感知上存在障碍，对部分颜色丧失正确认知，对另部分颜色未丧失正确认知，这样就无法准确表达，属于尚未完全丧失正确认知、正确表达能力。

精神上有缺陷的被告人，在对案件事实的认知和表达上存在一定困难，但尚未丧失正确认知、正确表达能力，主要是指：精神病未愈、部分缓解与残余状态、轻至中度精神发育不全（智商 50 至 70）、其他明显的精神障碍等。这些人在发生危害行为当时，由于明显的精神障碍，使其实质性辨认或者控制行为能力有明显削弱，但尚未达到丧失或不能的程度。对于大多数精神病或智能有障碍的人来说，他们精神散漫，缺乏洞察力和判断力，不能正确地辨别真伪。同时，由于受到幻觉、妄想的影响，或者言词表达缺乏连贯、言语不清，缺乏正确反映真实情况的能力，这类精神上有缺陷的被告人的供述和辩解可能全部真实，也可能全部不真实，更可能部分为真实，出入很大。

在判断生理上有缺陷的被告人供述和辩解时，首先要看其生理缺陷的状态，确定其是何种生理缺陷。如色盲，具体要看其色盲种类，是红色盲、绿色盲、红绿色盲，还是全色盲，查明其缺陷，看其不能正确认知何种颜色，分析其供述存在的问题，然后与其他证据相互印证，确定案件事实。如犯罪嫌疑人患有红绿色盲疾病，在一起故意伤害案件中，其供述持刀将一穿绿色上衣的男子砍伤，旁观的两名证人证明，犯罪嫌疑人砍伤的是一穿红色上衣的男子。患有红绿色盲疾病的人，在分辨红绿颜色时，在一定光线下，有时分辨不出，有时可以将绿颜色分辨成红色、黄色，有时甚至将其分辨成灰色。患有色盲疾病的人提供分辨颜色证据时，证据是限制使用的，但是其他部分结合与其他证据的印证，尽管犯罪嫌疑人存在生理缺陷，对案件事实的认知存在一定困难，但尚未丧失正确认知、正确表达能力，所以，是可以采信的。

在判断精神上有缺陷的被告人供述和辩解时首先要看其供述和辩解的时间，有缺陷的被告人供述和辩解是言词表达缺乏连贯、言语不清，缺乏正确反映真实情况的能力的，此时切不可以为其不老实交代、装疯卖傻，因为犯罪嫌疑人在被羁押后最初的一两次讯问对确定其精神状态参考价值最大。时间推移、讯问增多、环境变化都可能使之精神或心理状态发生某些变化，与原作案时的精神状态有所差异，或者自我保护心理增强，或者精神病症状受到抑制收敛，影响对其精神上有缺陷的判断。其次是根据其外在表现，请有专门知识的人予以鉴定，鉴定其精神病种类及其程度，看其具体症状，分析其感知、思维、记忆和判断能力，分析其供述和辩解的缺陷。最后是有针对性地寻找证据，对犯罪嫌疑人供述和辩解予以印证，对供述和辩解能够得到印证的部分可以采信，对于无法印证的部分不能采信。

犯罪嫌疑人、被告人供述可以有力地证明案件的全部真实情况，可以提供出能证明案件真实情况的其他人证或物证，根据被告人的供述、指认提取到了隐蔽性很强的物证、书证，且与其他证明犯罪事实发生的证据互相印证，并排除串供、逼供、诱供等可能性的，可以认定有罪。物证、书证本身具有很强的客观性、稳定性，不以犯罪嫌疑人、被告人供述、指认而存在、变化、移动；隐蔽性很强表明物证、书证处所不为一般人所知，通过犯罪嫌疑人、被告人供述、指认能够提取，就表明犯罪嫌疑人、被告人与犯罪物证、书证有着密切关系，建立了犯罪嫌疑人、被告人与犯罪的关联性。提取到了隐蔽性很强的物证、书证表明了犯罪嫌疑人、被告人供述的真实性和可靠性，补强了犯罪嫌疑人、被告人供述的效力，物证、书证就是被告人供述的实体补强证据。这种补强是在排除串供、逼供、诱供等可能性，防止了诬陷、订立攻守同盟等制造冤假错案的因素之后得出的。同时，为了慎重起见，在根据被告人的供述、指认提取到了隐蔽性很强的物证、书证，并排除串供、逼供、诱供等可能性后，要与其他证明犯罪事实发生的证据互相印证，在此基础上才可以认定有罪，作出判决。

第七节　鉴定意见的收集与审查

司法人员在侦查、提起公诉和法庭调查案件事实的过程中，经常会遇到一些自己不能解决的专门性问题，需要指派或聘请具有专门知识或技能的人进行鉴别和判断。这种鉴别和判断就是一种鉴定活动，所得出的材料就是鉴定意见。

一、鉴定意见概述

（一）鉴定意见

鉴定意见是具有专门知识的鉴定人接受公安机关、人民检察院和人民法院的指定或者聘请，就案件中的专门问题进行鉴定后得出的结论性意见。刑事诉讼中需要通过鉴定解决的问题多种多样，这也就产生了不同种类的鉴定。根据鉴定学科的不同，鉴定可分成法医鉴定、司法精神病鉴定、痕迹鉴定、笔迹鉴定、司法会计鉴定、司法化学鉴定、一般技术鉴定等。《全国人大常委会关于司法鉴定管理问题的决定》规定的法医类鉴定，包括法医病理鉴定、法医临床鉴定、法医精神病鉴定、法医物证鉴定和法医毒物鉴定。物证类鉴定，包括文书鉴定、痕迹鉴定和微量鉴定。声像资料鉴定，包括对录音带、录像带、磁盘、光盘、图片等载体上记录的声音、图像信息的真实性、完整性及其所反映的情况过程进行的鉴定和对记录的声音、图像中的语言、人体、物体作出种类或者同一认定。《公安机关办理刑事案件程序规定》规定，鉴定的范围，包括刑事技术鉴定、人身伤害的医学鉴定、精神病的医学鉴定、扣押物品的价格鉴定、文物鉴定、珍稀动植物及其制品鉴定、违禁品和危险品鉴定、电子数据鉴定等。司法实践中一般刑事案件多用的主要是法医鉴定、痕迹鉴定和物价鉴定等。法医鉴定是指运用法医专门知识，对尸体与活体及其分泌物、排泄物等有关问题所作的鉴别与判断，包括确定死者死亡的原因，死者或伤者的伤害情况等。痕迹鉴定是指利用痕迹检验技术对与犯罪有关的形象痕迹进行分析、比对、推断，从而得出同一或不同一认定的结论性意见。如指纹鉴定、足迹鉴定、工具痕迹鉴定等。物价鉴定是指物价部门依法接受公安司法机关的委托，对案件中的物品进行分析，提出估定价值的结论意见。

1979 年颁布的刑事诉讼法和 1996 年修订的刑事诉讼法均将鉴定结论作为法定证据种类，一直沿用至今。但 2005 年 2 月 28 日《全国人大常委会关于司法鉴定管理问题的决定》中将司法鉴定表述为："司法鉴定是指在诉讼活动中鉴定人运用科学技术或者专门知识对诉讼涉及的专门性问题进行鉴别和判断并提供鉴定意见的活动。"这里使用了"鉴定意见"一词，不再使用鉴定结论。由于鉴定结论是鉴定人依据自己的专门知识、经验和技能对案件中的专门问题作出的分析判断，是一种在未经查证属实前效力尚有待于判断的证据，而且"意见"一词本义是人们对事物所产生的看法或想法，代表了个人主观意念上对客观事件或人物的见解，通常只是表达自己的观点，其正确与否要从实际出发进一步的规划和整理。将"鉴定结论"表述为"鉴定意见"体现了鉴定的自然科学属性，具有一定的科学性。在《死刑案件证据规定》也明文规定了

“鉴定意见”，修改后的刑事诉讼法将鉴定意见规定为法定证据种类。

(二) 鉴定意见的作用

1. 鉴定意见能够对查明案件事实提供依据

鉴定意见不是由犯罪直接产生的证据，但是它可以通过对与犯罪有关的物品痕迹进行鉴别和判断，得出物品痕迹的形成原因的意见，使物品痕迹与案件事实建立联系，恢复事实面目，从而为确定侦查方向和查明案件事实提供依据。

2. 鉴定意见能够检验其他证据

物品痕迹是特定的，形成的原因也必然是特定的，鉴定意见是鉴定人运用科学技术或者专门知识对物品痕迹形成原因提出的意见，具有科学性和专业性，会对其他解释物品痕迹形成原因的证据进行检验，从而鉴别其他证据的真伪。

3. 鉴定意见能够为正确处理案件提供依据

一些犯罪的定罪处罚是以数额较大、情节严重等作为标准的，这些标准往往依靠鉴定机关的各种鉴定才能得以确定，鉴定人出具的物价鉴定、法医临床鉴定等对于确定案件事实有着重要作用，为司法机关正确处理案件提供了依据。

二、鉴定意见的证据属性

(一) 鉴定意见是间接证据

鉴定意见往往是对物品痕迹、伤情等内容进行鉴定，这些物品痕迹、伤情包含的信息内容较少，其证明范围较窄，与案件主要事实之间没有直接联系，只能证明案件主要事实中的某一片断或个别情节，不能直接单独、直接证明案件主要事实，必须与其他证据相结合方能证明案件主要事实。如痕迹鉴定只能说明痕迹在什么条件下形成，不能直接说明犯罪事实是否发生和是谁实施这些主要犯罪事实的。

(二) 鉴定意见是言词证据

鉴定结论是一种较为特殊的言词证据，其内容是鉴定人对司法机关送检的材料和与案件有关的专门性问题运用科学技术或者专门知识经验进行鉴定后出具的书面结论意见，是鉴定人以书面陈述的形式对案件中的专门性问题发表的意见或看法，其实质上仍是一种言词证言。在鉴定人出庭宣读鉴定意见，接受控辩双方的质询时，鉴定意见就转变为鉴定人的陈述。作为言词证据的鉴定意见应当是具有很强证明力的，但是，其依赖的技术手段及检材的不确定，又容易使鉴定意见受到影响，可能导致鉴定人前后表述不一致，具有不确定性。

（三）鉴定意见是需要审查的证据

鉴定意见需要借助各种送检的材料才能作出，而且借助必要的科技技术设备才能得出相应的结论意见，具有一定的科学依据，但这种意见只是分析判断，需要经过司法人员审查核实后才能认定效力，是一种在未经查证属实前效力尚有待于判断的证据。在司法人员面前，鉴定意见同其他证据一样需要审查，并不因为其是具有专门知识的鉴定人作出而具有天然的或者优先的证据资格和证明能力。

三、鉴定意见的收集

（一）委托主体

公安机关、人民检察院、人民法院可以指定或者聘请鉴定人进行鉴定，公安机关、人民检察院、人民法院应当是委托主体。另外，公民、代理人也可以委托鉴定人进行鉴定。

（二）鉴定机构和鉴定人

指定、聘请或者委托的鉴定机构和鉴定人应当具备法定的资格和条件，应当是由省级人民政府司法行政部门审核，编入鉴定人和鉴定机构名册的鉴定人和鉴定机构。鉴定机构须有明确的业务范围；有在业务范围内进行司法鉴定所必需的仪器、设备；有在业务范围内进行司法鉴定所必需的依法通过计量认证或者实验室认可的检测实验室；每项司法鉴定业务有 3 名以上鉴定人。鉴定人须具有与所申请从事的司法鉴定业务相关的高级专业技术职称；具有与所申请从事的司法鉴定业务相关的专业执业资格或者高等院校相关专业本科以上学历，从事相关工作 5 年以上；具有与所申请从事的司法鉴定业务相关工作 10 年以上的经历，具有较强的专业技能。因故意犯罪或者职务过失犯罪受过刑事处罚的，受过开除公职处分，被撤销鉴定人登记的人员，均不得从事司法鉴定业务。鉴定机构和鉴定人具有合法的资质，为国家所认可，鉴定机构须持有省级司法行政机关准予登记的决定及《司法鉴定许可证》；鉴定人须持有省级司法行政机关颁发《司法鉴定人执业证》。选择的鉴定机构应当具备法定的资格和条件，鉴定事项符合该鉴定机构项目范围或者鉴定能力。注意的是鉴定机构具备法定的资格和条件，鉴定事项符合该鉴定机构项目范围或者鉴定能力，并不意味着该鉴定机构所有的鉴定人也具有合法的资质，鉴定人应当具有该领域或事项的资质。进行鉴定的司法鉴定人应当在 2 名以上。

（三）委托手续

侦查机关选择的鉴定机构的手续应当完备，包括：确需鉴定的鉴定事项，鉴定与案件待证事实存在关联，选择的鉴定机构审批手续完备。其中刑事技术鉴定的范围，必须是与查明案情有关的物品、文件、电子数据、痕迹、人身、尸体等。需要聘请有专门知识的人进行鉴定，应当经县级以上公安机关负责人批准后，制作《聘请书》。如果司法鉴定机构接受委托人鉴定委托，应当要求委托人出具鉴定委托书，提供委托人的身份证明。委托人委托他人代理的，应当要求出具委托书。

（四）鉴定程序

1. 告知权利义务

侦查人员应当告知鉴定人各项诉讼权利和义务，特别是回避事项、鉴定人出庭的义务。

2. 询问资质

询问鉴定机构和鉴定人是否具有合法的资质，鉴定事项是否符合该鉴定机构项目范围或者鉴定能力。

3. 移交检材

向鉴定机构和鉴定人移交检材，公安机关应当为鉴定人进行鉴定提供必要的条件，及时向鉴定人送交有关检材和对比样本等原始材料，介绍与鉴定有关的情况，并且明确提出要求鉴定解决的问题。移送的检材手续完备，包括，检材数量应当充足、可靠，检材的来源、取得、保管、送检符合法律及有关规定，与相关提取笔录、扣押物品清单等记载的内容相符。鉴定机构和鉴定人接受检材的，应当检验后出具接收手续。委托人委托鉴定的，应当提供委托鉴定事项所需的鉴定材料，鉴定材料包括检材和鉴定资料。检材是指与鉴定事项有关的生物检材和非生物检材；鉴定资料是指存在于各种载体上与鉴定事项有关的记录。

4. 进行鉴定

鉴定程序应当符合法律及有关规定，鉴定的程序、方法、分析过程应当符合本专业的检验鉴定规程和技术方法要求。

（五）出具鉴定意见

鉴定意见的形式要件应当完备，包括的内容有：提起鉴定的事由、鉴定委托人、鉴定机构、鉴定要求、鉴定过程、检验方法、鉴定文书的日期等相关内容，还要写出明确的鉴定意见，由鉴定机构加盖鉴定专用章并由鉴定人签名盖章。鉴定人独立进行鉴定，对鉴定意见负责并在鉴定书上签名或者盖章。几个鉴定人意见有分歧的，应当在鉴定结论上写明分歧的内容和理由，并且分别签名或者盖章。

（六）收集鉴定意见过程中应当注意的问题

办案部门或者侦查人员认为鉴定意见不确切或者有错误，经县级以上公安机关负责人或者人民检察院检察长批准，可以补充鉴定或者重新鉴定。侦查机关应当将用作证据的鉴定意见告知犯罪嫌疑人、被害人。如果犯罪嫌疑人、被害人对鉴定意见有异议提出申请，经县级以上公安机关负责人或者人民检察院检察长批准后，可以补充鉴定或者重新鉴定。值得注意的是补充鉴定是原委托鉴定的组成部分，适用于：增加新的鉴定要求、发现委托的鉴定事项有遗漏的、在鉴定过程中又提供或者补充了新的鉴定材料和其他需要补充鉴定的情形。重新鉴定意味着原先进行的鉴定意见无效，以重新鉴定为有效的鉴定意见。重新鉴定适用于：原司法鉴定人不具有从事原委托事项鉴定执业资格；原司法鉴定机构超出登记的业务范围组织鉴定；原司法鉴定人按规定应当回避没有回避；委托人或者其他诉讼当事人对原鉴定意见有异议，并能提出合法依据和合理理由的；法律规定或者人民法院认为需要重新鉴定的其他情形。

鉴定意见的告知是一个分步骤进行的过程，在司法机关委托鉴定时应当告知犯罪嫌疑人鉴定机构或者鉴定人，告知其有申请回避的权力，并将此项权力告知其委托的辩护人。在司法机关委托鉴定机构或者鉴定人后也可以通知犯罪嫌疑人，当犯罪嫌疑人得知鉴定机构或者鉴定人存在法定回避事由的，可以向司法机关提出。当鉴定机构作出鉴定意见后，应当依法及时告知相关人员，告知鉴定意见时注明当事人对鉴定意见是否有异议。鉴定意见告知的文书应当入卷。如果对鉴定意见有疑问，修改后的刑事诉讼法规定，公诉人、当事人或者辩护人、诉讼代理人对鉴定意见有异议，人民法院认为鉴定人有必要出庭的，鉴定人应当出庭作证。经人民法院通知，鉴定人拒不出庭作证的，鉴定意见不得作为定案的根据。另外，法庭审理过程中，公诉人、当事人和辩护人、诉讼代理人可以申请法庭通知有专门知识的人出庭，就鉴定人作出的鉴定意见提出意见。当事人和辩护人、诉讼代理人有权申请重新鉴定。人民法院应当补充鉴定或者重新鉴定。

四、鉴定意见的审查要点

对鉴定意见审查应当结合鉴定的程序、方法、分析过程、检材、相关提取笔录、扣押物品清单和案件的其他材料，以及提出要求鉴定解决的问题等进行，重点审查以下内容：

1. 鉴定机构和鉴定人是否具备法定的资格和条件，是否是鉴定人和鉴定机构名册中的鉴定人和鉴定机构。鉴定事项符合该鉴定机构项目范围或者鉴定人具有相应的鉴定能力。进行鉴定的司法鉴定人是否在 2 名以上。

2. 指定、聘请或者委托的鉴定机构和鉴定人的手续应当完备。

3. 鉴定程序是否合法，包括是否鉴定人权利义务。移送的检材手续是否完备，鉴定机构和鉴定人检验后是否出具接收手续。

4. 鉴定程序是否符合法律及有关规定。

5. 鉴定意见的形式要件应当完备，鉴定意见是否明确，鉴定机构是否加盖鉴定专用章并由鉴定人签名盖章。鉴定人独立进行鉴定，对鉴定意见负责并在鉴定书上签名或者盖章。几个鉴定人意见有分歧的，应当在鉴定结论上写明分歧的内容和理由，并且分别签名或者盖章。

五、瑕疵和非法鉴定意见的处理

（一）瑕疵鉴定意见的处理

瑕疵鉴定意见是指形式和程序存在瑕疵的鉴定意见。包括：提起鉴定的事由、鉴定委托人、鉴定机构、鉴定要求、鉴定过程、检验方法、鉴定文书的日期等相关内容没有填写或者填写不全的；没有告知鉴定人诉讼权利的；鉴定意见过于简单，只有结论意见没有过程的；接受重新鉴定委托的司法鉴定机构的资质条件，没有高于原委托的司法鉴定机构的。对于瑕疵鉴定意见可以由办案人员作出合理解释或者补正。具体可以采用以下方式：（1）提起鉴定的事由、鉴定委托人、鉴定机构、鉴定要求、鉴定过程、检验方法、鉴定文书的日期等相关内容没有填写或者填写不全时，由办案人员作出合理解释，然后交出具鉴定意见的鉴定机构补充填写。（2）没有告知鉴定人诉讼权利时，如果没有告知，可以补充告知，特别是要强调回避事项、鉴定人出庭的义务；也可以在鉴定人出庭时告知。如果已经告知由办案人员作出合理解释。（3）鉴定意见过于简单时，由办案人员作出合理解释，然后交鉴定机构、鉴定人重新制作鉴定意见。（4）接受重新鉴定委托的司法鉴定机构的资质条件，没有高于原委托的司法鉴定机构时，应当由办案人员作出合理解释，如果委托人同意可以委托原司法鉴定机构，由其指定原司法鉴定人以外的其他符合条件的司法鉴定人进行重新鉴定时，可以确认重新鉴定的效力，否则鉴定意见无效。

（二）非法鉴定意见的处理

非法鉴定意见是指严重违反法律规定，影响鉴定科学性的鉴定意见。具体包括：（1）鉴定机构和鉴定人不合法的，如鉴定机构不具备法定的资格和条件，或者鉴定事项超出本鉴定机构项目范围或者鉴定能力的；鉴定人不具备法定的资格和条件、鉴定人不具有相关专业技术或者职称、鉴定人违反回避规定的；重新鉴定，没有另行指派或者聘请鉴定人的。（2）检材不合法的，如鉴定对象与送检材料、样本不一致的；送检材料、样本来源不明或者确实被污染且不具备鉴定条件的。（3）鉴定程序不合法的，如鉴定程序、方法有错误的；违反有关鉴定特定标准的；鉴定文书缺少签名、盖章的。（4）鉴定意见存在其他不合法情形的，如鉴定意见与证明对象没有关联的；其他违反有关规定的情形。上述非法鉴定意见不能作为定案的根据，应当排除。

第八节 勘验、检查笔录的收集与审查

在刑事诉讼中，犯罪现场、物品、尸体、特定的人身与犯罪活动有某种客观联系，常常留有诸多的犯罪痕迹和物品，通过犯罪现场的勘验检查所获得物证、书证，往往是证实犯罪的关键证据。

一、勘验、检查笔录概述

（一）勘验、检查笔录的概念

《公安机关刑事案件现场勘验检查规则》规定刑事案件现场勘验、检查，是侦查人员利用科学技术手段，对与犯罪有关的场所、物品、人身、尸体等进行勘验、检查的一种侦查活动。其任务是发现、固定、提取与犯罪有关的痕迹、物证及其他信息，存储现场信息资料，判断案件性质，分析犯罪过程，确定侦查方向和范围，为侦查破案、刑事诉讼提供线索和证据。勘验、检查时，办案人员以书面形式对与案件有关的场所、物品、人身进行观察、检验活动和收集证据所作的文字记载，并由勘验、检查人员和在场见证人签名的笔录称为勘验、检查笔录。勘验、检查笔录一方面记载了司法人员进行勘验、检查的活动情况，具有程序证明的意义；另一方面也记载了发现收集到的证据情况，具有实体证明意义。勘验、检查笔录根据勘验检查活动的性质和方法不同，把勘验、检查笔录分为现场勘验笔录、物证检查笔录、尸体检验笔录、人身检查笔录等。现场勘验笔录是对犯罪现场及其他与犯罪有关的场所进行勘验时制作的记录。物证检验笔录是对单个物证进行检查时制作的笔录。尸体检验笔录是对尸体进行外表检验或解剖检验时制作的笔录。人身检查笔录是对活人的身体进行检查时制作的笔录。作为一种侦查工作，勘验、检查活动是对有关的场所、物品、人身进行的，不免会侵犯公民和其他单位的合法权益，需要严格把握条件依法进行。遵守程序法定、及时、客观、全面、细致和科学原则，对具备勘验、检查条件的刑事案件现场，应当及时进行勘验、检查。同时增强人权保护意识，在勘验、检查过程中注意保护公民生命安全，尽量避免或者减少公私财

产的损失。

（二）勘验、检查笔录的作用

1. 勘验、检查笔录能够准确固定案件证据

勘验检查笔录主要是用文字形式固定勘验工作情况和现场与犯罪有关的场所、物品、尸体和人身状况，能够及时反映并固定现场原貌，固定和保全犯罪活动遗留下来的各种痕迹和物品的重要手段，是证明案件现场状况、恢复案件中某些事实原状和判明案件真实情况的重要根据。

2. 勘验、检查笔录能够反映证据的收集情况

勘验检查活动是为了收集证据，了解案件情况，犯罪现场往往能够遗留犯罪分子作案时物品痕迹，这些物品痕迹是证明犯罪重要的物证书证，侦查人员通过勘验、检查能够收集到这些证据，特别是在勘验、检查过程中侦查人员可以使用各种科技方法收集到隐藏很深、很细微的种种证据，对于证明犯罪性质情节，确定侦查方向，抓获犯罪分子具有很大作用。

3. 勘验、检查笔录能够检验其他证据

勘验、检查笔录记载收集的证据直接来自现场，能够准确地反映现场、物品、尸体或者人身的各种情况，通过现场证据的分析，可以判断犯罪的时间、地点、作案人数、作案的具体方法、手段、过程等，能够审查、判断、检验其他手段获得证据的真实性、可靠性，为查清犯罪事实提供依据。

二、勘验、检查笔录的证据属性

（一）勘验、检查笔录是一种独立的法定证据种类

勘验、检查笔录记录的内容包括勘验检查的人员、过程和发现的证据等情况。如勘验、检查笔录记录的形式包括勘验的文字记录、绘图、照相、录音、录像等。从内容上看，勘验、检查笔录是对勘验检查相关情况的如实记载，反映的事实包含了多种证据及证据之间的相互关系，既能反映勘验检查的过程，又能反映与犯罪有关的场所、痕迹物品、尸体的原始状态及其存在或形成的具体环境和条件。从法律规定看，勘验、检查笔录是刑事诉讼法规定的八种法定证据种类之一。

勘验、检查笔录以文字方式记载现场、物品、尸体或者人身的各种情况，同时还需要以绘图、照相、录音、录像等方法对现场状况予以说明，如对现场各种物品的位置不仅要靠文字记录，还要借助绘图的方式才能具体说明。一些有关的痕迹、物证的发现、提取还要利用各种技术手段，必要时还需要进行鉴定才能说明现场、物品的各种情况。

（二）勘验、检查笔录是实物证据

勘验、检查笔录反映的是现场、物品、尸体或者人身等各种情况的实物表现形态，所反映的是勘验、检查中所见各种情况的客观记载，是对现场物证、书证的固定和保全。勘验、检查笔录是原始证据，勘验、检查笔录记载收集的证据直接来源于案件事实，未曾经过复制、转述、传抄，是来源于案件事实的第一手资料。如现场痕迹直接来源于案件事实，是在案件事实的直接作用或影响下形成的；收集证据的来源直接来源于原始出处即证据生成的原始环境，如现场遗留的毛发、血迹等。作为实物证据、原始证据，勘验、检查笔录具有很强的证明力。

（三）勘验、检查笔录是间接证据

勘验、检查笔录是对与犯罪有关的场所、物品、尸体或者人身的勘验检查情况如实记录，虽然能够固定现场的物证、书证，这些物证、书证也直接来源于案件事实，但是依据勘验、检查笔录记录的现场物证、书证本身是不能够单独、直接证明案件主要事实，而必须将现场物证、书证证明内容与其他证据相结合方能证明案件主要事实。勘验、检查笔录只能说明现场存在某些物证、书证，但不能说明物证、书证的内容，其证明范围较窄，不能对全案起到直接的证明作用，因此勘验、检查笔录证明案件事实具有间接证据的作用。

三、勘验、检查笔录的收集

（一）勘验、检查笔录的收集主体

进行勘验、检查的主体应当是县级以上公安机关、人民检察院的侦查人员，在必要的时候，可以指派或者聘请具有专门知识的人、技术人员，在侦查人员的主持下进行勘验、检查。勘验、检查笔录的收集主体应当是进行勘验检查的侦查人员。刑事案件现场进行勘验、检查，侦查人员不得少于2人，检查妇女的身体，应当由女侦查人员或者医师进行。勘验、检查现场时，应当邀请1至2名与案件无关的公民作见证人。进行勘验、检查，侦查人员应当具备现场勘验、检查的专业知识和专业技能，具有现场勘验、检查资格。如果是人民法院、人民检察院和国家安全机关、军队保卫部门、监狱等部门的自办案件，需要公安机关协助进行现场勘验、检查的，有关公安机关应予协助。现场勘查，由县级以上公安机关侦查部门负责。勘验、检查的主持人应当是侦查人员，一般案件的现场勘查，由侦查部门负责人指定的人员现场指挥；重大、特别重大案件的现场勘查由侦查部门负责人现场指挥。必要时，发案地公安机关负责人应当亲自到现场指挥。

（二）勘验、检查笔录的收集程序

1. 侦查人员必须持有相关证明文件

证明文件包括进行勘验、检查的侦查人员和其他人员的工作证件；由人民检察院、公安机关负责人签发的勘查证等。

2. 由侦查人员邀请见证人

在勘验、检查现场时，侦查人员应当邀请 1 至 2 名与案件无关的公民作见证人，对勘验、检查工作进行见证。检查妇女的身体时，邀请见证人应当是女性。

3. 进行勘验、检查

在进行勘验、检查时先初步固定和记录现场原始状况；然后详细勘验、检查现场，发现、固定、记录和提取痕迹、物证；最后记录现场勘验、检查情况。勘验、检查时要准确记载现场、物品、人身、尸体等的位置、特征，对应当提取、能够提取的现场或者物证、书证上遗留的血迹、指纹、足迹等痕迹及作案工具、衣物、残留的被告人皮屑、血液、精斑等物证应依法提取。防止现场勘验、检查不仔细，发现与案件事实可能有关联的血迹、指纹、足迹、字迹、毛发、体液、人体组织等痕迹和物品应当提取而没有提取，造成遗漏证据现象的发生。现场勘验、检查结束后，应当及时制作现场勘验、检查工作记录。现场勘验、检查工作记录包括现场勘验检查笔录、现场图、现场照片、现场录像和现场录音。现场绘图、现场照相、录像、现场勘验、检查笔录应当相互吻合。现场勘验检查笔录制作应当符合《公安机关刑事案件现场勘验检查规则》中规定格式，并将相应内容填写齐全。现场勘验、检查笔录制作完毕后，笔录人、制图人、照相人、录像人、录音人，执行现场勘验、检查任务人员的单位、职务及签名，见证人签名。侦查机关对现场勘验、检查笔录要求是很高的，《公安机关刑事案件现场勘验检查规则》要求现场勘验、检查笔录应当客观、全面、详细、准确、规范，能够作为核查现场或者恢复现场原状的依据，符合法定的证据要求。

4. 提取扣押现场的痕迹财物文件

现场勘验、检查中发现与犯罪有关的痕迹、财物，应当固定、提取。提取痕迹、财物应当采取相应的方法提取和包装，防止损坏或者污染。对能够证明犯罪嫌疑人有罪或者无罪的各种财物和文件予以扣押；但不得扣押与案件无关的财物、文件。执行扣押财物、文件时，侦查人员不得少于 2 人，并持有关法律文书或者侦查人员工作证件。应当有见证人在场。扣押财物、文件时，当场开具《扣押物品、文件清单》，写明扣押的日期、地点以及财物、名称、数量、特征和来源等，由扣押经办人、见证人和财物、文件持有人分别签名或者盖章。被扣押财物、文件无持有人或者难以查清持有人的，应当在《扣押物品、文件清单》上注明。《扣押物品、文件清单》一式三份，一份交财物、文件持有人，一份交公安机关扣押财物、文件保管人员，一份附卷备查。

（三）收集勘验、检查笔录过程中应当注意的问题

准确记录提起勘验、检查的事由，接到刑事案件报警一般是提起勘验、检查的事由，在勘验、检查笔录中应当记明。对现场进行多次勘验、检查的，在制作首次现场勘验、检查笔录后，逐次制作补充勘验、检查笔录。公安机关补充勘验、检查的，应当在勘验、检查笔录中注明再次勘验、检查的原由。如果是人民检察院要求公安机关复验、复查的，也应当注明再次勘验、检查的原由。提取痕迹、物证情况，扣押财物情况，制图和照相的数量，录像、录音的时间等应当在勘验、检查笔录中注明，现场照相和录像要处理好方位、概貌、重点部位和细目四种照相和录像关系，准确反映现场情况。移送勘验、检查笔录时，应当将勘验检查笔录、现场图、现场照片、提取痕迹物证的清单、扣押财物清单及相应的物证书证、现场录像和现场录音一并移送。多次进行勘验、检查的，所有的勘验、检查笔录均应当入卷移送。

四、勘验、检查笔录的审查要点

审查勘验、检查笔录应当将勘验、检查笔录中记载的情况与被告人供述、被害人陈述、鉴定意见、现场勘验检查现场图、现场照片、现场录像和现场录音等其他证据相印证。具体审查下列内容：

（一）审查勘验、检查笔录的收集主体

主要审查进行勘验、检查的主体是否为县级以上公安机关、人民检察院的侦查人员，进行勘验、检查，侦查人员不得少于2人，检查妇女的身体，是否由女侦查人员或者医师进行，是否邀请了1至2名与案件无关的公民作见证人。

（二）审查勘验、检查笔录的收集程序

1. 侦查人员执行勘验、检查，是否持有人民检察院或者公安机关的证明文件。这是勘验、检查依法进行的根据。

2. 进行勘验、检查是否符合法律法规规定的要求，如是否按照《公安机关刑事案件现场勘验检查规则》的要求进行。

3. 勘验、检查笔录的制作是否符合《公安机关刑事案件现场勘验检查规则》要求。勘验、检查笔录的内容是否全面、详细、准确、规范：是否准确记录了提起勘验、检查的事由，勘验、检查的时间、地点，在场人员、现场方

位、周围环境等情况；是否准确记载了现场、物品、人身、尸体等的位置、特征等详细情况以及勘验、检查、搜查的过程；文字记载与实物或者绘图、录像、照片是否相符；固定证据的形式、方法是否科学、规范；现场、物品、痕迹等是否被破坏或者伪造，是否是原始现场；人身特征、伤害情况、生理状况有无伪装或者变化等。《扣押物品、文件清单》制作是否符合法律规定。

4. 审查勘验、检查笔录是否经过确认。即记录人、制图人、照相人、录像人、录音人，执行现场勘验、检查任务人员，见证人等应当在勘验、检查笔录上签名。

（三）审查勘验、检查笔录应当注意的问题

审查勘验、检查笔录注明的地点，勘验、检查的起止时间，天气情况，利用的光线，现场方位和周围环境等以及与犯罪有关的痕迹和物品的名称、部位、数量、性状、分布等情况，尸体的位置、衣着、姿势、损伤、血迹分布、形状和数量等记载是否准确，痕迹和物品与勘验、检查笔录记载是否一致等。如果发现侦查机关在勘验、检查等过程中对与案件事实可能有关联的相关痕迹、物品应当提取而没有提取，应当要求侦查机关补充收集、调取。

五、瑕疵和非法勘验、检查笔录的处理

（一）瑕疵勘验、检查笔录的处理

瑕疵勘验、检查笔录主要指违反勘验、检查的程序性规定而制作，通过有关办案人员的补正或者作出合理解释，可以作为证据使用的勘验、检查笔录。具体包括：勘验、检查笔录填写勘验、检查的起止时间、地点、勘验、检查人、记录人、见证人等有误或者存在矛盾的；没有勘验、检查人、记录人、见证人签名或者物品特征、数量、质量、名称等注明不详的；案卷中只有勘验、检查笔录，没有勘验、检查的照片、录像等资料的；现场绘图、现场照相、录像、现场勘验、检查笔录不相互吻合的。对于瑕疵勘验、检查笔录应当由有关办案人员进行补正或者作出合理解释，然后作为证据使用。具体是：勘验、检查笔录所填写的勘验、检查的起止时间、地点，勘验、检查人、记录人、见证人等有误或者存在矛盾时，可以由办案人员进行补正修改；没有勘验、检查人、记录人、见证人签名或者物品特征、数量、质量、名称等注明不详时，应当结合《扣押物品、文件清单》所记载的情况和物证书证等进行核对，对物品特征、数量、质量、名称进行补正，勘验、检查人、记录人可以补签姓名，见证人的签名可以由办案人员对见证人进行解释后由见证人补签；只有勘验、检查笔录，没有勘验、检查的照片、录像等资料时，应当由办案人员进行补

充；现场绘图、现场照相、录像、现场勘验、检查笔录不相互吻合，如制图和照相的数量与现场勘验、检查笔录不同的，由有关办案人员作出合理解释或者补正。对瑕疵勘验、检查笔录作出合理解释或者补正可以在审查批准逮捕、审查起诉和法庭审理的各个环节进行，尤其是要重视勘验、检查人员的出庭作证。《人民检察院刑事诉讼规则》第343条规定，公诉人对于搜查、勘验、检查等侦查活动中形成的笔录存在争议，需要负责侦查的人员以及搜查、勘验、检查等活动的见证人出庭陈述有关情况的，可以建议合议庭通知其出庭。

值得注意的是：依据《死刑案件证据规定》第26条规定，对勘验、检查笔录存在勘验、检查没有见证人的，勘验、检查人员和见证人没有签名、盖章的情形，提出要应当结合案件其他证据，审查其真实性和关联性。这一规定与辨认笔录、物证、书证收集的相关规定是存在矛盾的，如《死刑案件证据规定》第9条规定，物证、书证的收集程序、方式存在勘验、检查笔录，搜查笔录，提取笔录，扣押清单上没有侦查人员、物品持有人、见证人签名，通过有关办案人员的补正或者作出合理解释的，可以采用，直接将这种情形规定为瑕疵证据。因此对于勘验、检查笔录存在勘验、检查人员和见证人没有签名、盖章时，应当直接将其规定为瑕疵证据。由于勘验、检查活动涉及人员众多，一般要有侦查人员，专门知识的法医等人员、现场拍照录音录像的技术人员，出具虚假勘验、检查活动的机率很小。另外在一些交通十分不便的边远、居住人群较少的地区和发案时间在深夜等确实存在难以找到见证人的情形，在这种情况下，也可以将没有见证人的勘验、检查笔录规定为瑕疵证据。

（二）非法勘验、检查笔录的处理

非法勘验、检查笔录主要指存在明显不符合法律及有关规定的情形，并且不能作出合理解释或者说明的，不能作为证据使用的勘验、检查笔录。现场勘验、检查的任务是发现、固定、提取与犯罪有关的痕迹、物证及其他信息，如果勘验、检查笔录记载的内容违反法律及有关规定，不能固定、提取与犯罪有关的痕迹、物证及其他信息，勘验、检查笔录就是非法的，不能作为证据使用。非法勘验、检查笔录主要包括：勘验、检查的主体不合法的，如进行勘验、检查的人员不是县级以上公安机关、人民检察院的侦查人员，而是公安派出所的民警等；勘验、检查笔录不能证明物证、书证来源的，如勘验、检查笔录中对犯罪有关的痕迹和物品的名称、部位、数量、性状、分布等情况，尸体的位置、衣着、姿势、损伤、血迹分布、形状和数量等情况没有具体写明，没有注明提取的地点、部位，无法证明现场收集的物证、书证来源的；提取现场痕迹、物品，未注明分别提取，分开包装，无法判明物证保管情况的。另外，勘验、检查笔录存在明显不符合法律及有关规定的情形，并且不能作出合理解释或者说明的，不能作为证据使用。

制作勘验、检查笔录存在勘验、检查人员违反回避规定的情形，应当根据具体情况区别对待，以确定勘验、检查笔录的效力。（1）勘验、检查人员在进行勘验、检查前就已经知道本人存在应当回避情形，但是故意不回避，勘验、检查主体应当是不合法的主体，在此情况下制作勘验、检查笔录应当是非法勘验、检查笔录，不能作为证据使用。（2）勘验、检查人员在进行勘验、检查前知道本人存在应当回避情形并提出了自行回避，在回避决定作出前，因不能停止对案件的侦查，由公安机关负责人、人民检察院检察长决定其继续进行勘验、检查，这种勘验、检查笔录是否有效，应当由公安机关、人民检察院检察委员会或者检察长根据案件具体情况决定。公安机关、人民检察院认为勘验、检查笔录有效的，应当作出合理解释，此时勘验、检查笔录可以作为证据使用。（3）勘验、检查人员在进行勘验、检查时不知道本人存在应当回避情形，随着案件侦查深入，发现本人存在应当回避情形，此时可以结合案件其他证据，审查勘验、检查笔录具有真实性和关联性的，确定勘验、检查笔录有效。

第九节　辨认笔录的收集与审查

辨认是一种侦查收集、调查核实证据的手段，在刑事诉讼中有着重要作用。修改后的《刑事诉讼法》第 190 条规定：公诉人、辩护人应当向法庭出示物证，让当事人辨认，对未到庭的证人的证言笔录、鉴定人的鉴定意见、勘验笔录和其他作为证据的文书，应当当庭宣读。最高人民法院《关于执行〈中华人民共和国刑事诉讼法〉若干问题的解释》第 58 条规定，证据必须经过当庭出示、辨认、质证等法庭调查程序查证属实，否则不能作为定案的根据。《人民检察院刑事诉讼规则》第 340 条规定，公诉人向法庭出示物证，应当对该物证所要证明的内容、获取情况作概括的说明，并向当事人、证人等问明物证的主要特征，让其辨认。宣读书证应当对书证所要证明的内容、获取情况作概括的说明，向当事人、证人问明书证的主要特征，并让其辨认。对该书证进行技术鉴定的，应当宣读鉴定书。辨认形成的笔录，根据修改后的《刑事诉讼法》第 48 条的规定，是法定证据之一。

一、辨认笔录概述

（一）辨认笔录的概念

辨认是指在刑事案件的侦查过程中，侦查人员组织辨认人对案件涉及的有关人、无名尸体、物品、文件或者场所进行辨别和确认的侦查措施。作为一种侦查活动，辨认应当遵守相应的规则，制作辨认笔录。辨认笔录是指在组织辨认过程中，侦查人员以书面形式制作的对辨认对象、辨认过程、结果进行记载，并由侦查人员、辨认人、见证人等签名的笔录。辨认利用辨认人对刑事案件特定的事物在记忆中的反映形象来确定特定的事物与其一事物的同一。如辨认犯罪嫌疑人就是要确定犯罪嫌疑人与实施犯罪的人的同一；对某一工具的辨认就是要确定该工具与犯罪嫌疑人所有、持有的工具的同一，等等。辨认具有较高的可信度，一方面是由辨认人的心理机能决定的，由于辨认属于再认，再认属于比较简单的记忆现象，研究表明再认的效果比回忆的效果高2—3倍，①在同等情况下，辨认比回忆有着更高的可信度。另一方面是由实践所决定的，辨认具有直观性，属于“眼见为实”，所以容易得到人们的信赖。作为记载辨认条件、辨认过程的辨认笔录，可以将辨认结果准确地反映出来，从而发挥证明案件事实的作用，是一种重要的证据。

（二）辨认笔录的作用

1. 辨认笔录可以确定案件性质，如对尸体的辨认可以判断死者身份、死因等，从而为确定案件性质打下基础。

2. 辨认笔录可以为直接确定犯罪嫌疑人和侦查方向提供线索。辨认笔录记载的肯定的辨认结果能够为确定犯罪嫌疑人及侦查方向提供线索。如通过对犯罪分子遗留在现场的物品、工具等的辨认，辨认笔录可以帮助查明物主、物品来源等，确定物主等与案件存在一定的联系，从而为发现犯罪嫌疑人提供依据，进一步确定下一步的侦查方向。否定的辨认结果可以作为排除嫌疑的重要依据。

3. 辨认笔录可以补强有关证据，增强其效力。如辨认笔录可以增强被害人陈述、证人证言的真实性与可靠性，其与所补强的证据可以作为指控犯罪和认定被告人有罪的依据。同时，辨认笔录还可以验证相关证据，判断相关证据的真伪。

---

① 叶奕乾、祝蓓里主编：《心理学》，华东师范大学出版社1996年版，第150页。

二、辨认笔录的证据属性

（一）辨认笔录是一种独立的证据种类

辨认是刑事诉讼中广泛地采用的一种侦查活动，在这一过程中形成的辨认笔录在侦查、审查起诉、法庭审判等活动中均发挥着重要的作用。1996年刑事诉讼法并没有规定辨认笔录的证据属性。辨认笔录常被归入证人证言、被害人陈述或犯罪嫌疑人、被告人供述，修改后的刑事诉讼法明确将其作为一种单独的诉讼证据形式。理由是：（1）辨认笔录与证人证言、被害人陈述、犯罪嫌疑人口供三种证据的共性并不能掩盖辨认笔录的特殊属性，辨认笔录与证人证言、被害人陈述在性质上是有本质差异的；（2）将辨认笔录归入证人证言、被害人陈述、犯罪嫌疑人口供三种证据的范畴中，会造成证人证言、被害人陈述、犯罪嫌疑人口供三种证据的泛化，从而淹没了其本身原始的质的规定性。①

（二）辨认笔录可以是直接证据，也可以是间接证据

由于辨认人是与犯罪嫌疑人直接接触的人，对犯罪嫌疑人的辨认往往能够直接认定犯罪嫌疑人，结合被害人陈述、直接目睹犯罪案件发生的证人证言可以直接表明犯罪嫌疑人实施某种犯罪行为，反映案件的全貌，因此这种辨认笔录在绝大多数情况下都是直接证据。辨认笔录作为直接证据运用简单便捷，一经查证属实就可以直接证明案件情况，无须其他证据借助。但是还有一部分对犯罪嫌疑人的辨认笔录仅仅能够证明案件事实的部分或者片段，这部分辨认笔录则属于间接证据。如通过某证人辨认能够确认某犯罪嫌疑人在某一特定时间从案发的楼房出来，这样的辨认笔录只能证明案件的相关情节，因此属于间接证据。作为直接证据的辨认笔录应当包括：被害人所作的辨认笔录，亲眼目睹刑事案件的发生、发展过程的证人所作的辨认笔录，参与犯罪的共犯所作的辨认笔录等。对物的辨认笔录由于只能证明案件事实的部分事实或者片段情节，因此属于间接证据。对声音的辨认笔录一般也应当认为是间接证据。

（三）辨认笔录是具有补强作用的证据

由于被害人陈述和证人证言均已在辨认之先取得，其已对犯罪嫌疑人基本情况进行了描述，这时进行辨认所起的作用已不再是证明主要案件事实，基本目的就是为了保证被害人陈述、证人证言的真实性与可靠性，增强其效力。由

---

① 杨雄：《刑事辨认证据规则初探》，载《江西公安专科学校学报》2006年第1期。

于辨认的心理机制不同于证人证言、被害人陈述和犯罪嫌疑人供述，辨认的心理基础是“再认”而证人证言、被害人陈述和犯罪嫌疑人供述的心理基础是“再现”，“再认”是经验过的事物再度出现时能把它认出来，“再现”是经验过的事物不在面前能把它重新回想起来，在再认发生困难的情况下就转化为再现。所以，“再认”比“再现”表现得更早和更为准确，辨认笔录对其他证据的加强作用不言而喻。

（四）辨认笔录作为证据有其局限性

辨认人的心理状态对辨认结果影响很大，遭受人身侵害的辨认人如强奸案件的被害人对犯罪分子极其仇视、痛恨，为了早日惩罚犯罪分子，容易急于求成而出现错误辨认；作为同案的犯罪嫌疑人则可能推诿自己的罪行，夸大他人责任，也容易出现错误辨认。另外，心理学实践证明辨认是存在问题的，如基于参与暴力人数越多，则证人回忆能力也就越差这一心理特点，当参与暴力的行为人较多时，证人的辨认特别是对主犯的辨认未必准确。[①] 此时将辨认笔录作为确定犯罪嫌疑人的直接证据就十分危险。辨认结果有时无法辨别其真伪，进行辨认要求辨认人与被辨认人应当是不认识的，但现有侦查方式不能准确反映辨认人与被辨认人的关系，无法避免相识双方进行辨认情况的发生。我国刑事诉讼法规定，凡是知道案件真实情况的人都是证人，但是对证人出证和调取证人证言的时间没有特殊要求，要求进行辨认的证人可以随时出现，这些辨认人是否是在案后获取了被辨认人的信息无从得知，那么辨认笔录所反映的结果的准确性、可靠性就很值得怀疑。

三、辨认笔录的收集

（一）辨认笔录的制作主体

辨认笔录的制作主体应当符合辨认的主体规则。辨认是司法机关的一种侦查活动，应当由侦查人员组织进行。辨认笔录也应当由侦查人员制作。在进行辨认时应当由侦查机关的侦查人员主持进行，非侦查人员不能组织辨认；组织辨认的侦查人员不能少于2人；进行辨认应当履行相应的审批手续，在公安机关对犯罪嫌疑人进行辨认的，应当经办案部门负责人批准；在检察机关对犯罪嫌疑人进行辨认，应当经检察长批准。人民检察院主持进行辨认，可以商请公安机关参加或者协助。在辨认时，根据具体情况可以邀请见证人到场。

---

① 沈政主编：《法律心理学》，北京大学出版社1986年版，第171页。

（二）辨认程序

1. 辨认的组织

辨认应当在侦查人员的主持下进行，侦查人员的主持活动包括：确定辨认场所和安排较适宜的辨认环境；组织辨认人到场并保证使辨认人事先不能见到、接触被辨认的对象；将辨认人分开，按照先后顺序单个进行辨认；安排辨认对象，如调取一定数量的照片并合理安排照片的顺序以便辨认，安排犯罪嫌疑人、陪衬者组成队列，邀请1—2名见证人到场等。

2. 辨认前的预先询问

在辨认实施前进行的询问又称预先询问，国外称之为预先询问原则。预先询问原则是指在辨认程序实施之前，预先对辨认人进行询问以获知关于被辨认对象的相关情况。作为辨认人的被害人、证人都会与犯罪嫌疑人有一段时间的接触或者亲眼目睹，都会发现犯罪嫌疑人的体貌特征。赃物由于是事主所有，其也必然掌握其特征。因此在对人、物品辨认前，应当向辨认人详细询问被辨认人或者被辨认物的具体特征；在对尸体辨认时，应当向辨认人详细询问失踪人的面貌特征、衣着以及死者身上有关特征等。从制度功能上看，预先询问不仅可以提供被辨认对象的情况，使组织辨认的主体能预先准备相应的样本(陪衬者)①（对尸体和场所的辨认除外），还可以使侦查人员了解辨认人对犯罪嫌疑人、物品了解的情况，获知辨认者事先曾否在其他程序中接触过被辨认对象，更可以由此存留一组待辨认结束之后能与辨认结果相比对的数据。

进行预先询问时，侦查人员首先要详细询问辨认人，了解辨认人当时见到辨认客体的形象特征和见到时的具体情况，询问辨认人在什么时间、地点、怎样的环境条件下见到辨认客体的，对辨认客体的特征看得是否清楚。在预先询问时，为保证辨认顺利进行，侦查人员应当告知辨认人的权利义务和有意作假辨认应负的法律责任。要通过预先询问查明辨认人与被辨认人是否存在应当回避等情况，防止出现错误辨认。根据预先询问的情况确定辨认方案，根据不同情况决定采取排队辨认、照片辨认等形式，同时决定是否邀请见证人。

3. 辨认的进行

在辨认过程中，侦查人员应当尽量保证辨认的客观性和真实性。首先，辨认过程要严格遵守混杂辨认、自由辨认、秘密辨认、个别辨认等规则。

混杂辨认规则是指对犯罪嫌疑人、物品进行辨认时，应当将辨认对象混杂于若干具有相近特征、种类的人员、物品中，以保证辨认结果的准确性。如在

① 成凯：《论辨认程序的制度反思与比较考察》，载《东岳论丛》2007年9月。

对人进行辨认时，应当将被辨认的对象混杂安排在若干性别相同，年龄、体态、衣着等特征基本相近的陪衬人员当中。辨认陪衬人员或者物品应当符合一定的数量，《人民检察院刑事诉讼规则》第213条规定，辨认时，应当将辨认对象混杂在其他人员或者物品之中，受辨认人的人数不得少于5人，照片不得少于5张。同类物品不得少于5件，照片不得少于5张。《公安机关办理刑事案件程序》第规定：辨认犯罪嫌疑人时，被辨认人的人数不得少于7人，照片不得少于10张。

自由辨认规则是指辨认人在自由意志支配下进行辨认，由辨认人按照自己的意志客观地进行辨认和自由地叙述辨认结果，组织辨认的侦查人员不得以语言、动作、表情等给予暗示、诱导和干涉。自由辨认规则既是对辨认人的要求，也是对组织辨认的侦查人员的要求，以保证辨认结果的准确性。《人民检察院刑事诉讼规则》第213条、《公安机关办理刑事案件程序》第249条均规定，辨认时组织辨认的侦查人员不得给予辨认人任何暗示。

秘密辨认规则是指辨认前对被辨认的人员、物品应当保密，不能使辨认人见到、接触到被辨认的人员、物品。辨认利用的是辨认人曾经接触过被辨认的人员、物品而在自己记忆中存有一定的印象进行的，如果在辨认前辨认人又接触过被辨认的人员、物品时又会形成新的印象，破坏已有的记忆，造成辨认错误。《人民检察院刑事诉讼规则》第211条、《公安机关办理刑事案件程序》第247条均规定，在辨认前，禁止辨认人见到被辨认人或者被辨认物。如果辨认人和被辨认人很熟悉，辨认人可以通过证言证明被辨认人，没有必要再行辨认，即使辨认也是无效辨认，辨认笔录也不能作为证据使用。

个别辨认规则是指在辨认人为2人以上时，辨认时应当将辨认人分开，按照先后顺序单个进行辨认，避免已辨认的人与未辨认的人接触或者由多个辨认人在一起共同进行辨认，互相影响、干扰。辨认是一个回忆的过程，已辨认的人与未辨认的人接触或者由多个辨认人在一起时很可能互相干扰、串通，造成错误辨认。《人民检察院刑事诉讼规则》第212条、《公安机关办理刑事案件程序》第248条均规定，几名辨认人对同一被辨认人或者同一物品进行辨认时，应当由每名辨认人单独进行。其次是及时安排辨认对象，一般在一个排列顺序辨认后，可以调整另外一个排列顺序再次辨认。再次是在条件具备的情况下可以对辨认过程进行录像、拍照，制作专门的录像资料和照片。

4. 辨认笔录的制作

辨认笔录是辨认活动的真实记录，应当记录辨认的时间、地点、环境，辨认人、辨认对象情况，辨认对象混杂情况、辨认结果等，反映预先询问、混杂辨认、自由辨认、秘密辨认、个别辨认等规则要求。辨认笔录应当在进行辨认的现场当场记录，并由进行辨认的辨认人、主持辨认的侦查人员、现场见证的人员签名或者盖章。在记录辨认笔录时，要特别强调辨认人应当作出明确的辨认结果，即是与不是，不能模棱两可。辨认笔录是一组证据，包括辨认的主体情况、预先询问笔录、辨认笔录、辨认活动的录像、照片等。在辨认时应当对辨认的照片、辨认的对象排列情况如实记载并录像、拍照，所获得的录像、照片与辨认笔录、预先询问笔录一并入卷移送审查。

（三）辨认中应当注意的问题

在辨认过程中，侦查人员不得以非法手段取得辨认笔录。一是不得以暴力、威胁等手段逼取辨认笔录，即不得对辨认人采取殴打、谩骂等方式强迫其按照侦查人员的意愿进行辨认并制作辨认笔录。二是不得以指认、暗示等不当手段取得辨认笔录，即侦查人员不能根据预先询问情况故意安排缺乏相似性的陪衬者，使被辨认者在被辨认的对象中过于突出；或者在辨认现场通过与辨认人的交流，以自己的眼神、表情、语气等流露出自己的倾向，对辨认人进行暗示，并以此制作辨认笔录。三是不能在重复进行辨认时制作辨认笔录。这种重复辨认不是指在辨认现场以辨认对象的不同队列、不同顺序进行的当场辨认，而是在辨认人作出辨认结果制作辨认笔录后离开辨认现场，再次组织辨认。这种方法已经使辨认人在事先见到了辨认对象，丧失了辨认的条件。

四、辨认笔录的审查要点

辨认笔录受主客观因素的影响不是必然正确的，在审查过程中应当注意对辨认笔录的审查，遵循一定的审查标准，只有经过审查属实的辨认证据才能作为认定案件事实和指控犯罪的依据。美国联邦最高法院提出五项辨认证据是否可靠的因素：第一，案发时目击者观察犯罪嫌疑人的机会；第二，目击者当时的注意程度如何；第三，目击者最初所描述的准确性；第四，目击者对指证结果的内心确信程度；第五，案发到指证之间的时间间隔。① 这些规定值得我们在审查判断辨认证据时借鉴。

（一）审查辨认主体

一是审查辨认人是否适格。进行辨认的主体包括被害人、证人、犯罪嫌疑人。被害人应当是与犯罪嫌疑人有接触的被害人，证人应当是具有辨认条件的亲眼看见犯罪分子实施犯罪的过程或者部分情节的人，即目击证人。犯罪嫌疑人仅是指部分犯罪嫌疑人对另一部分犯罪嫌疑人进行的辨认。犯罪嫌疑人的辨

---

① 杨雄：《刑事辨认证据规则初探》，载《江西公安专科学校学报》2006 年第 1 期。

认发生在共同犯罪中的犯罪嫌疑人之间彼此不认识的情况下，由于他们在共同犯罪中有较近的接触，能够了解、发现彼此在共同犯罪的行为，掌握对方的外貌、行为特征、语言特征从而具备了辨认条件，因此在公安机关或者检察机关侦查、审查过程中可以相互辨认。与犯罪无关的人员不具备辨认条件，不能进行辨认。

二是审查被辨认对象是否适格。辨认对象是指被辨认人或被辨认人的照片。被辨认人应当是通过一系列侦查活动，所发现的嫌疑对象。作为嫌疑对象或者是有作案的嫌疑，或者具有与犯罪嫌疑人相同的体貌特征。被辨认人的照片则是与犯罪嫌疑人相似面貌的人员的照片。

三是审查辨认人是否具有良好的感知、记忆、辨识和表达能力。辨认人的感知能力、记忆能力和辨识能力以及辨认人在感知、记忆、辨识时的心理状态都会对辨认产生影响，被害人、证人的自身情况，如被害人、证人近视、远视、盲、聋、哑等都会影响其感知能力、辨识能力和表达能力。如果被害人、证人属于无责任能力、限制行为能力人，就应当认为其不具有辨识能力和表达能力，这些人不能进行辨认。一些被害人、证人在感知、记忆、辨识案件事实时其心理状态过于紧张、恐慌等都会影响被害人、证人的感知能力、记忆能力、辨识能力。这种辨认的真实性和准确性也是值得斟酌的。

（二）审查辨认过程

一是审查是否进行预先询问，缺乏预先询问就无从获知关于被辨认对象的相关情况，使组织辨认的侦查人员不能预先准备有针对性地选择相应的陪衬者，也使得侦查人员无法了解辨认人对犯罪嫌疑人、物品了解的情况，获知辨认者事先是否在其他程序中接触过被辨认对象，这就必然影响辨认结果的真实性、可靠性。

二是审查辨认证据是否符合及时性要求。在审查证人辨认、受害人辨认和犯罪嫌疑人辨认时，要注意他们记忆的机能是不同的。受害人辨认和犯罪嫌疑人辨认多是有意识记，也就是事前有确定目的的识记。无意识记是一种事前没有确定目的的识记，证人证言则应当分清是无意识记还是有意识记。在无意之间看到犯罪过程的是无意识记，如临时发现的就是无意的，如果是前往围观、起哄的证人和没有追究刑事责任的共犯，他们的记忆应当是有意识记。日常记忆多是通过无意识记获得的，由于其缺乏目的性，因此识记的内容往往带有偶然性和片断性。研究表明，遗忘在识记的最初时间遗忘很快，有意义的材料总比无意义的材料遗忘的慢。因此应当审查收集、固定辨认客体特征是否及时，以判断其可信程度。

三是审查是否符合辨认原则。第一，判断辨认是否符合自由辨认规则。辨认时，辨认人的心态应当保持独立自由，不受他人干扰。侦查人员不得对辨认人进行暗示，不得当着辨认人的面对被辨认人进行评价。侦查人员不得在辨认人提出不能认清犯罪嫌疑人时对辨认人进行指责、讽刺、挖苦。第二，审查辨认是否符合混杂辨认规则，被辨认对象的数量是否符合规定。如提供的辨认对象的总数不满 7 人或者提供的辨认对象的总数虽满 7 人，但是将多位犯罪嫌疑人混于其中；照片辨认时提供的照片是不是 10 张，或者虽满 10 张，但将多名犯罪嫌疑人的照片纳入其中，或者对同一犯罪嫌疑人不同时期的照片进行辨认等。有时在进行辨认时提供的照片过于陈旧或者使用侧面照片、形象、艺术照等，这些做法都是不当的。审查提供的辨认对象特征是否过于明显，如提供的辨认对象胖瘦、高矮、年龄、穿着、伤痕等过于明显等，都会影响辨认的真实性。第三，审查辨认是否属于共同辨认。共同辨认是指两个以上的被害人、证人共同辨认或者同一个辨认人对两个以上的被辨认人进行辨认的情况。在共同辨认中，辨认人可以互相影响，易产生先入为主的观念，导致辨认出现错误。这些违反辨认规则的不规范辨认都会影响辨认结果的客观、准确性。第四，审查辨认是否符合秘密辨认规则，即辨认前辨认人是否已见到被辨认的人员、物品。第五，审查辨认笔录制作是否合法。辨认笔录作为辨认过程的记录，具有实体和程序的双重作用，应当进行正确的审查判断。审查辨认笔录时应当审查：辨认笔录是否符合辨认笔录制作要求，特别是应当审查辨认笔录是否有辨认人依据什么特征识别出被辨认人的相关记载内容，以增强辨认的效果。同时还要审查是否有记载辨认人具有正常的心理、生理特征以及辨认人与案件当事人存在各种关系的内容。审查辨认前的准备工作是否做得充分，是否有详细而周密的计划，是否采取科学的辨认方法等。

（三）审查辨认笔录的真实性

1. 审查辨认结果的确定性

辨认笔录记载的辨认结果的结论可以是肯定、否定或者相似的，但是作为证据的辨认结果应当确定，特别是作为直接证据的辨认应当避免出现“相似”这样的结论。

2. 审查辨认笔录的证明力

要分析辨认笔录记载的辨认客体是否有突出的特征、特征是否稳定，形象特征的稳定性较强的，其辨认结果的可靠性强。辨认客体特征与被害人、证人所描述的特征越接近，辨认结果的可靠性越强；反之，其可靠性越弱。动作习惯特征的稳定性较差，对动态辨认的结论的可靠性相对较弱。要注意审查辨认环境条件，提供与案发时相似的环境条件，辨认的准确性相对较高。审查辨认人主观情况，如证人在高度紧张的应急状态下，过分注意自己的安全，不可能注意观察和注意事件的细节和过程，这些会妨碍其证言和辨认的可靠性。审查辨认人的身份、职业等情况，如辨认人从事教育、商业等职业，长期的职业生涯使辨认人对往来人员、接触的物品有着较强的记忆习惯、记忆能力，这些人员的辨认结果可靠性较强等。

3. 审查辨认笔录与其他案件证据材料的同一性

辨认笔录自身存在弱点，要结合全案的证据对辨认笔录进行判断，特别是在辨认笔录作为直接证据的时候，虽然其具有运用简单便捷，一经查证属实就可以直接证明案件情况的优点，但是也容易出现错误。如作为同案的犯罪嫌疑人辨认则可能将自己的罪行进行推诿，并夸大其他犯罪嫌疑人的责任，从而人为地出现错误辨认，以此作为证据，难免会出现错案。因此要分析辨认笔录与其他证据是否相一致，能否指向同一证明目的，得出共同的结论。

五、瑕疵和非法辨认笔录的处理

（一）瑕疵辨认笔录的处理

瑕疵辨认笔录是指在辨认过程中，未完全按照法定程序进行辨认，使辨认存在一定的瑕疵，通过补正可以使用的辨认笔录。瑕疵辨认笔录包括以下情形：（1）辨认主体存在瑕疵的。主持辨认的人员虽然是本案的侦查人员，但是侦查人员是一人的。（2）预先询问笔录存在缺陷的。预先询问的目的在于使辨认的组织者明确被辨认对象的相关情况、特征，使侦查人员正确地选择辨认陪衬人员等，如果在预先询问笔录中没有详细询问辨认对象的具体特征，就丧失了预先询问的意义，使随之进行的辨认存在一定的不确定性。（3）辨认笔录存在瑕疵的。辨认笔录制作应当符合辨认笔录制作规范的要求，真实记录辨认的时间、地点、环境，辨认人、辨认对象，辨认对象混杂、辨认结果等情况，并由进行辨认的辨认人、主持辨认的侦查人员、现场见证的人员签名或者盖章。当辨认笔录存在记录不全、辨认笔录不规范、辨认记录只有结果没有过程或者过于简单、缺少相关人员的签名或者盖章等现象时就使得辨认记录存在瑕疵。（4）移送辨认笔录不齐全的。辨认时所获得的录像照片应当与辨认笔录、预先询问笔录一并入卷移送审查，如果移送辨认笔录不齐全，如案卷中只有辨认笔录，没有被辨认对象的照片、录像等资料，就无法获悉辨认的真实情况，影响辨认笔录的核实认定。

辨认笔录存在上述瑕疵时，应当由有关办案人员进行补正或者作出合理解释。具体可以采取：（1）由办案人员作出合理解释。办案人员对辨认证据存在的主持辨认的人员是一人、预先询问笔录中没有详细询问辨认对象的具体特征，辨认笔录记录不全，辨认笔录不规范，辨认记录只有结果没有过程过于简单，缺少进行辨认的辨认人、主持辨认的侦查人员、见证人等相关人员签名或者盖章等情况的原因进行解释，当侦查人员的解释具有合理性时，该辨认笔录作为证据使用。（2）由办案人员进行补正。预先询问笔录存在缺陷的，如果事先确已对辨认对象的具体特征详细询问的，在有条件的情况下可以重新制作该笔录，对以前的预先询问笔录进行修正。对于辨认笔录缺少辨认人、侦查人员、见证人等相关人员的签名或者盖章的，可以进行补签。辨认笔录确实是因记录不全、制作不规范、记录辨认过程过于简单存在瑕疵的，可以根据辨认的当时情况补正，但是不能重新进行辨认并制作辨认笔录。移送辨认笔录等材料不齐全的，可以要求侦查人员将所欠缺的材料及时补送。

（二）非法辨认笔录的处理

非法辨认笔录是指在辨认过程中，严重违反辨认规则进行辨认，因而使取得的辨认笔录丧失了证据能力的情形。非法辨认笔录包括：（1）以暴力、威胁等手段逼取辨认结果，即对辨认人殴打、谩骂等强迫其按照侦查人员的意愿进行辨认。由此取得的辨认笔录属于非法辨认笔录，不能作为定案的根据。（2）严重违反辨认规则进行辨认，如违反辨认的主体规则，辨认不是在侦查人员主持下进行的；违反个别辨认规则，辨认人的辨认活动没有个别进行的；违反混杂辨认规则，辨认对象没有混杂在具有类似特征的其他对象中，或者供辨认的对象数量不符合规定的（尸体、场所等特定辨认对象除外），如提供的辨认对象的总数不满 7 人或者提供的辨认对象的虽总数满 7 人但将多位犯罪嫌疑人混于其中，照片辨认时提供的照片不满 10 张或者虽满 10 张但将多名犯罪嫌疑人的照片纳入其中，提供辨认的照片过于陈旧或者使用侧面照片、艺术照等；违反自由辨认规则，辨认中给辨认人明显暗示或者明显有指认嫌疑的；违反秘密辨认规则，辨认前使辨认人见到辨认对象的。在上述违法情况下取得的辨认笔录属于非法辨认笔录，其不能作为定案的根据。

《死刑案件证据规定》中将严重违反辨认规则进行辨认所取得的辨认笔录以不能确定其真实性作为认定非法辨认笔录的前提。其实，严重违反辨认规则进行辨认，已使辨认丧失了客观性和合法性，所取得的辨认笔录也就丧失了真实性，因此严重违反辨认规则取得的辨认笔录，属于非法证据，应当予以排除。

六、运用辨认笔录应当注意的问题

（一）辨认笔录不能代替被害人、证人出庭

根据修改后的刑事诉讼法规定，审理案件的法官应当在法庭上听取证人证言、被害人陈述和被告人供述以及当事人双方辩论，以判断证据的真伪。辨认可能由于各种情况出现辨认错误，在不能由控辩双方进行有效地盘诘询问的情况下，不易发现问题和进行纠正。而被害人、证人出庭作证可以采取交叉询问和对质的方式，暴露被害人陈述、证人证言中存在的问题，展示存在的矛盾和问题的焦点，通过解决矛盾，达到正确地辨别使用证据的目的，而辨认笔录没有这一作用。辨认笔录往往通过宣读方式进行，无法进行交叉询问和对质。可见辨认是不能代替被害人、证人出庭作证的，希望以侦查中的辨认代替出庭作证的观念是不可取的。

（二）辨认笔录应当在书面证据宣读后运用

运用辨认笔录的目的在于有效地证实犯罪，作为被害人陈述和证人证言的补强材料。辨认笔录在指控犯罪时应当注意运用正确的方法。辨认笔录应当放在宣读主要证据之后使用，即在宣读被害人陈述、证人证言之后再宣读相应的辨认笔录，这样可以增强效果，提高其可信性。如果先宣读辨认笔录，在遭到辩护方反诘时，辨认笔录不能成立或者遭到质疑，再宣读被害人陈述、证人证言其运用效果就会大大降低。对于运用犯罪嫌疑人的辨认，应当根据犯罪嫌疑人供述的特点运用不同的方法。先由辨认的被告人就被辨认被告人的行为进行供述，使法庭掌握其行为，在将已供述完毕的辨认被告人带离法庭前、被辨认的被告人带入法庭时，讯问辨认被告人，让其说明被辨认的被告人身份，这样既强化了其刚才所进行供述的可信程度，又给被辨认的被告人增加压力。在对被辨认的被告人讯问完毕后还可以由先前的辨认被告人与之进行对质，充分展示被辨认的被告人的犯罪行为。

第十节　侦查实验笔录的收集与审查

侦查实验是一种法定的侦查手段，是一种发生在刑事诉讼中的科学活动，具有科学的性质和法的性质，是法和科学的结合，是一种“法科学活动”。①

一、侦查实验笔录概述

（一）侦查实验笔录的概念

侦查实验笔录是侦查人员记录侦查实验过程的笔录。所谓侦查实验，是为

① 张跃兵：《论侦查实验》，载《公安研究》2007 年第 4 期。

了查明在某种条件下的某种情况、某种行为能否发生而按照原来的条件进行模拟实验的一种侦查活动。侦查实验是一种法定的侦查手段，修改后的《刑事诉讼法》第133条规定，为了查明案情，在必要的时候，经公安机关负责人批准，可以进行侦查实验。《公安机关办理刑事案件程序规定》和《人民检察院刑事诉讼规则》都对侦查实验进行了规定。《公安机关办理刑事案件程序规定》第202条将侦查实验的任务规定为：（1）确定在一定条件下能否听到或者看到；（2）确定在一定时间内能否完成某一行为；（3）确定在什么条件下能够发生某种现象；（4）确定在某种条件下某种行为和某种痕迹是否吻合一致；（5）确定在某种条件下使用某种工具可能或者不可能留下某种痕迹；（6）确定某种痕迹在什么条件下会发生变异；（7）确定某种事件是怎样发生的，也就是通过侦查实验对人的视觉、听觉、嗅觉、触觉等感知能力，机动车辆等机器设备的性能标准、作案工具、物质和痕迹的种属，某种情况下人的行为能力、作案时间、物质物理性能、物质化学性能等内容进行验证。作为以获取证据为目的的侦查活动，侦查实验应当产生法定的证据，记载侦查实验的书面文件即为侦查实验所产生的证据，在侦查实验中，侦查实验的经过和结果，应当由参加实验的侦查人员制作《侦查实验笔录》。侦查实验笔录是指侦查人员按照法定格式制作的，用于描述和证明侦查实验过程中发生的具有法律意义的事实状况的书面记录。长期以来，侦查实验笔录并未作为我国的法定证据形式，侦查实验一直属于勘验、检查活动的一种，法律也未对侦查实验笔录的独立地位加以规定。

（二）侦查实验笔录的作用

1. 侦查实验笔录可以寻找案件线索，确定侦查方向。侦查实验的任务是多方面的，如确定在什么条件下能够发生某种现象、确定在某种条件下某种行为和某种痕迹是否吻合一致、确定某种事件是怎样发生等，能够确定这些条件对于寻找案件线索有着积极的作用，利于侦查机关及时调整侦查方向。如确定在某种条件下某种行为和某种痕迹是否吻合一致可以判断行为人的技能、习惯，为缩小侦查范围提供依据。

2. 可以验证其他证据的真实性。侦查实验是为了确定在一定条件下能否听到或者看到、确定在一定时间内能否完成某一行为，在通过科学的实验手段取得实验的结果，使案件的办案人员目睹实验中某一经过，可以与已经取得犯罪嫌疑人供述、证人证言等证据相互验证，证实被害人、证人的陈述、犯罪嫌疑人的供述和辩解事实或情节，在案发过程中是否存在，从而对被害人、犯罪嫌疑人、证人所作陈述的真实性加以判断。

3. 有利于案件的及时处理。许多侦查实验是为了确定案件某些条件的，如通过侦查实验可以确定在一定时间内能完成某一行为，通过实验基本排除了达不到该时间完成某一行为的可能性，得到这一结论可以戳穿那些虚假供述或者诬告陷害行为，还当事人以清白，使案件得到正确处理。

二、侦查实验笔录的证据属性

（一）侦查实验笔录是一种独立的法定证据种类

长期以来，由于受前苏联的影响，侦查实验笔录被作为勘验、检查笔录的一种，如前苏联于1958年制定的《苏联和各加盟共和国刑事诉讼纲要》将勘验、检查笔录纳入“侦查行为和审判行为笔录”，为一种独立的证据。这种笔录是调查人员、侦查员、检察长和法院对勘验、检查、提取、搜查、拘留、提供辨认和侦查实验等侦查、审判活动的程序、进程和结果所作出的书面文件。它应该反映制作笔录的个人（或几个人）根据对物质的状况、犯罪痕迹和对案件有意义的行为、现象进行直接了解而得到的情况，并且可以附有在侦查和审判活动时所摄制的照片底版或照片、电影底片、幻灯片、录音带、图片、图表、罪迹的模印等。我国的一些教科书将勘验、检查笔录定义为：我国刑事诉讼中的勘验、检查笔录，是侦查、审判人员对于与犯罪有关的场所、物品、尸体和人身进行勘验、检查所作的实况记录，包括现场勘验笔录、物证检验笔录、尸体检验笔录、侦查实验笔录以及对人的身体进行检查时所作的人身检查笔录等①。侦查实验笔录在《公安机关办理刑事案件程序规定》中作了规定，《人民检察院刑事诉讼规则》第173条规定侦查实验应当制作笔录，《两个证据规定》没有对侦查实验笔录具体审查运用作出规定。修改后的《刑事诉讼法》第133条第2款规定：“侦查实验的情况应当写成笔录，由参加实验的人签名或者盖章。”同时，修改后的《刑事诉讼法》第48条将侦查实验笔录作为法定证据种类。

（二）侦查实验笔录是刑事诉讼过程中产生的证据种类

侦查实验虽然是由法定的人员依据法定的程序以已知的案情为前提，在一定的物质条件下进行的，具有证据的客观性、关联性和合法性，但它并不是犯罪行为的直接产物。作为证据应当是与犯罪行为有关，在诉讼之前就已经存在，而侦查实验笔录是在进入诉讼活动后，由侦查人员根据侦查工作的实际需要进行侦查实验后制作的，尽管不是犯罪行为的产物但是能够用于证明案件事实，特别是侦查实验得出否定性结论时能直接否定某一事实发生的可能性，因

---

① 陈一云主编：《证据学》（第二版），中国人民大学出版社2000年版，第436页。

此其对于证明案件事实有着积极的作用。

（三）侦查实验笔录是间接证据

从侦查实验的任务看，侦查实验要证明的是在一定条件下能否听到或者看到某种现象；确定在一定时间内能否完成某一行为；确定在什么条件下能够发生某种现象；确定在某种条件下某种行为和某种痕迹是否吻合一致；确定在某种条件下使用某种工具可能或者不可能留下某种痕迹；确定某种痕迹在什么条件下会发生变异；确定某种事件是怎样发生的等内容，这些内容都只能说明案件事实某一方面、某一片断，不能直接证明案件主要事实，因此侦查实验笔录是间接证据。侦查实验是使用原物、在最相类似的条件下进行的，侦查实验笔录是侦查人员对侦查实验中所闻所见的情况的书面形式记录，是侦查实验情况的叙述，侦查实验笔录中所记载的图片、录音、录像等内容都属于对侦查实验情况的叙述，因此侦查实验笔录属于言词证据。

（四）侦查实验笔录是应当严格控制使用的证据

侦查实验是依据一定的技术条件进行的，带有相当的科学性。但是侦查实验确定的结论都是某种情况的可能性，本身就带有一定的不确定性或者是推测性，用来作为证明依据不是很可靠的。侦查实验是对案件中某种条件下的某种情况、某种行为能否发生而按照原来的条件进行模拟实验，不可能作到与现场的完全一致，这也局限了侦查实验笔录的可靠性。在犯罪过程中，犯罪分子往往处于一种非常规状态，在这种状态下犯罪分子常常完成一些一般状态下难以完成的事项，使一些侦查实验难以达到模拟现场的效果。这些因素都影响了侦查实验笔录的可靠性，因此，在使用中应当严格控制。

三、侦查实验笔录的收集

（一）侦查实验笔录的收集主体

侦查实验的主体必须是公安机关、人民检察院的侦查人员，其他任何单位和个人都无权进行侦查实验。侦查实验笔录的制作主体必须是公安机关的人民警察、人民检察院的检察官或者书记员。无论是公安机关的人民警察，还是人民检察院的检察官或者书记员，都应当与案件没有利害关系。在侦查实验时没有发现有利害关系，在侦查实验过后发现的，公安机关负责人、侦查人员、检察官或者书记员在回避决定作出以前所进行的侦查实验活动是否有效，由作出决定的同级人民检察院检察委员会或者县级以上公安机关负责人、检察长根据案件情况决定。进行侦查实验的人员应当在 2 人以上，必要时可以邀请有专门知识的人参加。

（二）侦查实验的程序

1. 侦查实验应当进行审批。侦查实验只有在必要时，即对案件重要的情节非经侦查实验难以查明或者对案件是否发生及如何发生难以确定时，方能进行。进行侦查实验应当经过审批，修改后的刑事诉讼法规定，进行侦查实验应当经公安机关负责人批准，在1996年《刑事诉讼法》及《公安机关办理刑事案件程序规定》的相关规定中，侦查实验是由公安局长或者县级以上公安机关负责人批准。检察机关进行侦查实验须经检察长批准才能进行。公安机关进行侦查实验时应当制作《呈请侦查实验报告书》由公安机关负责人审批。

2. 侦查实验时应当选择其他参加人等到场见证。即邀请见证人到侦查实验现场对侦查实验行为进行观察、监督、作证。一般来说，见证人应当是2人，如果要分组进行实验，见证人的人数可以超过2人。《人民检察院刑事诉讼规则》第172条规定，侦查实验，在必要的时候可以聘请有关人员参加，也可以要求犯罪嫌疑人、被害人、证人参加。

3. 侦查实验时应当遵守相应的规则。具体是：合法性规则，即侦查机关和侦查人员在实施侦查实验过程中必须严格按照法定的条件和程序，在严格遵守法律法规的原则下实施。相似性规则，即侦查实验应在最大限度地接近原有条件的情况下进行，包括：侦查实验尽可能在发生案件或者发生与案件有关事件的原地点进行。如果原地不具备实验条件也可以选择其他相同或者相似条件的地点进行。侦查实验的时间应与案件发生、发现的时间相同。侦查实验物品尽可能使用原来的工具或物品进行。侦查实验应当尽可能在原事实发生时相同或相近的环境、光线、风力、风向、气温等自然条件下进行。反复实验规则，即对同一情况用相同条件多次实验或者在变换条件的情况下反复实验。

（三）侦查实验笔录的制作

侦查实验笔录应当在侦查实验的过程中制作，载明进行侦查实验的地点和年、月、日，开始和终结的时间；参加侦查实验的侦查人员、见证人和其他参加人；写明侦查实验的目的；侦查实验的条件、过程和结果等情况。有说明性的意见或结果应当在笔录的末尾注明。如果在进行侦查实验时采用照相、录音或者录像的，应当在笔录中记明。侦查实验笔录应当向侦查实验的见证人、其他参加人宣读，对记载有错误的应当进行改正，经确认无误后，侦查实验笔录应当由侦查人员和见证人、其他参加人签名或者盖章。侦查实验现场录音或者录像的，录制人员应当立即将录音、录像资料复制件交给见证人、其他参加人签字确认后当场封存。

（四）侦查实验中应当注意的问题

进行侦查实验时必须禁止一切足以造成危险、侮辱人格或者有伤风化的行为。为保证安全和侦查实验顺利进行，应当对侦查实验现场进行警戒，尽量使侦查实验不受围观群众的干扰。

四、侦查实验笔录的审查要点

审查侦查实验笔录，一方面要审查侦查实验本身是否合法可靠，另一方面还要审查侦查实验的结果是否真实可靠以及能否作为证据进入刑事诉讼。审查侦查实验笔录时，既要结合侦查实验时现场录音、录像、照片等材料，还要结合案件其他证据，审查侦查实验的真实性、关联性以及作为证据的侦查实验笔录的真实性、关联性。审查侦查实验笔录时应当审查下列内容：

（一）审查侦查实验主体是否合法

侦查实验的主体必须是公安机关、人民检察院的侦查人员，进行侦查实验的人员不得少于2人，其他任何单位和个人都无权进行侦查实验。

（二）审查侦查实验活动是否符合法定规则

即审查侦查实验是否符合合法性、相似性、时间性、反复实验等规则。

（三）审查侦查实验的程序

首先，审查侦查实验活动是否经过了审批，这是为了审查侦查实验活动的合法性的重要步骤。不但要看侦查机关负责人是否履行了审批手续，还要审查侦查实验的任务是否明确，侦查实验的条件是否具备。其次，审查是否邀请了见证人和其他参加人。最后，审查侦查实验运用的方法是否科学，实验中进行的行为与犯罪行为是否一致，是否存在不当侦查实验等情形。不当侦查实验是指侦查实验虽然经过批准，但是在侦查实验过程中采用的方法手段有所不当的行为，如不计手段、不顾影响、毁损财物等情况。

（四）审查侦查实验笔录等材料

审查侦查实验笔录制作的过程和时间，看侦查实验行为的地点、时间、人员、侦查实验行为的内容和在侦查实验作出的相应意见等情况。审查侦查实验笔录是否经由侦查人员、见证人和其他参加人签名或者盖章，确认无误。审查侦查实验笔录等材料时要审查侦查实验过程是否真实可靠，包括要审查实验时的实验地点、时间、物品、自然条件等是否与发生案件当时的情况相同或相近；要审查反复实验时结论是否一致，在相同和不同条件下多次实验的基础上得出相同的实验结果才可能是全面的、非常接近实际的结论。审查侦查实验特别要审查侦查实验结论是否真实可靠，首先是要充分考虑实验人与当事人的生理和心理特征，侦查实验的实验人与案件当事人有着不同的生理和心理状态，在不同的生理和心理状态下进行相同的活动及结果可能会完全不同，影响侦查实验结论的真实可靠。其次是看侦查实验结论的性质，肯定性的侦查实验结论只是对某一现象或事实存在与发生的客观可能性加以肯定，但还不足以证明这一现象或事实必然存在或发生，证明力较弱；否定性的侦查实验结论能够直接否定某一现象或事实存在与发生的客观可能性，在很多情况下可以足以证明这一现象或事实必然不存在或没有发生，证明力较强。单一的侦查实验结论可以证实这一现象或事实的发生或存在只有一种可能性，依此结论通常可以认定有关事实或现象是否发生或存在，具有较强的证明力；多义的侦查实验结论能够证实某一事实或现象的发生或存在至少有两种以上可能性，它不能认定某一事实或现象必然存在或发生与否，证明力很有限①。

五、瑕疵和非法侦查实验笔录的处理

（一）瑕疵侦查实验笔录的处理

瑕疵侦查实验笔录一般包括以下情形：侦查实验笔录填写的侦查实验时间、侦查实验人员、记录人、见证人和其他参加人等有误或者存在矛盾的；侦查实验人员、记录人、见证人和其他参加人等没有签名或者盖章的；侦查实验笔录记载的实验地点与案件地点不一致或者使用的工具或物品与使用原来的工具或物品不一致而没有说明的；侦查实验笔录记载实验的内容与现场录音、录像、照片不一致或者未附有相关现场录音、录像、照片的；在侦查实验笔录中没有写明侦查实验得出的结果或发现问题等。瑕疵侦查实验笔录应当通过有关办案人员的补正或者作出合理解释加以弥补。侦查实验笔录填写的侦查实验时间、侦查实验人员、记录人、见证人和其他参加人等有误或者存在矛盾的，办案人员应当作出合理解释，对相关记载进行修改，消除矛盾。侦查实验人员、记录人、见证人和其他参加人没有签名或者盖章的，应当予以补签。侦查实验笔录记载的实验地点与案件地点不一致或者使用的工具或物品与使用原来的工具或物品不一致而没有说明的，应当由办案人员作出合理解释，出具相关说明材料。侦查实验笔录记载实验的内容与现场录音、录像、照片不一致或者未附有相关现场录音、录像、照片时，应当由办案人员作出解释，补充相关现场录音、录像、照片，必要时重新制作侦查实验笔录，也可以要求侦查实验人员、

① 参见黄建平：《论侦查实验结论的证据效力》，载《黑龙江省政法管理干部学院学报》2009年第4期。

记录人、见证人等出庭作证。侦查实验笔录中没有写明侦查实验得出的结果或发现问题时，应当由办案人员重新制作侦查实验笔录。

（二）非法侦查实验笔录的处理

非法侦查实验是指没有经过批准进行的侦查实验、在实验过程中实验的目的与实验过程不相符的侦查实验以及在实验过程中采取足以造成危险、侮辱人格或者有伤风化方法的侦查实验等。没有经过审批的侦查实验，所产生的一切材料都是非法的。在侦查实验过程中擅自改变侦查实验目的，实际也是属于没有经过审批而进行侦查实验，也是非法的。采取足以造成危险、侮辱人格或者有伤风化方法进行侦查实验违反了刑事诉讼法的相关规定，也是非法的。侦查人员未在侦查实验行为过程中制作侦查实验笔录，而是在侦查实验行为结束离开现场后制作的侦查实验笔录，该笔录不能如实地全面地反映侦查实验活动的具体经过，属于非法侦查实验笔录。侦查实验笔录没有经见证人和其他参加人确认无误并由侦查人员和见证人和其他参加人签名或者盖章的，也属于非法侦查实验笔录。对于非法侦查实验笔录应当予以排除。

第十一节　搜查笔录的收集与审查

搜查是侦查犯罪、发现证据的一种强制性侦查措施，对获取证据、打击犯罪有着重要作用，搜查过程中直接形成的搜查笔录等证据对于证明犯罪也有着重要作用。

一、搜查笔录概述

（一）搜查笔录的概念

搜查是为了收集证据、查获犯罪人而由侦查人员对犯罪嫌疑人以及可能隐藏罪犯或者罪证的人的身体、物品、住处和其他有关场所进行搜索的一种侦查活动。修改后的刑事诉讼法侦查一章中专门规定了搜查，并用5个条文规定了搜查程序。搜查是侦查中获取证据、查获犯罪人的重要手段，对防止罪犯逃跑、毁灭证据、转移证据，及时查获犯罪嫌疑人有着重要意义。作为一种法定的侦查活动，搜查应当制作搜查笔录。搜查笔录是由侦查人员制作的记载搜查过程中发现和获取的各种犯罪证据、确认犯罪现场等情况的书面材料。搜查笔录能如实全面地反映搜查活动的具体经过，对证明侦查程序的合法性以及案件的实体事实也有着重要意义。

（二）搜查笔录的作用

首先，搜查笔录可以证明案件事实。搜查笔录记载搜查中发现的相关证据，如搜查可以发现犯罪现场遗留的凶器、血迹、尸体，起获贪污、抢劫、诈骗等案件的赃款赃物，各种记载与犯罪有关的书信、文件，可以为分析判断犯罪分子作案的手段、动机、目的等提供依据。其次，搜查笔录能如实地全面地反映搜查活动的具体经过，有助于证明侦查活动的合法性。

二、搜查笔录的证据属性

（一）搜查笔录是在搜查中直接形成的一组证据

刑事案件搜查过程中能够形成搜查笔录和扣押物品清单等证据材料。搜查中直接形成的相关证据是一类证据，不是单个的证据，具体包括：搜查笔录，搜查出的相应物品的扣押清单、照片，搜查物证、书证、视听资料等证据不能调取原物的说明，见证人就其所见证的搜查过程和相关搜查物品及内容的证言等。其中，搜查笔录是用来记载侦查机关的搜查活动是依法进行的书面记录，如记载了侦查人员出示搜查证，参加搜查的人员、见证人、被搜查人及其家属等均符合法律规定，搜查实施的过程、搜查的部位、查获的重要书证、物证、视听资料等证据及其放置地点等。扣押清单载明扣押的物品以及当场密封的物品，搜查出的相应物品的照片能够反映这些物品的特征等。如果在搜查现场进行了拍照、录像，这些照片、录像等也应当属于搜查直接形成的证据。见证人所出具的证言也能够证明搜查过程合法以及搜查所得物品的特征、内容等。

（二）搜查笔录应当是独立的证据形式

有一种观点认为增设搜查笔录为法定证据种类的建议值得商榷。理由是：(1) 搜查同勘验、检查在结果的获得上有本质区别。勘验、检查可获得能够证是或者证否罪行的结果，其书面记载当然具有证据能力；而搜查活动，可能会查获罪证，也可能没有查获罪证，查获罪证的搜查笔录，可以证明所获罪证与案件事实的关联，但是对没有查获罪证的搜查笔录，就不能说明与案件事实的关联性。(2) 搜查笔录最主要的功能是通过说明搜查过程的合法和真实，离不开搜查的结果——物证和书证，在绝大多数情况下没有独立的证明价值。(3) 如果搜查笔录在没有物证、书证等搜查结果的情况下也可出示，必然会影响法官对案情的认定。将搜查笔录规定为单独的证据种类，弊大于利。我国没有将搜查笔录明文列为法定证据种类，从立法上采取的是“勘验、检查、辨认、侦查实验等笔录”，从行文上并没有完全排除搜查笔录等其他笔录能够成为法定证据种类。[1] 在一些国家的刑事诉讼法中明确将搜查过程中形成的证据纳入了法定证据种类，使之成为独立的证据种类。如俄罗斯联邦《刑事诉讼法》规定，凡是证明在勘验、检验、提取、搜查、拘留和交验中，以及在进行侦查实验中判明的情况和事实，依照刑事诉讼法规定的程序制作的笔录，都是刑事案件的证据。[2] 这一规定表明在俄罗斯刑事诉讼法中搜查笔录属于法定证据种类。

我国没有将搜查笔录明文列为法定证据种类，修改后的刑事诉讼法对笔录证据的表述采取的是“勘验、检查、辨认、侦查实验等笔录”的表述，笔者认为从行文上并没有完全排除其他笔录作为法定证据种类。将搜查笔录作为我国刑事诉讼中一种独立的证据种类，可以使搜查这一法定侦查活动真正进入刑事诉讼中，从而在证明犯罪、指控犯罪、认定犯罪过程中发挥重要的作用，同时还可以使搜查活动能够接受监督，更好地保护被搜查人的合法权益。

（三）搜查笔录属于实物证据

搜查笔录是搜查过程中直接形成的证据，能够客观地反映犯罪嫌疑人以及可能隐藏罪犯或者罪证的人的身体、物品、住处和其他有关场所情况，是一种以实物形态为表现形式的证据，因此属于实物证据，具有客观性、被动性、依赖性强的特点。搜查笔录直接来源于犯罪嫌疑人以及可能隐藏罪犯或者罪证的人的身体、物品、住处和其他有关场所，属于原始证据。在搜查过程中形成的笔录既可以证明侦查程序事实，也可以证明案件的实体事实。

三、搜查笔录的收集

（一）搜查笔录的收集主体

搜查的主体必须是公安机关、人民检察院的侦查人员，其他任何单位和个人都无权进行搜查。搜查笔录的制作主体必须是公安机关的人民警察、人民检察院的检察官或者书记员。无论是公安机关的人民警察，还是人民检察院的检察官或者书记员，都应当与案件没有利害关系。在搜查时没有发现搜查主体与案件存在利害关系，在搜查完成后发现的，公安机关负责人、侦查人员、检察官或者书记员在回避决定作出以前所进行的搜查活动是否有效，由作出决定的同级人民检察院检察委员会或者县级以上公安机关负责人、检察长根据案件情况决定。进行搜查的人员应当在二人以上。辅警、治安联防队员、保安人员不

---

① 张斌：《搜查笔录 = 证据?》，载《人民检察》2003 年第 3 期。

② 何家弘主编：《外国证据法》，法律出版社 2003 年版，第 466 页。

能进行搜查和制作笔录。

（二）搜查的对象和范围

侦查机关进行搜查的对象和范围应当是犯罪嫌疑人及可能隐藏罪犯或者犯罪证据的人身、物品、住处和其他有关的地方。其中，搜查犯罪嫌疑人是指对犯罪嫌疑人的人身、携带的物品和他的住处进行搜查；“证据的人身、物品、住处”是指犯罪嫌疑人的人身、携带的物品及其住处以外的其他人的人身、物品和住处，如亲友、邻居、工作单位等；“其他有关的地方”是指罪犯可能藏身或者隐匿犯罪证据的地方。侦查机关不能在犯罪嫌疑人的人身、携带的物品及可能隐藏罪犯或者犯罪证据的人身、物品、住处和其他有关的地方以外进行搜查。

（三）搜查的程序

首先，进行搜查应当经过审批。搜查具有排除各种障碍的强制性、目的和对象的特定性、实施主体的特定性和程序上的法定性等特点。搜查行为的强制性决定了非法搜查活动会极大地损害公民的人身、财产权益，会侵犯公民的人身自由权、住宅权、财产权以及隐私权，因此搜查活动必须严格按照法定程序进行。公安机关的搜查须经县级以上公安机关负责人批准；检察机关的搜查应当经检察长审批，搜查证也由检察长签发。执行拘留、逮捕的时候，遇有可能随身携带凶器，可能隐藏爆炸、剧毒等危险物品，可能隐匿、毁弃、转移犯罪证据，可能隐匿其他犯罪嫌疑人，其他突然发生的紧急情况等时，不用《搜查证》也可以进行搜查。在搜查结束后，检察机关的搜查人员应当及时向检察长报告，及时补办有关手续。

其次，搜查时应当选择见证人等到场见证。即邀请见证人到搜查现场对搜查行为进行观察、监督、作证。刑事诉讼法规定，在搜查的时候，应当有被搜查人或者他的家属，邻居或者其他见证人在场。

再次，搜查时应当出示相关证件。侦查人员应当出具本人的工作证件，证明本人身份，还要向被搜查人或者他的家属出示搜查证。搜查证的机关应当与侦查人员相一致，侦查人员到本辖区以外执行搜查任务，当地公安机关、检察机关应当配合、协助执行搜查，但是办案人员应当携带搜查证、工作证等证件文书。

最后，搜查应当在侦查人员的主持下进行，必要的时候，可以指派技术人员参加或者邀请有关单位协助进行。侦查人员应当向被搜查人或者其家属说明权利义务及阻碍搜查、妨碍公务应负的法律责任，要求被搜查人或者他的家属等交出可以证明犯罪嫌疑人有罪或者无罪的物证、书证、视听资料等证据。

（四）搜查笔录的制作

搜查笔录应当在搜查的过程中制作，载明进行搜查行为的地点和年、月、日，开始和终结的时间；制作笔录人的姓名；参加搜查的侦查人员；搜查行为的内容和在搜查中所发现的证据、查获犯罪嫌疑人等情况。如果在进行搜查时采用照相、录音或者录像的，应当在笔录中记明。搜查笔录应当向被搜查人或者他的家属，邻居或者其他见证人宣读，对记载有错误的应当进行改正，经确认无误后，搜查笔录应当由侦查人员和被搜查人或者他的家属、邻居或者其他见证人签名或者盖章，如果被搜查人或者他的家属在逃或者拒绝签名、盖章，应当在笔录中注明。如果被搜查人或者他的家属、邻居或者其他见证人拒绝签名、盖章的，应当说明拒绝签名的原因，并将说明记入笔录，并由见证人和侦查人员共同签字证明。搜查现场录音或者录像的，录制人员应当立即将录音、录像资料复制件交给被搜查人或者他的家属，邻居或者其他见证人，经其签字确认后当场对录音、录像资料原件进行封存。搜查中发现的可用以证明犯罪嫌疑人有罪或者无罪的财物和文件应当扣押，对于扣押的财物和文件，应当会同在场证人和被扣押财物、文件的持有人查点清楚，当场开列《扣押物品、文件清单》一式三份，写明财物或者文件的名称、编号、规格、数量、重量、质量、特征及其来源，由侦查人员、见证人和持有人签名或者盖章后，一份交给持有人，一份交给侦查机关，一份附卷备查。

（五）搜查中应当注意的问题

搜查妇女的身体，应当由女工作人员进行。搜查时，如果遇到阻碍，侦查人员可以强制进行搜查。对以暴力、威胁方法阻碍搜查的，应当予以制止，或者由侦查人员、司法警察将其带离现场；对于构成犯罪的，应当依法追究刑事责任。进行搜查的人员，应当遵守纪律，服从指挥，文明执法，不得无故损坏搜查现场的物品。对于邀请见证人的，在条件具备的情况下，在搜查结束后，应立即制作其证言，对搜查过程、取得证据的情况予以证明。

四、搜查笔录的审查要点

（一）审查搜查主体

搜查的主体必须是公安机关、人民检察院的侦查人员，进行搜查的人员不得少于二人，其他任何单位和个人都无权进行搜查。

（二）审查搜查活动的合法性

我国的刑事搜查是相当谨慎的，进行搜查有着较为严格的审批制度，要求也是比较高的，在一般情况下，侦查人员是无权擅自进行搜查的。搜查应当由刑事案件的侦查机关县级以上公安机关或者人民检察院的负责人批准才可以进行。审查搜查活动是否经过了审批或者补办手续，不但要看侦查机关负责人是否履行了的审批手续，还要审查搜查的条件是否具备，即是否有能够证明被搜查的场所存在犯罪的证据或者藏匿罪犯的材料，搜查的目的、时间、地点或者重点物品是否明确，是否属于对可能隐藏罪犯或者犯罪证据的案外第三人的场所进行搜查等情形。

（三）审查搜查的程序

首先，审查侦查人员是否向被搜查人或者他的家属出示了工作证件、搜查证等相关文书。其次，审查侦查人员是否向被搜查人或者其家属说明权利义务及相关法律责任。最后，是审查是否存在不当搜查等情形。不当搜查是指搜查虽然经过批准，但是在搜查过程中采用的方法手段存在不当之处，如毁损被搜查人财物、不当扣押物品等情况。

（四）审查搜查笔录的制作

搜查笔录主要应审查以下几点：一是看搜查笔录是否经由侦查人员和被搜查人或者他的家属、邻居或者其他见证人签名或者盖章，确认无误。被搜查人或者他的家属在逃或者拒绝签名、盖章的是否在笔录中注明。二是审查搜查中发现的与案件事实可能有关联的血迹、指纹、足迹、字迹、毛发、体液、人体组织等痕迹和物品是否全部提取，搜查中发现的物品和文件是否查点清楚，是否当场开列《扣押物品、文件清单》，由侦查人员、见证人和持有人签名或者盖章。三是审查搜查中查获的重要书证、物证、视听资料等证据及其放置地点是否拍照，是否用文字说明存放地点等有关情况。四是审查搜查笔录记载发现的物品和文件与《扣押物品、文件清单》相比照、与搜查现场录音或者录像资料相比照是否一一对应。

五、瑕疵和非法搜查笔录的处理

（一）瑕疵搜查笔录的处理

瑕疵搜查笔录一般包括以下情形：搜查笔录填写的搜查起止时间、搜查人员、记录人、见证人等有误或者存在矛盾；未记载出示工作证件、搜查证等相关文书和告知被搜查人或者其家属的权利义务责任；搜查人员、记录人没有签名或者盖章；搜查笔录记载发现的物品和文件与《扣押物品、文件清单》不一致；被搜查人或者他的家属在逃或者拒绝签名、盖章，未在笔录中注明；搜查过程中采用的方法手段存在毁损被搜查人财物、不当扣押物品、存在正当理由但无所查获等不当行为的；搜查笔录记载查获的重要书证、物证、视听资料等证据及其放置地点与照片不一致。瑕疵搜查笔录应当通过有关办案人员的补正或者作出合理解释加以弥补。具体是：搜查笔录填写的搜查时间、搜查人员、记录人、见证人等有误或者存在矛盾的，办案人员应当作出合理解释，结合搜查证、《扣押物品、文件清单》等文书对相关记载进行修改，消除矛盾。搜查人员、记录人没有签名或者盖章的，应当予以补签。搜查笔录记载发现的物品和文件与《扣押物品、文件清单》不一致和搜查笔录记载查获的重要书证、物证、视听资料等证据及其放置地点与照片不一致的，进行查检核实后予以补正。未记载出示工作证件、搜查证等相关文书和告知被搜查人或者其家属的权利义务的，可以由办案人员作出合理解释；如果已经告知的，可以通过被搜查人或者其家属、见证人证言予以弥补；确实没有告知的，在办案人员作出合理解释后应立即告知。被搜查人或者他的家属在逃或者拒绝签名、盖章，只有搜查人员、记录人、见证人等签名、盖章，未在笔录中注明的，可以由办案人员补充注明。必要时也以要求搜查人员、记录人、见证人出庭作证。

（二）非法搜查笔录的处理

非法搜查是指没有经过批准和不具有法定形式的搜查，在搜查过程中擅自扩大搜查范围的也属于非法搜查。没有经过审批的搜查所产生的一切材料都是非法的。在搜查过程中擅自扩大搜查范围，就扩大范围部分所产生的材料是非法的。侦查人员未在搜查行为过程中制作搜查笔录，而是在搜查行为结束后离开现场制作的搜查笔录，该笔录不能如实地、全面地反映搜查活动的具体经过的，属于非法搜查证据。搜查笔录没有经被搜查人或者他的家属、邻居或者其他见证人确认无误并由侦查人员和被搜查人或者他的家属、邻居或者其他见证人签名或者盖章的，属于非法搜查证据。对于非法搜查证据应当予以排除。

六、运用搜查笔录应当注意的问题

（一）完善搜查的审批制度

完善搜查的审批制度。我国的刑事搜查有着较为严格的审批制度，之所以出现不正确的搜查行为很多情况在于相关的审批制度没有严格落实。如侦查机关负责人的审查与批准本应当具有一定的刚性，通过认真地进行审批就可以减少搜查的滥用，由于有些侦查机关负责人对本单位的侦查活动进行审批时缺乏应有的坚定性或者审查没有尽到应有的责任，才导致了出现错误的搜查。可见，通过完善搜查的审批制度就可以极大地减少不正确的搜查出现。侦查机关负责人在审批搜查时：首先，要审查搜查的条件是否具备，进行搜查要有能够证明被搜查的场所存在犯罪的证据或者藏匿罪犯的材料，侦查人员在此基础上才能提出搜查的意见，没有这样的证据不能进行搜查。其次，要审查搜查的手续是否齐全。在提请搜查时，应当制定搜查方案，根据法律规定和案件的情况，写明搜查的目的、时间、地点或者重点物品，搜查可能出现的问题和对策，参加搜查的人员及分工等，没有制定搜查方案不能决定进行搜查。最后，审批人要认真履行职责，严格审查作出批示。侦查机关负责人审批时，应当注意区别不同情况，对属于犯罪嫌疑人的场所和案外第三人的场所进行搜查应当把握具体的标准，特别是对于案外第三人的场所进行搜查时应当注意要有较为充分的证据，并做好相应的工作，将可能出现的侵害降低到最低程度。认真查处非法搜查的违法犯罪行为。对于不当搜查的侦查人员，应当分清责任，予以行政处理。非法搜查情节严重构成犯罪的，应当依法追究刑事责任，尚不构成犯罪的予以行政处理。对于在搜查的审批过程中，因滥用职权、玩忽职守对不应当搜查而决定搜查或者应当搜查而不决定搜查造成严重后果的审批人也应当根据具体情况追究其相应的责任。我国应当大力完善搜查后的救济制度，以弥补给被搜查人造成的损害。有观点认为：（遭受非法搜查的）被搜查人有权以其合法权益遭受侵犯为由，直接提起行政诉讼。① 由于刑事案件侦查能否属于行政行为尚存争议，对搜查行为采取提起行政诉讼的方式有所不当。对于因非法搜查遭受精神和物质损失的，应当采取国家赔偿的方式为宜。笔者建议可以通过修改《国家赔偿法》将非法搜查和不当搜查纳入赔偿范围，使非法搜查和不当搜查的被搜查人能够得到相应的赔偿。同时，《国家赔偿法》所规定的返还财产、赔偿损失、恢复原状、消除影响、恢复名誉、赔礼道歉等方式能够全面灵活地适应被搜查人遭受非法搜查和不当搜查的救济需要。

（二）完善搜查中的见证人制度

见证人又称在场见证人，是指受司法机关邀请到勘验、检查、搜查现场对勘验、检查、搜查、侦查实验的行为进行观察、监督、作证，并与案件没有利害关系的人。在我国刑事诉讼中，搜查、勘验、检查、侦查实验、扣押物证、书证和送达等诉讼活动中均应当有见证人参与。在刑事案件的侦查过程中，为了收集证据和抓获犯罪人，侦查人员往往会对可能隐藏罪犯或者罪证的人的住处等场所进行搜查，对作案现场进行勘查。随着犯罪的日益隐蔽和公民证据意识的增强，作为侦查措施，侦查实验、勘验、检查、搜查的作用日益凸显，与之相伴随，作为保证勘验、检查和搜查活动正确合法的见证人的作用也逐渐显

① 宋世杰、黄柳：《刑事搜查初探》，载《福建公安高等专科学校学报》2003 年第 3 期。

示出来。刑事诉讼法对见证人和有关见证活动产生的证据的相关规定较为原则，不能充分适应形势发展的客观需要，如何加强见证人在刑事诉讼中的应有作用仍是一个重要课题。

1. 刑事诉讼中见证人的范围和特征

（1）刑事诉讼中见证人的范围和作用。

在刑事诉讼中，搜查、勘验、检查、侦查实验、扣押物证、书证和送达等诉讼活动中均应当有见证人参与。就搜查来讲，可以作为见证人的人员范围主要包括被搜查人邻居或者其他见证人，如果是在被搜查人单位的有关处所进行搜查，见证人应当是该单位的代表。刑事诉讼法规定：在搜查的时候，应当有被搜查人或者他的家属、邻居或者其他见证人在场。刑事诉讼法所规定的被搜查人的邻居范围基本是可以确定的，但是其他见证人、被搜查人所在单位代表的范围是不固定的。究竟见证人的范围是什么法律没有具体规定。至于勘验、检查、扣押、侦查实验等侦查行为则没有规定见证人的范围。

见证人的作用是观察、监督侦查人员的搜查、勘验、检查、侦查实验、扣押物证、书证和送达等诉讼活动活动是否合法、正确，使合法的搜查、勘验、检查、侦查实验、扣押物证、书证和送达等行为得到客观的承认，产生法律上的效果。搜查、勘验、检查、侦查实验、扣押物证、书证和送达等诉讼活动有见证人在场，有利于证实搜查、勘验、检查、侦查实验、扣押物证、书证和送达等情况，增强搜查、勘验、检查、侦查实验、扣押等侦查行为所取得的证据的真实性、可靠性，也有利于侦查人员严格依法进行刑事案件的侦查活动，便于人民群众监督，同时也可以防止一些被搜查人诬告侦查人员违法侦查，从而保证侦查活动的顺利进行。没有见证人的搜查、勘验、检查、侦查实验、扣押等侦查活动没有法律效力，在搜查、勘验、检查、侦查实验、扣押等过程中没有见证人的扣押笔录、物品清单等不能作为法定的证据。

（2）刑事诉讼中见证人的特征和见证范围。

见证人具有可选择性。如在搜查过程中，侦查机关可以在被搜查人邻居、有关单位人员或者其他人员中选择见证人。从这里可以看出见证人是可以选择的，选择的权力在于侦查机关。同时见证人又具有不可选择性。见证人不同于证人，但是二者又存在一定的联系。证人、见证人均应当与案件没有利害关系。证人是通过个人感知了解案情，向司法机关作证，具有不可替代性，其了解案情具有被动性。见证人也与案件无关，也不了解案情，但是其一经被选择并参加了现场搜查、勘验、检查、侦查实验、扣押等的见证工作，就成为了解有关诉讼活动的人，具有了不可替代性。① 见证人被选择和邀请具有被动性，但其一旦成为了见证人，其了解搜查、勘验、检查、侦查实验、扣押等情况就具有主动性了。能够证明搜查、勘验、检查、侦查实验、扣押等活动合法有效的，只有见证人，其他人不具有这种作用。

见证人见证的范围具有广泛性。见证人首先要证明的是搜查、勘验、检查、侦查实验、扣押等活动正确合法，见证人通过自己的见证来说明侦查机关的搜查、勘验、检查、扣押等活动是依法进行的，如侦查人员出示了搜查证、参加搜查的人员符合法律规定，搜查中没有损坏财物以及搜查的部位和实施的过程等。其次是证明扣押的物品。在搜查过程中发现与犯罪有关的可疑物品或者违禁品均应当扣押，见证人应当见证这些文件、资料和其他物品的名称、型号、规格、数量、重量、质量、颜色、新旧程度和缺损特征等。对于搜查中发现的物证、书证、视听资料等证据，当原物不便搬运、保存，或者依法应当返还被害人，或者因保密工作需要不能调取原物的，可以对原物进行拍照、录像。见证人应当见证拍照或者录像的原物外形、内容。对于视听资料、原物不能调取的原因、制作过程和原件、原物存放地点的说明进行见证。对于扣押金银珠宝、文物、名贵字画、违禁品以及其他不易辨别真伪的贵重物品，见证人应当见证当场密封的情况。随着执法要求的不断细化，在刑事诉讼过程中见证人见证的内容将越来越广泛。

2. 现有刑事诉讼中见证人制度存在的缺陷

（1）见证人见证侦查活动的范围比较窄。

刑事诉讼中凡是需要见证人见证的侦查活动应当及时选择和邀请见证人进行见证，刑事诉讼法规定可以见证的侦查活动包括：勘验、检查、搜查、扣押物证、书证。刑事诉讼法规定勘验、检查的情况应当写成笔录，由参加勘验、检查的人和见证人签名或者盖章。在搜查的时候，应当有被搜查人或者他的家属，邻居或者其他见证人在场。对查封、扣押的财物、文件，应当会同在场见证人和被查封、扣押财物、文件持有人查点清楚，当场开列清单一式二份，由侦查人员、见证人和持有人签名或者盖章，一份交给持有人，另一份附卷备查。对于送达，《刑事诉讼法》第 81 条规定，收件人本人或者代收人拒绝接收或者拒绝签名、盖章的时候，送达人可以邀请他的邻居或者其他见证人到场，说明情况，把文件留在他的住处，在送达证上记明拒绝的事由、送达的日期，由送达人签名，即认为已经送达。对于侦查实验、辨认是否需要见证人，刑事诉讼法没有规定，《人民检察院刑事诉讼规则》规定：侦查实验，在必要

① 陈一云主编：《证据学》，中国人民大学出版社 2000 年版，第 326 页。

的时候可以聘请有关人员参加，也可以要求犯罪嫌疑人、被害人、证人参加。辨认在必要的时候，可以有见证人在场。《公安机关办理刑事案件程序规定》规定：辨认经过和结果，应当制作辨认笔录，由侦查人员签名，辨认人、见证人签字或者盖章。综合这些规定，见证人可以见证的侦查活动包括：勘验、检查、搜查、侦查实验、扣押物证、书证、送达和辨认，但是鉴定是否需要见证人见证则没有规定。可见，法律规定的见证人见证的范围显然是比较窄的。

（2）见证人见证的内容过窄。

在刑事侦查过程中，见证人见证的内容应当是广泛的，但是刑事诉讼法、《人民检察院刑事诉讼规则》、《公安机关办理刑事案件程序规定》中规定的见证人见证侦查活动的内容范围较窄，如在见证人见证搜查的活动中，只是规定见证人监督搜查的程序，这种见证属于程序性监督，对于搜查实质内容的监督缺乏相关规定。见证人的见证活动记录于搜查记录、扣押物品清单上，形式是签字盖章。但是在相关的搜查记录中，记录的内容侧重于搜查程序的记载，难以记明扣押物品的全部特征和内容。扣押清单对扣押物品只是规定见证人见证物品、书证的表面特征，没有见证这些物品、书证的具体内容，无法确定其真实性。如对于某些受贿犯罪，经搜查收集、扣押犯罪嫌疑人家人记载受贿情况的笔记本，并记明扣押清单，见证人可以见证笔记本的名称、特征及发现的地点，但是没有对其中的内容进行见证。如果犯罪嫌疑人否认其中的某些内容，见证人也只是见证了表面特征，无法见证其内容，因此不能保证书证的原始性，无法排除伪造，从而造成证据来源与证据内容的脱节，使同一证据的链条产生断裂，这就会给侦查等工作带来困难。因此见证人见证搜查的内容应当是全面的，这样才能保证搜查到的证据完整，充分发挥证明犯罪的作用。特别是一些电子数据类证据，由于其证据的特征，如果缺乏见证人见证的内容可能会对刑事诉讼活动产生不利的影响。如在提取手机检材时，侦查人员是否允许他人接触手机，是否随时接触检材，是否随意查看或者提取手机信息等，这些情况均需要由见证人予以见证。

（3）选择见证人的随意性大。

由于法律没有对选择和邀请见证人作出具体规定，在司法实践中，选择和邀请见证人缺乏相应的标准，造成见证人成分复杂，不利于发挥见证人的作用。一是选择和邀请见证人没有考虑到见证人是否具有监督能力。搜查、勘验、检查、侦查实验、扣押物证、书证、辨认均是侦查行为，带有一定的强制性，见证人观察、监督侦查人员的搜查活动是否合法、正确，其就应当具有相应的认识能力和承受能力，这样才便于监督。国外对选择和邀请见证人均有一定的规定，如在德国，搜查房间时，应当有一位成年亲属、家属或者邻居在场，这里的成年就是对见证人条件的要求。我国则缺乏有关见证人条件的规定。二是没有考虑到回避的要求。见证人应当是与案件、当事人无关的人员，同时也应当是与司法机关无关的人员，具有这些关系的人员不但不能见证搜查而且应当回避，如果不回避则其见证的搜查无效。如公安机关在进行搜查时，有时会使用辅警作为搜查活动的见证人，由于辅警隶属于某一基层派出所，其与公安机关存在某种联系，其属于与案件处理存在一定的利害关系的人。因此侦查辅助人员、参与侦查活动的其他人员不得作为勘验、检查、侦查实验、搜查、辨认、扣押等侦查活动的见证人。另外，有些见证人与被搜查人存在利害关系，由其进行见证搜查不能发挥应有的作用。所以这些人员也不能成为见证人。三是选择见证人没有考虑到案件保密的客观需要。随着刑事诉讼活动精确化，为了保证搜查证据的可靠，有时见证人应当见证扣押物证、书证中的相关内容，这些内容往往与案情有着重要的关系，属于案件秘密，而案件秘密不应当由无关人员知悉。此时如果随意选择见证人，由于见证人缺乏保密意识，也不承担保密职责，就有可能造成泄密，影响侦查深入开展。

（4）缺乏见证人见证不利于案件的正确处理。

在侦查过程中，对于见证人的见证规则没有掌握或者不严格地遵守会导致刑事案件无法得到正确处理。根据修改后的刑事诉讼法及相关证据规定，收集调取的物证、书证，在勘验、检查笔录，搜查笔录，侦查实验笔录，提取笔录，扣押清单上没有侦查人员、物品持有人、见证人签名或者物品特征、数量、质量、名称等注明不详的，或者勘验、检查人员和见证人没有签名、盖章的，属于瑕疵证据。对于瑕疵证据如果没有正当理由的，应当排除其在刑事诉讼中的运用。这既降低已收集证据的可靠性可信性，又导刑事诉讼效率的低下，影响了刑事案件的处理。

3. 完善搜查中的见证人制度的措施

（1）完善搜查中的见证人制度的立法。

首先，应在刑事诉讼法中明确规定搜查、勘验、检查、侦查实验、扣押物证、书证、鉴定、辨认等侦查活动均应当有见证人予以见证。对此应当以见证为原则以秘密为例外。对于确实需要秘密进行或者有伤风化、影响刑事诉讼正常进行的行为，可以不邀请见证人见证。

其次，应在刑事诉讼法中规定见证人的条件。应当突出强调见证人的监督能力，对此应当将见证人的年龄作为主要考虑因素。如规定见证人应当是成年人，可以在条文中规定：在搜查、勘验、检查、侦查实验、扣押物证、书证和辨认的时候，应当有被搜查人或者他的家属、邻居或者其他成年见证人在场。对见证人还要规定回避要求。应当在法律条文中规定具有证人、鉴定人、辩护人、诉讼代理人身份或者与本案当事人有其他关系，可能影响公正处理案件的人员不能担任见证人，以排除不合格的见证人。

再次，应规定根据不同案件情况选择不同的见证人。对此国外有一些成熟的规定，如法国《刑事诉讼法》规定：搜查的财产属于一个负有保守职业秘密的人，如律师或医生，进行搜查的官员必须先通知有权到场的地方律师协会或者医学会分支机构的主席。① 对此我国可以借鉴外国的一些做法，在法律中规定侦查机关应当根据不同案件的需要选择不同的见证人，如涉及国家秘密的案件应当从保守秘密的角度选择适宜的见证人。收集电子证据时，应当选择熟悉计算机、电子通信等技术的人员作为见证人。

最后，应规定见证人可以见证搜查扣押物品的内容。扣押物品的内容应当在见证人的见证下详细地记明笔录，防止因犯罪嫌疑人翻供或其他情况而导致证据出现变化。对于经勘验、检查、搜查、提取、扣押的物证、书证，见证人应当见证物品的特征、数量、质量、名称等是否注明清楚；对于物证有照片、录像或者复制品的，见证人应当见证制作过程及原物、原件存放于何处。对于勘验、检查笔录，见证人应当见证：勘验、检查笔录的内容是否全面、详细、准确、规范；是否准确记录了提起勘验、检查的事由，勘验、检查的时间、地点，在场人员、现场方位、周围环境等情况；是否准确记载了现场、物品、人身、尸体等的位置、特征等详细情况以及勘验、检查、搜查的过程；文字记载与实物或者绘图、录像、照片是否相符；固定证据的形式、方法是否科学、规范；现场、物品、痕迹等是否被破坏或者伪造，是不是原始现场；人身特征、伤害情况、生理状况有无伪装或者变化等。对于视听资料，应当见证视听资料是否为原件，有无复制及复制份数；制作过程是否真实，有无经过剪辑、增加、删改、编辑等伪造、变造情形，见证原件存放地点。对于电子邮件、电子数据交换、网上聊天记录、网络博客、手机短信、电子签名、域名等电子证据，应当见证制作、储存、传递、获得、收集、出示等程序和环节是否合法，有无剪裁、拼凑、篡改、添加等伪造、变造情形等。

（2）认真执行法律的规定。

严格地执行修改后的刑事诉讼法和《两个证据规定》，对其中涉及见证人的相关规定一定要正确执行。对于在侦查过程中没有执行《两个证据规定》，造成证据存在瑕疵的，应当及时予以补正。无法补正、合理解释补正或者尚不足以排除合理怀疑的，应当予以排除。在选择见证人时应当注意工作方法。首

① 汪建成、黄传明：《欧盟成员国刑事诉讼概论》，中国人民大学出版社 2000 年版，第 140 页。

先是要正确选择和邀请见证人。侦查机关要充分考虑到见证人的见证资格和见证能力，选择和邀请具有见证能力的人员见证搜查活动。选择和邀请见证人时应当告知见证人要与案件不存在利害关系，并在笔录中注明其身份。告知见证人相应的权利义务关系，特别是作证的义务。因为在遇到案件的当事人对搜查活动的正确性和合法性提出异议时，见证人负有为其亲眼所见的情况作证的义务，因此在选择见证人时应当将作证的义务特别是出庭作证的义务明确告知见证人并记明笔录。应当考虑见证人是否具有正确的认识能力、表达能力，选择的见证人应当是能够辨别是非、正确表达的人员，生理上、精神上有缺陷的人、年幼的人、不能辨别是非、不能正确表达的人，不能作为见证人。其次是要根据不同案件情况选择和邀请不同的见证人。对于搜查中可能涉及国家秘密、商业秘密的，应当通知相关单位的人员到场见证；在一般情况下，如果扣押物品的内容可能涉及案件秘密时，应当通知当地基层党支部、村委会、居委会、相关单位的纪检或者单位保卫部门人员到场见证，以防止泄密。如对于贪污贿赂案件在搜查时，可以有选择地通知和邀请被搜查人所在单位的纪检、保卫部门的人员到场见证。再次是做好相应的记载。勘验、检查活动形成的笔录、侦查实验形成的笔录，均应有见证人签字。就搜查而言，搜查过程中形成的搜查笔录、扣押物品清单均应当由见证人签名盖章，搜查笔录、扣押物品清单应当详细记明扣押物品的名称、型号、特征、规格、数量及发现的地点，特别是对一些存单、存折等应当写明数额、编号等。搜查笔录、扣押物品清单应当注意保持一致，防止出现矛盾。对于搜查中发现不宜随案移交的物品，在进行拍照时，应当由见证人进行见证并在笔录中注明。如果搜查笔录、扣押物品清单尚不能正确反映被扣押物品的相关内容，则应当及时收集见证人就其见到的被扣押物品的相关内容进行详细说明的证言，对扣押物品情况进行固定。

第十二节　视听资料的收集与审查

科学技术的发展带来了证明犯罪方法的变化，也带来了记录犯罪手段的变化，能够在现场记录犯罪言行的各种证据随着记录设备的广泛应用而逐渐增多，反映案件事实的声像材料进入了刑事诉讼中。

一、视听资料概述

（一）视听资料的概念

视听资料是以特定载体为储存设备，以图像、声音等内容来证明案件真实情况的证据。常见的视听资料包括录音、录像资料、电影资料等，这些资料可以储存在磁带、胶片中，也可以储存在电子载体中。

视听资料是1996年刑事诉讼法修改后新增的一个证据种类。刑事诉讼法并未对视听资料的概念作出界定。最高人民检察院于1996年12月31日发布的《关于印发检察机关贯彻刑诉法若干问题的意见的通知》第3条第1款对视听资料的概念作出了具体解释，“视听资料是以图像和声音形式证明案件真实情况的证据。包括与案件事实、犯罪嫌疑人以及犯罪嫌疑人实施反侦查行为有关的录音、录像、照片、胶片、声卡、视盘、电子计算机内存信息资料等”。视听资料突出以图像、声音来证明案件事实，这一定义将不具有声像功能的声卡、电子计算机内存信息资料视为视听资料是不正确的。在日常生活中，一些企事业单位、机关团体乃至居民个人都安装摄像机等设备，视听资料广泛地出现在刑事诉讼过程中，也出现了如何正确认定、使用这些视听资料的问题。在侦查过程中，司法机关也在询问证人、被害人、讯问犯罪嫌疑人、被告人的场所设置录音录像设备，司法机关在询问证人、被害人、讯问犯罪嫌疑人、被告人时所拍摄的录像，应当分别属于证人证言、被害人陈述、犯罪嫌疑人、被告人供述与辩解，而不属于证实犯罪的视听资料。当这些录像被用来证明讯问人员的讯问程序时，就属于程序证据中的视听资料了。

（二）视听资料的作用

1. 视听资料有利于司法机关迅速地查明案件事实。在犯罪现场录制的视听资料可以直接准确地反映案件事实的发生、发展的全过程，获取这种视听资料可以直接认定犯罪嫌疑人，查清案件事实。

2. 视听资料可以为发现犯罪提供线索。视听资料以图像、声音来证明案件事实，其图像、声音可能不能直接认定犯罪嫌疑人，但是可以为图像、声音的进一步鉴定提供素材，为挖掘案件线索、指明侦查方向打下良好的基础。

3. 视听资料可以检验其他证据。视听资料是对案件事实直接的反映，能逼真地反映案件过程，因此可以检验当事人等人提供证据的真伪。

二、视听资料的证据属性

（一）视听资料是记载图像、声音的独立证据种类

视听资料是以其本身记载有反映案件真实情况的图像、声音来证明案件事实的，图像、声音是其证据内容，而录音带、录像带、胶片、光盘是其基本载体，作为视听资料，基本载体作为证据的重要部分，离开了基本载体也就无法成为视听资料。

（二）视听资料是原始证据

视听资料一般直接来源案件现场，属于在案件事实的直接作用或影响下形成的，未经复制、转述、传抄，客观性强，具有较强的准确性和可靠性。如在盗窃车辆现场，由停车场的录像设备摄制下来的盗窃过程的录像，就是对盗窃过程的直接反映，直接来源于案件事实。当然，在视听资料经过复制后，虽然经查证属实仍可以作为证据使用，但此时的视听资料就是传来证据了。在侦查过程中侦查人员直接制作或者指派有关人员制作的录音、录像等由于不是在犯罪现场制作的，因此不是视听资料。视听资料是实物证据，表现为录制有证明犯罪事实图像、声音的实物形态，不含有他人主观意见或判断。视听资料的形成一般不受录制人的主观因素的影响，真实性较强。犯罪行为一发生，视听资料录制的内容与犯罪事实之间的关系也就已经确定，不会随着人的主观心态、记忆能力、利益考虑等主观因素而改变。视听资料通常属于特定的物品和痕迹，具有不可替代性。

（三）视听资料大多数情况下是直接证据，少数情况下是间接证据

视听资料直接来源于案件现场，直观性强，能单独直接证明案件主要事实、犯罪嫌疑人。在设备性能优良的情况下，可以直接认定犯罪嫌疑人。在这种情况下视听资料就是直接证据。视听资料虽直接来源于案件现场，但由于录制的角度、设备情况等因素制约，有时不能单独直接证明案件主要事实，只能证明案件事实中的某一情节、片断，需同其他证据结合起来才能查明案件主要事实，此时视听资料就是间接证据。如一起驾驶汽车在工厂行窃的案件，工厂门口录像设备摄录的是一辆汽车进出厂门的情况，这种视听资料就是间接证据。

（四）视听资料的制作及证明作用大小易受技术设备等因素影响

视听资料的制作过程容易受到仪器设备、制作技术、操作水平、环境条件的影响。视听资料的制作、出示需要其他设备，没有相应的设备无法制作、出示视听资料。视听资料的准确性依赖技术设备，一般来讲，使用的设备越是高端，制作的视听资料就越是真切逼真，反之则制作出的视听资料可靠性就越差，其证据的证明作用就越小。审查视听资料也依赖有关技术，一些视听资料有时需要进行鉴定后才能发挥证明作用，如录音有时需要进行声纹鉴定才能辨别出是谁的声音，此时才能发挥证明作用。

（五）视听资料易被伪造

视听资料与科学技术的发展密切相关。它既可以依靠科学技术制作，也可以借助科学技术伪造、篡改。如录音带、录像带可以被拼接、剪辑、消磁，光

盘可以被重新刻录，图像可以被伪造、添加、删减、编辑、修改，通过不同的技术处理，视听资料很容易丧失其客观真实性。

三、视听资料的收集

（一）收集主体

制作视听资料的主体可以是发案的单位、个人，也是在犯罪现场进行录音、录像的证人。收集主体应当是侦查机关的侦查人员，侦查人员不得少于2人。侦查人员收集视听资料的方式可以是向有关单位和个人调取；犯罪嫌疑人及其同案人交出；有关知情人、证人提供；犯罪嫌疑人家属或其聘请的律师提供；侦查人员在搜查、勘验检查中提取扣押等。

（二）收集程序

1. 出示法律文书及证件。任何单位和个人，有义务按照人民检察院和公安机关的要求，交出可以证明犯罪嫌疑人有罪或者无罪的视听资料。侦查人员收集视听资料时，应当持有人民检察院或者公安机关的证明文件和侦查人员的工作证，必须出具人民检察院和公安机关的《调取证据通知书》和《调取证据清单》。

2. 接受视听资料。人民检察院和公安机关接受和收集、调取视听资料证据时，视听资料应当封存，在封存时可以由制作人和询问人、讯问人、证人、犯罪嫌疑人等当场签字，注明时间后予以封存，随案移交。视听资料应当是双份，一份随案移交，另一份存档备查。视听资料持有人交出视听资料后应当在《调取证据通知书》和《调取证据清单》上签名并填写签收时间。《调取证据通知书》和《调取证据清单》一份交被调取单位和个人保存，一份存卷备案。

3. 制作笔录。人民检察院和公安机关接受和收集、调取视听资料证据应制作接受、收集、调取视听资料证据笔录，让交出或提供视听资料证据的单位和个人详细说明该视听资料证据的形成过程、发现经过、保存地点、原保存人、是否原始资料等。接受和收集、调取视听资料的侦查人员、交出或提供人均应在笔录上签署姓名和日期。

4. 其他方式收集。侦查人员在勘验、检查和搜查中发现视听资料证据的应予扣押。在勘验、检查和搜查中扣押视听资料证据，应当制作扣押笔录和清单，一式二份，一份交被扣押人保存，一份留卷备查。扣押笔录应当记明被扣押的视听资料的发现经过、原存放地点、数量、特征、主要内容，并责令被扣押物品持有人详细说明该视听资料的来源和获取过程、动机、目的。执行勘验、检查和搜查任务的侦查人员及被扣押物品持有人应在扣押笔录上签名。

5. 视听资料的保管。视听资料证据在接受、提取、扣押、制作、复制、移送等各环节都应严格保管，安全保管，防止视听资料证据在保管、制作、复制、移送环节出现损毁、丢失、感染病毒等情形。保管和移交时要由经手人制作送达或移送回证并签名，因保管、移交出现视听资料损毁、丢失、感染病毒的，要严格责任追究。

（三）收集视听资料应当注意的问题

涉及国家秘密和被调取单位商业、管理秘密的视听资料证据，应当保密。侦查人员或侦查人员指派的其他人员采取秘密方式获取的视听资料，不能直接作为证据提交法庭，需要提交法庭的，侦查人员可以通过讯问或其他方式将其转换为能够公开使用的证据。秘密获取视听资料证据的，获取人应将获取该视听资料证据的时间、地点、经过，获取人的姓名等制作成笔录附卷。侦查机关依照有关规定采用特殊侦查措施收集的视听资料证据材料，经法庭查证属实的，可以作为定案的根据。但是法庭应依法不公开收集视听资料的特殊侦查措施的过程及方法。

四、视听资料的审查要点

审查视听资料证据，必须坚持全面、细致、协调、科学原则，应当结合案件其他证据，审查其真实性和关联性。对通过审查尚不能判定真伪的视听资料，要及时聘请有关视听技术专家进行鉴定。审查视听资料应当审查下列内容：

（一）审查收集主体

审查收集主体是否是侦查机关的侦查人员，侦查人员的人数是否符合法律规定，法律手续是否齐全。

（二）审查视听资料来源

根据证据的关联性、合法性要求，视听资料应当与案件事实有关联。在收集视听资料时要注意其来源是否合法，对接受和调取的视听资料也要认真审查其来源看是否合法。其中审查获取主体看获取人是否具备获取视听资料的条件和技术，其获取该视听资料的动机、目的等，以及获取时间和过程是否符合客观实际；审查制作主体时要看是否载明制作人或者持有人的身份，制作的时间、地点和条件以及制作方法；要注意审查视听资料的制作过程中当事人有无受到威胁、引诱等违反法律及有关规定的情形，审查视听资料制作过程是否真实，有无经过剪辑、增加、删改、编辑等伪造、变造情形；此外，也要注意审查制作人或者持有人对视听资料是否合法有效地持有。

（三）审查视听资料内容

审查视听资料内容时要注意审查其是否为原件，有无复制件及复制件份数，当视听资料为复制件时，应当考虑复制的原因、复制的可靠性，必要时应当进行鉴定。如果调取的视听资料是复制件的，应当查明是否附有无法调取原件的原因、制作过程和原件存放地点的说明，是否有制作人和原视听资料持有人签名或者盖章。审查其内容，看内容是否真实，内容与案件事实有无关联性，有无经过增加、删改、编辑等伪造、变造情形。审查视听资料的内容是否连贯，有无剪辑，所反映的犯罪事实与背景是否一致，口形与声音是否同步。视听资料所反映的内容与其他物证、书证、现场勘验是否协调一致，与犯罪嫌疑人供述和证人证言是否存在矛盾，等等。

（四）审查收集视听资料时制作的专门笔录

在收集视听资料时应制作笔录，审查这些笔录时应注意以下方面：确定交出或提供视听资料证据的单位和个人说明该视听资料证据的形成过程、发现经过、保存地点、原保存人、是否原始资料等是否全面，看是否问明视听资料为原件；如果是复制件的，是否问明无法调取原件的原因，是否由制作人或者持有人做出合理解释。在笔录中是否问明制作该视听资料的原因以及制作的时间、地点、条件、制作方法以及制作过程、复制份数和原件存放地点等，排除制作过程中当事人受到威胁、引诱等违反法律及有关规定的情形。如果视听资料已经复制应当问明复制内容和制作、复制过程，有无经过剪辑、增加、删改、编辑等伪造、变造情形。接受和收集、调取视听资料的侦查人员、交出或提供人均应在笔录上签署姓名和日期。审查收集视听资料时制作的专门笔录中记录的视听资料时间与视听资料本身是否一致等。

五、瑕疵和非法视听资料的处理

（一）瑕疵视听资料的处理

瑕疵视听资料是指收集程序存在瑕疵，经补正或者作出合理解释后可以作为证据使用的视听资料。瑕疵视听资料包括：收集主体不完全符合法定要求的视听资料；没附有各种解释说明的视听资料；虽然没有原件但是存在能够说明来源的复制件；封存保管与收集笔录记载不符的视听资料；接受和收集、调取视听资料的侦查人员、交出或提供人没有全部在收集笔录上签署姓名而收集的视听资料；收集视听资料时制作的专门笔录中记录的视听资料时间与视听资料本身记载时间有误的视听资料等。瑕疵视听资料可以采取以下方式进行补正或者作出合理解释：

1. 当收集主体不符合法定要求时，主要是接受、收集视听资料的侦查人员人数不符合法定要求，对此侦查人员应当作出合理解释。

2. 当视听资料未附有各种解释说明时，应当由侦查人员作出合理解释，由收集人、制作人、持有人等补充制作记载视听资料制作时间、地点、条件、制作方法以及制作过程、复制份数和原件存放地点的说明；当已有说明但是内容不足以说明上述情形时，也应当由上述人员重新制作。

3. 当没有原件但是存在能够说明来源的复制件时，应当由侦查人员作出合理解释。如某单位在单位内部安装了监控设备，每晚对单位情况进行录像，然后在监控设备硬盘内保存 15 日，15 日后录像复制到单位监控中心保存 1 个月。该单位于 2008 年 8 月 20 日发生了一起盗窃案，2008 年 9 月 16 日才发现被盗，17 日单位报警，公安机关提取了单位监控中心保存的案发当日的现场录像，这一录像就是复制的。此时应当由侦查人员和制作人对原件已无法收集并对监控设备和复制件的制作等作出合理解释。

4. 当封存保管的视听资料特征与收集笔录记载不符时，应当由侦查人员作出合理解释，对封存保管的视听资料特征等进行核对，必要时重新制作收集笔录。

5. 视听资料的收集笔录上签名不全的，应当由侦查人员作出合理解释，并由没有签名的接受和收集、调取视听资料的侦查人员、交出或提供人补充在笔录上签署姓名。

6. 收集视听资料的笔录中记录的视听资料时间与视听资料本身记载时间不同时，应当由侦查人员对时间进行重新核对，必要时制作相应笔录就两者时间不同作出解释。在视听资料经过了编辑时，由于出现了对视听资料的部分修改，除收集人、提供人、制作人作出合理解释之外，还应当进行鉴定，经过查证属实后，可以采用。

（二）非法视听资料的处理

非法视听资料是指不能证明客观性、真实性、合法性的视听资料。具体包括：（1）不能证明客观性特别是视听资料的制作和取得的时间、地点、方式等有异议，不能作出合理解释或者提供必要证明的视听资料，如交出或提供视听资料证据的单位和个人不能详细说明该视听资料证据的形成过程、发现经过、保存地点、原保存人、是否属于原始资料等情况的视听资料，制作人或者持有人对复制件不能做出合理解释的视听资料；（2）不能证明真实性即经审查或者鉴定无法确定真伪的视听资料，如存在经过剪辑、增加、删改、编辑等伪造、变造情形的视听资料，由于保管不当造成失真变形的视听资料；（3）不能证明合法性的视听资料，如制作过程中当事人受到威胁、引诱等违反法律及有关规定情形的视听资料。对于非法视听资料，应当予以排除，不能作为定案的根据。

六、运用视听资料应当注意的问题

（一）如何掌握私人私自制作的视听资料的效力

刑事诉讼法对私人不正当获取的证据的可采性问题没有做出规定。对此有不同的看法，一种观点认为，证据的取得必须合法，只有经过合法途径取得的证据才能作为定案的根据。公民私自录制的视听资料必须具有合法性，只有经过合法收集才能进入诉讼程序并作为证据使用。未经对方同意，一方私自对其谈话进行录音、录像的，系不合法行为，以这种手段取得的录音资料，不能作为证据使用。1995年3月6日，最高人民法院《关于未经对方当事人同意私自录制其谈话取得的资料不能作为证据使用的批复》认可这种观点。另一种观点认为，私录的视听资料不必具有合法性才能够作为诉讼证据。其理由是，私录视听资料情况及视听资料所录制的内容是客观存在的；未经对方同意，一方当事人以不正当手段私自录音、录像，这种个人取证的方法并不为法律所禁止。排除私录的视听资料，特别是排除了可能是唯一的、关键性的、具有很强证明力的视听资料，不利于刑事诉讼的进行和案件事实的查明。应当看到当事人之间愿意就思想或情况与对方交流，对方可以用头脑去记忆，可以拿笔在纸上记录，当然也可以用录音录像等方法录制记忆。记忆的内容通过证言的方式表现出来可以成为证据，写出的证言也可以作为证据，用录音机、摄像机录制的现场情况就应该作为证据。

笔者认为，随着各种摄录设备的普及，个人、单位都会大量拥有摄录设备，在日常生活中，公民个人往往会发现发生了案件而进行拍摄，或者偶然间摄录了有关案件的情况，对于这种视听资料，只要能够作出合理解释，并可以用来证明案件事实，且经查证属实的，应当成为证据。

（二）视听材料替代证人、被害人出庭问题

在刑事诉讼中，对被害人、证人的保护是一个重要问题，被害人出庭可能造成“再度被害”，证人出庭指证被告人的犯罪事实，有时可能会因此使自己或者家属的人身、财产安全陷入危险境地。应当讲，证人证言、被害人陈述的效力不一定要在被害人、证人承担风险，在法庭上接受控辩双方交叉讯问的基础上才能确定。如何看待讯问犯罪嫌疑人、被告人和询问证人、被害人时的录音、录像的效力，对此存在一些争论。一种意见认为，视听资料是一种新的特殊的证据，兼有言词证据和物证的特征。讯问犯罪嫌疑人、被告人和询问证人、被害人时的录音、录像属视听资料证据。另一种意见认为，视听资料作为

独立的证据种类应与某些以录音录像等为载体的其他证据有所区别。录音录像属于保全证据的方式，不能把它们当做诉讼法上的视听资料。① 应当讲讯问犯罪嫌疑人、被告人和询问证人、被害人时的录音、录像不属于视听资料，而是用视听形式表现出来的证人证言、被害人陈述，对这些可以用视听形式表现出来的证人证言、被害人陈述可以称为视听材料。视听材料具有动态的直观性，既能够反映说话人表达的内容，也能够反映说话人声音的语调、语速等的抑扬顿挫、刚柔疾缓等特征，其比书面的证言、陈述要生动准确逼真，更能反映证人、被害人的具体表情，更具有可靠性。具有这样的条件，用视听材料出现的证人证言、被害人陈述代替证人出庭作证和被害人当庭陈述是可行的。

一是用视听材料出现的证人证言、被害人陈述代替证人出庭作证和被害人当庭陈述符合法律规定。修改后的刑事诉讼法规定，对于危害国家安全犯罪、恐怖活动犯罪、黑社会性质的组织犯罪、毒品犯罪等案件，证人、鉴定人、被害人因在诉讼中作证，本人或者其近亲属的人身安全面临危险的，人民法院、人民检察院和公安机关应当采取以下一项或者多项保护措施：（1）不公开真实姓名、住址和工作单位等个人信息；（2）采取不暴露外貌、真实声音等出庭作证措施；（3）禁止特定的人员接触证人、鉴定人、被害人及其近亲属；（4）对人身和住宅采取专门性保护措施；（5）其他必要的保护措施。使用视听材料出现的证人证言、被害人陈述代替证人出庭作证和被害人当庭陈述属于保护性措施，符合这一规定。另外，根据修改后的《刑事诉讼法》第 57 条规定，在对证据收集的合法性进行法庭调查的过程中，人民检察院应当对证据收集的合法性加以证明。因此，公诉人可以使用以视听材料出现的证人证言、被害人陈述来证明证据收集的合法性。《非法证据排除规定》规定，法庭对证人、被害人审判前陈述取得的合法性有疑问的，公诉人应当向法庭提供询问笔录、原始的询问过程录音录像或者其他证据，也允许以视听材料出现的证人证言、被害人陈述作为证据。

二是用视听材料出现的证人证言、被害人陈述代替证人出庭作证和被害人当庭陈述符合刑事诉讼的实际需要。为加强被害人、证人保护，对于不宜公开作证的被害人、证人，基于安全、名誉、未成年等原因，可以使用的录音、录像询问以及多媒体技术作证等，尤其是在性犯罪案件中。使用这些特殊的方式作证的意义在于：能够减少被害人、证人出庭作证的心理压力和思想障碍，特别是可以避免对被害人的“再度被害”；便于庭审询问的顺利进行；可以减少

---

① 彭志敏：《讯问职务犯罪嫌疑人全程录音录像若干问题探析》，载《人民检察》2006 年第 6 期（上）。

律师询问技巧对诸如儿童及其他需要特别保护的证人的影响，以增强该证人证言的可信度；有利于保护被害人的合法权益。[1] 因此，对一些未成年证人、被害人，他们出庭可能对其心理、感情造成更大的伤害。对于未成年证人、被害人可以在他们的法定代理人在场的情况下，由司法机关在询问的同时进行录像、录音，形成视听材料，以该视听材料出现的证人证言、被害人陈述与书面材料一并代替证人出庭作证和被害人当庭陈述。

三是用视听材料出现的证人证言、被害人陈述代替证人出庭作证和被害人当庭陈述能够正确判断证人证言、被害人陈述的效力。通过视听材料出现的证人证言、被害人陈述能够将证人、被害人提供证据的具体情况特别是在回答询问人员的问题时的情况如实反映出来，使法庭上的被告人及其辩护人既能听到证明的内容，又能直接看到具体神情，更能察言观色，形成对证据可靠性的判断。因此，用视听材料出现的证人证言、被害人陈述代替证人出庭作证和被害人当庭陈述是可行的。

第十三节　电子数据的收集与审查

随着计算机技术、通信技术的发展，以数据电文形式存在于计算机硬盘或者其他存储介质（如软盘、光盘、U 盘、移动硬盘等）上的电子信息，或者在计算机系统运行过程中产生的相应数据电文逐渐成为了刑事诉讼中的证据材料，在证明犯罪、查实犯罪过程中发挥着越来越重要的作用。

一、电子数据概述

（一）电子数据的概念

《公安机关电子数据鉴定规则》规定，电子数据，是指以数字化形式存储、处理、传输的数据。修改后的刑事诉讼法对进入刑事诉讼中的数据电文形式证据规定了新的法定证据形式——电子数据证据。电子数据证据是现代高科技发展的重要产物和先进成果，是刑事诉讼在诉讼证据上适应现代科学技术发展的体现。电子数据证据是指存储于磁性介质之中，以电子数据形式存在的诉讼证据，一般包括电子邮件、电子数据交换、网上聊天记录、网络博客、手机短信、电子签名、域名等。其中电子邮件简称 E－mail，标志@，又称电子信

---

① 陈光中主编：《中华人民共和国刑事证据法专家拟制稿（条文、释义与论证）》，中国法制出版社 2004 年版，第 473 页。

箱、电子邮政，它是一种用电子手段提供信息交换的通信方式，是 Internet 应用最广的服务之一。通过网络的电子邮件系统，用户可以用非常低廉的价格，以非常之快的速度，与世界上任何一个角落的网络用户联系，这些电子邮件可以是文字、图像、声音等各种方式。同时用户可以得到大量免费的新闻、专题邮件，并实现轻松的信息搜索。电子数据交换（EDI）是指按照同一规定的一套通用标准格式，将标准的经济信息，通过通信网络传输，在贸易伙伴的电子计算机系统之间进行数据交换和自动处理。由于使用 EDI 能有效的减少直到最终消除贸易过程中的纸面单证，因而 EDI 也被俗称为"无纸交易"。它是一种利用计算机进行商务处理的新方法。EDI 是将贸易、运输、保险、银行和海关等行业的信息，用一种国际公认的标准格式，通过计算机通用网络，使各有关部门、公司与企业之间进行数据交换与处理，并完成以贸易为中心的全部业务过程。博客又译为网络日志、部落格等，是一种通常由个人管理、不定期张贴新的文章的网站。博客上的文章通常根据张贴时间，以倒序方式由新到旧排列。许多博客专注在特定的课题上提供评论或新闻，其他则被作为比较个人的日记。一个典型的博客结合了文字、图像、其他博客或网站的链接、及其他与主题相关的媒体。能够让读者以互动的方式留下意见，是许多博客的重要要素。大多数的博客以文字为主，仍有一些博客关注在艺术、摄影、视频、音乐、播客等各种主题。博客是社会媒体网络的一部分。手机短信分为两种：一种短信是用户通过手机或其他电信终端直接发送或接受的文字或数字信息，用户每次接受或发送的字符数，是 160 个英文或数字字符，或者 70 个中文字符。一种是彩信，它最大的特色就是支持多媒体功能，能够传递功能全面的内容和信息，这些信息包括文字、图像、声音、数据等各种多媒体格式。电子签名是指数据电文中以电子形式所含、所附用于识别签名人身份并表明签名人认可其中内容的数据。通俗点说，电子签名就是通过密码技术对电子文档的电子形式的签名，并非是书面签名的简单的数字图像化，它类似于传统意义上的手写签名或印章，也可以说它就是电子印章。域名是由一串用点分隔的名字组成的 Internet 上某一台计算机或计算机组的名称，用于在数据传输时标识计算机的电子方位，目前域名已经成为互联网的品牌、网上商标保护必备的产品之一。所谓 IP 地址就是给每一个连接在 Internet 上的主机分配的一个 32bit 地址。《人民检察院电子数据证据鉴定程序规则（试行）》中规定：电子数据证据是指由电子信息技术应用而出现的各种能够证明案件真实情况的材料及其派生物。电子数据证据可分为四类：电子通信中的电子数据证据，如电话、电传等；封闭计算机系统中的电子数据证据，如电子数据交换、电子文件、数据库等；开放计算机系统中的电子数据证据，如网上聊天记录、网络博客、电子邮件等；手机中的电子数据证据，如手机短信等。

电子数据证据以往被认为是视听资料，如1996年12月31日最高人民检察院《关于印发检察机关贯彻刑诉法若干问题的意见的通知》规定：视听资料是指以图像和声音形式证明案件真实情况的证据。包括与案件事实、犯罪嫌疑人以及犯罪嫌疑人实施反侦查行为有关的录音、录像、照片、胶片、声卡、视盘、电子计算机内存信息资料等。这一规定将电子计算机内存信息资料等电子数据视为了视听资料。《办理死刑案件证据规定》规定了电子数据证据，其与电子数据如何进行区别仍是一个问题。公安部《计算机犯罪现场勘验与电子数据证据检查规则》规定，电子数据证据包括电子数据、存储媒介和电子设备，也就是说电子数据证据中除去存储媒介和电子设备等载体的就是电子数据。就此而论，视听资料通过声音、图像证明案件，离不开胶片、光盘等基本的载体，电子数据依靠的是信息、数据来证明案件，其本身没有相关载体，但是其展示、保存、检查等环节又无法离开存储媒介和电子设备等载体。

（二）电子数据的作用

1. 电子数据可以直接证明案件事实。电子数据所表达的信息内容可以通过不定的电子设备反映出来，根据其内容可以直接证明案件事实。如利用网络博客发布煽动颠覆国家政权的言论，这种言论可以直接反映案件事实。

2. 电子数据可以为查明案件事实提供线索。电子数据的发表往往通过一定的设备进行，必然会在这些设备上留下痕迹，也就会通过科学技术、设备装置等发现，为查明与案件有关的事实、有关人员等指明方向。如发送信息必然会在发送信息的手机和接收信息的设备上留下相关内容，通过侦查不难发现相关的人员。

二、电子数据的证据属性

（一）电子数据是依靠计算机技术、通信技术的证据种类

电子数据证据是计算机技术、通信技术发展应用的产物，伴随着计算机技术、通信技术发展而不断发展、不断创新和不断提高。电子数据的产生离不开计算机、通信等设备，其制作、发送、接收、展示等均需要通过计算机、通信等设备进行。对电子数据证据的收集也离不开这些技术设备。

（二）电子数据应当是言词证据

尽管电子数据通过电子设备展示、打印，但其反映应当是人的思想，是以言词所表达的内容和信息，可以以网络直接传输音像等方式来提供本应当以言词来传输的有关案件事实的信息，虽然改变了载体，仍然属于言词证据的范

畴。无论是电子邮件、电子数据交换、网上聊天记录、网络博客、手机短信、电子签名、域名等都可以表现为特定的言词。

（三）电子数据应当是原始证据

电子邮件、电子数据交换、网上聊天记录、网络博客、手机短信、电子签名等无论如何转载、变化都可以找出特定的来源、对象，找到直接来源于案件事实或原始出处。当然通过特定的转载也可变为传来证据。

（四）电子数据可以是直接证据也可以是间接证据

电子数据可以通过相应的电子设备直接地反映案件情况，如以电子邮件敲诈他人钱财的邮件可以直接认定案件主要事实，该电子邮件就是直接证据。有时电子数据需要与其他证据相结合才能证明案件主要事实，如手机短信虽然能反映部分案件事实，如果将其与收集到的手机号码、通信时间、方向结合才能证明案件主要事实，此时电子数据就是间接证据。值得注意的是，电子数据存在自身的特殊性，那就是：无论是用作直接证据还是用作间接证据，电子数据证据都不是单独地发挥作用，而是与其他证据结合在一起，以证据体系的方式证明案件事实。①

（五）电子数据具有真伪难辨的特点

电子数据是通过电子设备传输的，不能直接反映出具体的人，有时还可能出现冒用他人电子设备的情况，使得电子数据真伪难辨。如某地公安机关接到林某的报案称，其电子邮件账号被他人冒用，发送含有7张色情图片的电子邮件给其他同事李某，造成了很坏的影响。公安机关通过查看邮件信息核实电信局服务器日志记录，发现发送色情邮件的电脑当时使用的IP地址；从市电信局取得的用户上网清单查明，案发之一时间使用此IP地址的电话号码、上网账号，均属梁某所有。公安机关还查清，市电信局服务器、李某收邮电脑所记载发送邮件的机器名与梁某电脑的名字相同；色情邮件发送期间梁某正好独自在家上网，具有作案时间。随后，公安机关对梁某进行了盘问，扣押了其电脑，并作出警告和罚款1500元的行政处罚决定。梁某不服，以有可能是黑客盗用作案为由，提起撤销行政处罚之诉。从收件人提取的色情邮件表明它来自梁某名为“liang”的电脑，当时使用的IP地址、上网电话及账号也都指向梁某；而从电信局取得的用户上网清单等证据表明，在该色情邮件发送期间梁某正独自在家通过电话拨号上网，他对此亦不否认；加上公安机关扣押梁某的电脑检查后并没发现“黑客”入侵的迹象，排除了“黑客”作案的可能性。因

① 刘品新：《论电子证据的定案规则》，载《人民检察》2009年第6期。

此，根据互联网上 IP 地址、上网账号和口令的唯一性和排他性，足以认定该色情邮件是梁某使用个人电脑发出的。中科院一专家在一次学术会议上对此案进行了专业解读，他批评该案赖以定案的证据不充分，仅仅依据 IP 地址来判定网络行为并不科学，司法机关应当通过网络取证、磁盘恢复与磁盘碎片分析等方法收集到更多的证据。① 到目前为止，此案仍存在严重分歧。

三、电子数据的收集

（一）电子数据收集的特点

电子数据与其他证据相比主要有技术含量高、易被伪造和篡改、复合性、间接性的特性，此外，电子数据由其本身的特性决定了它具有无形性、易收集性、易保存性、可以反复重现等特征。同时，电子数据也具有以下特点：电子数据保存的长期性、安全性面临着考验，计算机和网络中的电子数据可能会遭到病毒、黑客的侵袭、错误操作也可能轻易将其毁损、消除；电子数据无法直接阅读，如果没有相应的信息技术设备，就难以看到证据所反映出来的事实，提取电子数据的复杂程度高；电子数据因为储存在计算机中，致使各种数据信息的修正、更改或补充变得更加方便，即便加密的数据信息亦有解密的可能。公安部《计算机犯罪现场勘验与电子数据证据检查规则》针对电子数据证据及电子数据的具体特征对收集、检查电子数据证据进行了详细规定。

（二）收集主体

制作电子数据的主体可以是与案件有关联的发案单位、个人，也可以是犯罪嫌疑人。收集主体应当是侦查机关的侦查人员，侦查人员不得少于 2 人。计算机犯罪现场勘验与电子数据证据检查应当由县级以上公安机关公共信息网络安全监察部门负责组织实施。必要时，可以指派或者聘请具有专门知识的人参加。执行计算机犯罪现场勘验与电子数据证据检查任务的人员，应当具备计算机现场勘验与电子数据证据检查的专业知识和技能。侦查人员收集电子数据的方式可以是现场勘验检查、远程勘验、电子数据证据检查等。

（三）收集方法

1. 勘验、检查收集

即在犯罪现场实施勘验，以提取、固定现场存留的与犯罪有关电子数据证据和其他相关证据。侦查人员在勘验、检查和搜查中发现电子数据证据的应予扣押。在勘验、检查和搜查中扣押电子数据证据，应当制作扣押笔录和清单，

① 参见刘品新：《论电子证据的定案规则》，载《人民检察》2009 年第 6 期。

一式二份，一份交被扣押人保存，一份留卷备查。扣押笔录应当记明被扣押的电子数据发现经过、原存放地点、数量、特征、主要内容，并责令被扣押物品持有人详细说明该电子数据的来源和获取过程、动机、目的。执行勘验、检查和搜查任务的侦查人员及被扣押物品持有人应在扣押笔录上签名。在现场提取的易丢失数据以及现场在线分析时生成和提取的电子数据，应当计算其完整性校验值并制作、填写《固定电子数据证据清单》，以保证其完整性和真实性。

2. 远程勘验收集

即通过网络对远程目标系统实施勘验，以提取、固定远程目标系统的状态和存留的电子数据。远程勘验过程中提取的目标系统状态信息、目标网站内容以及勘验过程中生成的其他电子数据，应当计算其完整性校验值并制作《固定电子数据证据清单》。

3. 电子数据证据检查

是指检查已扣押、封存、固定的电子数据证据，以发现和提取与案件相关的线索和证据。电子数据证据检查包括：检查、分析电子数据证据中包含的电子数据，提取与案件相关的电子数据证据；检查、分析电子数据证据中包含的电子数据，制作《电子数据证据检查笔录》描述检查结论。从电子数据证据中提取电子数据，应当制作《提取电子数据清单》，记录该电子数据的来源和提取方法。

（四）收集程序

1. 出示法律文书及证件

任何单位和个人，有义务按照人民检察院和公安机关的要求，交出可以证明犯罪嫌疑人有罪或者无罪的电子数据。侦查人员收集电子数据时，应当持有人民检察院或者公安机关的证明文件和侦查人员的工作证等证件，必须出具人民检察院和公安机关的《调取证据通知书》和《调取证据清单》、《封存电子数据证据清单》、《固定电子数据证据清单》。

2. 固定和封存电子数据

固定和封存电子数据证据的目的是保护电子数据证据的完整性、真实性和原始性。人民检察院和公安机关接受和收集、调取电子数据证据时，电子数据及其载体——存储媒介和电子设备应当同时在现场封存和固定，在封存和固定时可以由制作人和询问人、讯问人、证人、犯罪嫌疑人等当即签字，注明时间后予以封存和固定。封存电子设备和存储媒介的方法是：采用的封存方法应当保证在不解除封存状态的情况下，无法使用被封存的存储媒介和启动被封存电子设备；封存前后应当拍摄被封存电子设备和存储媒介的照片并制作《封存电子数据证据清单》，照片应当从各个角度反映设备封存前后的状况，清晰反映封口或张贴封条处的状况。固定存储媒介和电子数据的方式包括完整性校验、备份、封存等三种方式。其中完整性校验方式是指计算电子数据和存储媒介的完整性校验值，并制作、填写《固定电子数据证据清单》；备份方式是指复制、制作原始存储媒介的备份，并依照封存电子设备和存储媒介的方法封存原始存储媒介；封存方式是指对于无法计算存储媒介完整性校验值或制作备份的情形，应当依照封存电子设备和存储媒介的方法封存原始存储媒介，并在勘验、检查笔录上注明不计算完整性校验值或制作备份的理由。电子数据持有人交出电子数据、存储媒介和电子设备后应当在《调取证据通知书》和《调取证据清单》、《封存电子数据证据清单》、《固定电子数据证据清单》上签名并填写签收时间。《调取证据通知书》和《调取证据清单》、《封存电子数据证据清单》、《固定电子数据证据清单》一份交被调取单位和个人保存，一份存卷备案。

3. 制作笔录

人民检察院和公安机关院接受和收集、调取电子数据证据应制作接受、收集、调取电子数据证据笔录，让交出或提供电子数据证据的单位和个人详细说明该电子数据证据的形成过程、发现经过、保存地点、原保存人、是否原始资料等。接受和收集、调取电子数据的侦查人员、交出或提供人均应在笔录上签署姓名和日期。

（五）电子数据收集中应当注意的问题

调取电子数据涉及国家秘密和被调取单位商业、管理秘密的电子数据证据，应当保密。对计算机犯罪现场进行现场勘验检查，应当邀请一至两名与案件无关的公民作见证人，这里的见证人最好应当邀请具有计算机知识的公民。在实施电子数据证据检查时，办案人员与检查人员应当分离，检查工作应当由具备电子数据证据检查技能的专业技术人员实施，办案人员应当予以配合。对计算机犯罪现场进行现场勘验检查、远程勘验、电子数据证据检查时要对现场状况以及提取数据、封存物品文件的过程、在线分析的关键步骤应当拍摄的照片、录像，录像带应当编号封存。电子数据证据的移交手续应当完备，审判人员、检察人员、侦查人员对有关单位和个人提供的电子数据证据应当出具收据，注明证据的名称、收到时间、件数以及是否原件等，由接收人员签名，然后附卷备查。移交电子数据证据时，如有条件，应当将电子数据证据存储磁盘、存储光盘等可移动存储介质与打印件一并提交。如果电子数据存储在电脑或其他电子设备中，从该电脑或其他电子设备中打印或输出的能准确反映有关图像、数据的可视、可读物，可以视为原件，电子数据证据内容大，如果打印件数量过于庞大，也可以采用由见证人、持有人、所有人说明的方法。

四、电子数据的审查要点

审查电子数据证据，应当结合《现场勘验检查笔录》、《远程勘验笔录》、《电子数据证据检查笔录》、《固定电子数据证据清单》、《封存电子数据证据清单》、《勘验检查照片记录表》、《提取电子数据清单》、《原始证据使用记录》和案件其他证据，审查其真实性和关联性。对通过审查尚不能判定真伪的电子数据，要及时聘请有关专家进行鉴定。审查电子数据应当审查下列内容：

（一）审查收集主体

审查收集主体是否是侦查机关的侦查人员，侦查人员人数是否符合法律规定，法律手续是否齐全。

（二）审查电子数据证据来源

根据证据关联性规则的要求，电子数据内容应当与案件事实有关联。审查电子数据证据要审查其来源是否合法，审查是否载明该电子数据证据形成的时间、地点、对象、制作人、制作过程及设备情况等；制作、储存、传递、获得、收集、出示等程序和环节是否合法，取证人、制作人、持有人、见证人等是否签名或者盖章；制作过程中当事人有无受到威胁、引诱等违反法律及有关规定的情形；审查电子数据证据制作过程是否真实，有无剪裁、拼凑、篡改、添加等伪造、变造情形。

（三）审查电子数据内容

审查其是否为原件，有无复制及复制份数，当电子数据复制时，应当考虑复制的原因、复制的可靠性，必要时应当进行鉴定；电子数据存储磁盘、存储光盘等可移动存储介质是否与打印件一并提交；如果调取的电子数据是复制件的，应当查明是否附有无法调取原件的原因、制作过程和原件存放地点的说明。电子数据所反映的内容与其他物证、书证、现场勘验是否协调一致，与犯罪嫌疑人供述和证人证言是否存在矛盾。

（四）审查收集电子数据时制作的专门笔录

确定交出或提供电子数据证据的单位和个人说明该电子数据证据的形成过程、发现经过、保存地点、原保存人、是否原始资料等内容是否全面，看是否问明电子数据为原件；如果是复制件的，是否问明无法调取原件的原因，是否由制作人或者持有人做出合理解释。在笔录中是否问明制作该电子数据的原因以及制作的时间、地点、条件、制作方法以及制作过程、复制份数和原件存放地点等，排除制作过程中当事人受到威胁、引诱等违反法律及有关规定的情形。如果电子数据已经复制应当问明复制内容和制作、复制过程，有无经过剪辑、增加、删改、编辑等伪造、变造情形。接受和收集、调取电子数据的侦查人员、交出或提供人均应在笔录上签署姓名和日期。审查勘验、检查时收集电子数据制作的笔录中记录情况。对电子数据证据的审查判断还应当审查计算机系统硬件是否完好、软件是否可靠、运行是否正常，是否受到过病毒侵袭等。

五、瑕疵和非法电子数据的处理

（一）瑕疵电子数据的处理

瑕疵电子数据是指收集程序存在瑕疵，经补正或者作出合理解释后可以作为证据使用的电子数据。瑕疵电子数据包括：收集主体不完全符合法定要求的电子数据；没附有各种解释说明的电子数据；未与打印件一并提交且无相关说明的电子数据存储磁盘、存储光盘等可移动存储介质；封存固定与收集笔录记载不符的电子数据；接受和收集、调取电子数据的侦查人员、交出或提供人、见证人没有全部在收集笔录上签署姓名而收集的电子数据等。

瑕疵电子数据可以采取以下方式进行补正或者作出合理解释：

1. 当收集主体不符合法定要求时，主要是接受、收集电子数据的侦查人员人数不符合法定要求，对此侦查人员应当作出合理解释。

2. 当电子数据未附有各种解释说明时，应当由侦查人员作出合理解释，补充制作由收集人、制作人、持有人、见证人等制作记载电子数据制作时间、地点、条件、制作方法以及制作过程、复制份数和原件存放地点的说明；当已有说明但是内容不足以说明上述情形时，也应当由上述人员重新制作。

3. 当电子数据存储磁盘、存储光盘等可移动存储介质未与打印件一并提交且无相关说明时，应当由侦查人员作出合理解释。能够转换成书面材料并可以直观理解的电子数据应当转换为书面材料，对此应当查明打印件情况后一并移交；如果电子数据数量巨大，无法打印提交的，可以注明该电子数据在原存储媒介中的存储位置。

4. 当封存固定的电子数据与收集笔录记载不符时，应当由侦查人员作出合理解释，对封存固定的电子数据和《现场勘验检查笔录》、《远程勘验笔录》、《电子数据证据检查笔录》、《固定电子数据证据清单》、《封存电子数据证据清单》、《勘验检查照片记录表》、《提取电子数据清单》等证据进行核对，必要时重新制作收集笔录等。

5. 电子数据的收集笔录上签名不全的，应当由侦查人员作出合理解释，并由没有签名的接受和收集、调取电子数据的侦查人员、交出或提供人、见证人补充在笔录上签署姓名。

（二）非法电子数据的处理

非法电子数据是指不能证明客观性、真实性、合法性的电子数据。具体包括：

1. 不能证明客观性特别是电子数据的制作和取得的时间、地点、方式等有异议，不能作出合理解释或者提供必要证明的电子数据，如交出或提供电子数据证据的单位和个人不能详细说明该电子数据证据的形成过程、发现经过、保存地点、原保存人、是否属于原始资料等情况的电子数据，制作人或者持有人对复制件不能做出合理解释的电子数据。

2. 不能证明真实性即经审查或者鉴定无法确定真伪的电子数据，如存在经过剪辑、增加、删改、编辑等伪造、变造情形的电子数据，由于保管不当造成失真变形的电子数据。

3. 不能证明合法性的电子数据，如制作过程中当事人受到威胁、引诱等违反法律及有关规定情形的电子数据。对于非法电子数据，应当予以排除，不能作为定案的根据。

第十四节　说明案件相关情况的材料的收集与审查

在司法实践中，经常会存在一些由侦查机关、检察机关出具的用来说明案件相关情况的材料，这些用来说明案件相关情况的材料有多种名称、多种形式，实践中往往被统称为“情况说明”。“情况说明”在刑事诉讼过程中经常使用，如何界定“情况说明”的证据性质是一个众说纷纭的话题。

一、说明案件相关情况的材料概述

说明案件相关情况的材料是指在刑事诉讼中，侦查机关、检察机关就刑事案件办理过程存在或者需要解决的一些问题而提供的以“情况说明”为统称的书面材料。

“情况说明”是说明案件相关情况的材料统称，可以表现为侦查机关、检察机关的工作记录、在案卷内写出的证明材料等，其说明的内容可以是说明案件程序的，如说明案件来源、破案经过、抓获经过、案件管辖、同案人员另案处理、侦查机关未刑讯逼供、侦查机关工作情况等；可以是说明案件实体的，如被告人投案自首情况、立功情况、前科情况的说明等；可以是说明案件证据情况的，如说明证据制作过程的、不能对证据进行对比辩认的、不能进行鉴定的、侦查机关之间进行电话核实相关证据的、作案工具未找到的、证据灭失的等。

说明案件相关情况的材料不是刑事诉讼法规定的证据种类，但是各种说明案件相关情况的材料却在刑事案件中广泛存在，“通过调查发现，法庭对如公安机关情况说明等七种法定证据形式以外的其他证据采纳率较高。在抽查的上海法院617件案件中，283件案件存在公安机关情况说明这类证据材料，其中被作为定案依据的有207件，占73.1%”。① 首先，这种情况是由刑事案件的复杂性决定的。刑事案件是错综复杂的，在案件办理过程中必然会出现各种问题，一些问题可以通过正式的法律文书、案件证据加以解决，但是也会存在一些通过正式的法律文书、案件证据无法解决的问题，这些问题往往需要侦查机关、检察机关加以说明，这样就出现了一些缺乏法律依据的所谓证据，“情况说明”就是这种情况的产物。其次，各种说明案件相关情况材料的存在是由法律规定决定的。刑事诉讼法中没有说明案件相关情况的材料的内容，规定“说明”这一材料形式可以出现在刑事案件中的司法解释是1998年9月2日颁布的最高人民法院《关于执行〈中华人民共和国刑事诉讼法〉若干问题的解释》第53条第4款，该款规定：提供证据的副本、复制件及照片、音像制品应当附有关于制作过程的文字说明及原件、原物存放何处的说明，并由制作人签名或者盖章。这里的“说明”应当就是司法实践中的“情况说明”。法律的一些规定也要求相关机关作出相应的“说明”，如1996年《刑事诉讼法》第137条规定，人民检察院审查案件的时候，必须查明有无其他应当追究刑事责任的人。根据《人民检察院刑事诉讼规则》第246条的规定，人民检察院在受理审查起诉案件时对于犯罪嫌疑人在逃的，应当要求公安机关在采取必要措施保证犯罪嫌疑人到案后移送审查起诉。共同犯罪的部分犯罪嫌疑人在逃的，应当要求公安机关在采取必要措施保证在逃的犯罪嫌疑人到案后另案移送审查起诉。这些规定在一定程度上也要求公安机关作出说明。最后，相关法律文书的不完备也造成了“情况说明”这一材料形式的出现。各机关之间的说明一般可以通过公文的方式加以解决，但是公安机关、检察机关都没有相应的文书，在司法实践中又确实需要，这种情况往往以不规范的“情况说明”加以解决。

（一）说明案件相关情况的材料的特征

1. 主体具有单一性

说明案件相关情况的材料的出证主体为侦查机关和检察机关的侦查部门及

① 上海市第二中级人民法院课题组：《构建我国刑事证据规则体系调研报告》，载《法律适用》2008年第5期。

其办案人。其他国家机关包括检察机关的公诉部门、侦查机关的非侦查部门一般不提供说明案件相关情况的材料。被告人及其辩护人不提供说明案件相关情况的材料。人民法院要审查说明案件相关情况的材料，人民法院不提供说明案件相关情况的材料。

2. 内容具有广泛性

从名称上看，说明案件相关情况的材料没有法律规定，没有统一的名称，实践中除大量使用“情况说明”外，还有“工作记录”、“工作情况说明”、“工作说明”等名称。真正有名称的说明案件相关情况的材料是“破案经过”。《死刑案件证据规定》第31条规定：对侦查机关出具的破案经过等材料，应当审查是否有出具该说明材料的办案人、办案机关的签字或者盖章。该项规定明确将“破案经过”规定为说明材料。从内容上看，说明案件相关情况的材料可以用来说明案件中的实体法事实、程序法事实和证据事实，内容涉及案件的方方面面。

3. 形式具有固定性

说明案件相关情况的材料内容虽然多样，但其形式和制作过程基本相同。如“情况说明”基本上都为书面形式，由案件的侦查人员根据情况制作，两名侦查人员签名，侦查部门的负责人审批，然后由侦查机关和检察机关的侦查部门盖章。由于是侦查部门盖章出具的，说明案件相关情况的材料常常被视为是侦查机关、检察机关等国家机关在侦查过程中处理各种事务形成的文书，一般认为具有较强的证据效力，这其实是对说明案件相关情况的材料的误解。说明案件相关情况的材料不是公文，也不能简单地看成是证据。

4. 适用范围具有法定性

最高人民法院《关于执行〈中华人民共和国刑事诉讼法〉若干问题的解释》规定了“说明”以后，在一系列的司法解释中出现了众多的说明材料。如最高人民法院、最高人民检察院《关于办理职务犯罪案件认定自首、立功等量刑情节若干问题的意见》规定：审查是否构成立功，要审查办案机关的说明材料；对于具有自首情节的犯罪分子，办案机关移送案件时应当予以说明并移交相关证据材料。又如最高人民法院《关于处理自首和立功若干具体问题的意见》规定：人民法院审查的自首证据材料，应当包括被告人投案经过、有罪供述以及能够证明其投案情况的其他材料。审查的立功证据材料，一般应包括被告人检举揭发材料及证明其来源的材料等。根据《死刑案件证据规定》第9条的规定，物证照片、录像或者复制品，书证的副本、复制件没有制作人关于制作过程及原物、原件存放于何处的说明或者说明中无签名的，通过有关办案人员的补正或作出合理解释后才能采用。此外，《死刑案件证据规定》还规定，应当入卷的被告人的供述和辩解没有入卷的，需要出具相关说明。调取的视听资料是复制件的，需要附有无法调取原件的原因、制作过程和原件存放地点的说明等。可见，说明材料的适用范围越来越由法律、司法解释加以规定。

（二）说明案件相关情况的材料的作用

1．说明案件相关情况的材料能够弥补公文书的不足

各种说明材料是法律规定的，是司法实践中需要的，同时也是没有相应公文的，通过办案人员制作"情况说明"，领导审批、单位盖章等形式赋予"情况说明"一定的公文性质，能够弥补公文书的不足，解决刑事诉讼中需要由司法部门解决的问题。

2．说明案件相关情况的材料能够协调相关证据之间的关系

在刑事案件的侦查过程中，各个诉讼过程会出现不同的法律文书、收集到诸多证据，这些文书、证据往往存在众多联系，而这些文书、证据又是相对独立的，它们之间的联系不是很明确，通过"情况说明"可以将文书、证据之间、相关证据之间的关系直接反映出来。

3．说明案件相关情况的材料能够迅速解决案件中的问题

说明案件相关情况的材料种类繁多，内容容量大，有着很强的适应性、针对性，在严格审批加以控制的情况下，能够迅速便捷地解决案件中的有关问题，提高诉讼效率。但是如不严格审批加以控制，往往容易出现侦查机关不尽力收集证据、故意不收集证据甚至徇私舞弊放纵犯罪分子或者制造冤假错案等情况。

二、说明案件相关情况的材料的证据属性

对"情况说明"属于哪种证据种类有三种观点：第一种观点为否定说。此种观点认为，《刑事诉讼法》第 48 条规定的证据只有物证，书证，证人证言，被害人陈述，犯罪嫌疑人、被告人供述和辩解，鉴定意见，勘验、检查、辨认、侦查实验等笔录，视听资料、电子数据 8 种，"情况说明"不具有法定的证据形式，仅仅是一种证据材料，而不是一种法定的证据形式。第二种观点为大部分否定说。此种观点认为，大部分工作记录（"情况说明"）不具备 8 种证据的形式要件，所以不能成为案件的证据，一些工作记录具备了证据的实质要件和形式要件即证据的客观性、关联性和法律性，可以成为案件的证据。

该学者进一步认为：工作记录一般应该归纳为证人证言。[①] 第三种观点为大部分肯定说。此种观点认为，从内容上看大多数“情况说明”均应属于证据，但形式上或多或少存在瑕疵。该“情况说明”属于瑕疵证据。从种类上，与案件具有关联性的“情况说明”，根据内容和形式综合考虑应当保留的可以分别归入到证人证言、鉴定结论、书证、勘查检验笔录、视听资料、犯罪嫌疑人、被告人供述和辩解等法定证据形式。与案件没有相关性的不能作为证据使用且应当排除。[②]

笔者认为，我国刑事诉讼的证据种类是由法律规定的，刑事诉讼法并没有将说明材料作为证据的种类，其不具有法定性，证据的合法性规则决定了其不具备证据资格。说明案件相关情况的材料不具有独立性，完全可以由其他证据替代。如破案经过，完全可以由侦查机关的办案人员在相应的讯问、询问笔录和自己到法庭出具证人证言的方式加以解决。其他相应种类的说明材料也可以以这种方式替代。另外，刑事证据种类划分标准是十分严肃的，应当在刑事诉讼中杜绝非法定形式证据的出现，这也是证据合法性的要求。

虽然笔者认为说明案件相关情况的材料不是独立的证据种类，但是笔者认为说明案件相关情况的材料在司法实践中还是能够发挥一定作用的，它在一定程度上起着证据目录的作用。如抓获经过可以将《接受刑事案件登记表》、《立案决定书》、讯问犯罪嫌疑人笔录等材料联系起来，便于审查核实和认定。因此，在刑事案件中，说明案件相关情况的材料不能盲目的取消。今后，可以采取以下三种方式加以运用：一是将这些材料视为证据目录；二是以一些法定文书取代说明材料，如同案犯未能及时抓获、不能进行鉴定比对等说明可以用一些法定的工作记录、侦查工作记录等方式予以取代。三是将这些材料尽量转化为法定证据形式，如犯罪嫌疑人自首的，可以通过犯罪嫌疑人供述、陪同自首的证人证言、侦查人员的证言加以证明。一些本应当以法定证据形式加以记载的内容不能以说明材料的形式出现，如作案工具经查找未果，完全可以勘验检查笔录解决，不能以情况说明的形式出现。

三、说明案件相关情况的材料的制作方法和要点

（一）制作说明案件相关情况的材料的主体和事项

制作说明案件相关情况的材料主体应当是直接办理案件的侦查机关的侦查

---

① 张少林：《刑事案件中的“情况说明”之我见——与黄维智博士商榷》，载《贵州警官职业学院学报》2008 年第 5 期。

② 参见黄维智：《刑事案件中“情况说明”的适当定位》，载《法学》2007 年第 7 期。

人员，虽然侦查机关需要在说明案件相关情况的材料上盖章，但是直接出具材料的应当是侦查人员，非办理此案的其他侦查人员不能制作说明案件相关情况的材料。制作说明案件相关情况的材料应当根据相关事项予以制作，对此应当严格把握范围。如另案处理说明的制作，只应当适用于下列情形：犯罪嫌疑人在逃，且在同案犯罪嫌疑人刑事拘留期限届满前无法抓获的；因犯罪情节较轻或患有严重疾病，不宜与同案其他犯罪嫌疑人一并提请逮捕或移送起诉而被取保候审的；涉嫌共同犯罪的嫌疑人，在提请逮捕或移送起诉前，其犯罪事实尚未查清，因侦查需要已延长羁押期限或被监视居住的；犯罪嫌疑人涉嫌其他犯罪，且他罪为重刑犯罪，适用另案处理更为合适的；在本地、异地均有犯罪事实发生，在异地处理更为适当的；被认定为不构成犯罪，拟作行政处罚的；需要移送管辖的。对于其他情形的不能出具另案处理的说明。

（二）说明案件相关情况的材料应当全面

说明案件相关情况的材料并不是一纸材料，在很多情况下需要其他材料共同构成说明材料，如最高人民法院、最高人民检察院《关于办理职务犯罪案件认定自首、立功等量刑情节若干问题的意见》规定：对于具有自首情节的犯罪分子，办案机关移送案件时应当予以说明并移交相关证据材料。审查是否构成立功，不仅要审查办案机关的说明材料，还要审查有关事实和证据以及与案件定性处罚相关的法律文书，如立案决定书、逮捕决定书、侦查终结报告、起诉意见书、起诉书或者判决书等。因此在制作说明案件相关情况的材料应当全面考虑。

（三）说明案件相关情况的材料应当与其他证据相协调

目前，说明材料具有证据目录的作用，往往是其他诸多证据的简要说明，而且其制作往往是在案件侦查终结时，由于时间的推移，制作时没有考虑相关证据与该说明材料的关系，常常出现时间不相协调，前后矛盾的现象。如在说明材料中认定犯罪嫌疑人自首，但是首次讯问犯罪嫌疑人却没有问清其主动归案的情形，导致了认定犯罪嫌疑人自首前后出现矛盾。

（四）制作说明案件相关情况的材料应当严格履行审批手续

说明案件相关情况的材料既涉及实体又涉及程序，关系到犯罪嫌疑人的定罪量刑，责任重大。最高人民法院、最高人民检察院《关于办理职务犯罪案件认定自首、立功等量刑情节若干问题的意见》规定，犯罪分子虽然没有自动投案，但具有如实交代办案机关未掌握的罪行，与办案机关已掌握的罪行属不同种罪行，以及办案机关所掌握线索针对的犯罪事实不成立，在此范围外犯罪分子交代同种罪行的，以自首论。侦查机关掌握的罪行及其范围往往没有书面记载，其他诉讼环节的办案人员无法得知也无法进行监督，能否予以认定，侦查机关办案人员承担了相当大的风险。最高人民法院《关于处理自首和立功若干具体问题的意见》在关于"如实供述自己的罪行"的具体认定时规定："犯罪嫌疑人自动投案时虽然没有交代自己的主要犯罪事实，但在司法机关掌握其主要犯罪事实之前主动交代的，应认定为如实供述自己的罪行"。司法机关是否掌握犯罪嫌疑人主要犯罪事实、是否是在犯罪嫌疑人主动交代前掌握，这些细节往往都需要侦查机关办案人员说明，如果出现错误必然会影响对犯罪嫌疑人的处理，也就必然影响侦查机关办案人员的正常工作。同时，说明案件相关情况的材料是以办案机关名义制作的，代表了国家法律的尊严，在制作时，应当履行严格的审批手续，不得私自制作，才能保证说明案件相关情况的材料的真实性、严肃性。值得注意的是，这种说明材料的审批是在侦查机关内部进行的，是否履行审批手续尤为重要。

四、说明案件相关情况的材料的审查要点

（一）审查制作说明案件相关情况的材料的主体

制作说明案件相关情况的材料的主体应当是司法机关的工作人员，非此主体无权制作说明案件相关情况的材料。

（二）审查说明案件相关情况的材料的形式

说明案件相关情况的材料是代表侦查机关，由有关办案人员出具的，在说明材料中，应当有办案机关的盖章，同时为强化责任又需要有关办案人员在材料上签名或者盖章。因此应当审查说明材料上是否有出具该说明材料的办案机关盖章和直接办案人等确认无误后的签名。

（三）审查说明案件相关情况的材料的内容

如物品不能进行鉴定的说明，需要有检材的来源、取得、保管相关勘验检查笔录、保管等证据，还要有移送鉴定机构、聘请鉴定人的相关手续，而且其时间、涉及的人员具有合理性，以保证送检活动的合法。再如犯罪前科材料，由于犯罪前科是犯罪嫌疑人以前的犯罪记录，既是衡量犯罪嫌疑人人身危险性的重要依据，又是判定是否构成累犯的重要条件，直接影响到对犯罪嫌疑人的定罪量刑。对于前科的说明材料既要有相关的说明，还要有原生效判决书、释放证明等。对于多次前科的，原则上要有相关的说明，还要有全部的原生效判决书、释放证明等，如果只提供其中一次或者几次前科的证据，则该证据应当足以反映犯罪嫌疑人的所有前科情况。对于说明材料附有相关的证据的应当一并移送检察机关或者人民法院。

（四）审查说明案件相关情况的材料的审批情况

审批是说明案件相关情况材料的必经程序，也是保证说明案件相关情况的材料合法有效的前提。应当将说明案件相关情况的材料与案件的其他证据相印证，看其是否具有合理性。检察机关在审查起诉过程中对破案经过、自首情况、立功情况等说明证据有疑问的，应当要求侦查机关补充说明。案件移送人民法院后有疑问的，也应当要求侦查机关补充说明。审查说明案件相关情况的材料的审批情况既是审查判断证据的方法，也是监督侦查机关侦查活动是否合法的有效方法，通过对说明案件相关情况的材料的审查从中可以发现侦查人员在办案中是否存在违法办案、徇私舞弊等情况，对于确有违法办案、徇私舞弊等情况的，应当及时移交有关部门处理。

五、瑕疵和非法说明案件相关情况的材料的处理

（一）瑕疵说明案件相关情况的材料的处理

瑕疵说明案件相关情况的材料有下列种类：一是该材料形式有欠缺，如在材料上缺少办案机关的盖章或者办案人员签名、非本案侦查人员签字、办案机关名称与所盖印章不一致的。二是该材料不全面、不完整、不准确，如前科说明材料只有办案机关的说明材料，缺乏犯罪嫌疑人原生效判决书、释放证明或者只有判决书而没有释放证明等证据，无法认定犯罪嫌疑人前科的罪名、刑期刑种、实际刑罚执行完毕的时间等。又如记载犯罪嫌疑人投案自首的时间与犯罪嫌疑人供述、立案破案登记表中的时间不一致，存在差错的。对于存在瑕疵的说明材料可以采取以下形式加以补正：

1. 要求侦查人员作出合理解释。即由侦查人员对说明材料出现瑕疵的原因进行解释，作出合理解释是进行补正的前提。如果侦查人员不能作出合理解释，则瑕疵的说明材料属于非法证据，应当排除。

2. 由侦查人员进行补正和补充。对于说明材料中时间、人员出现错误的，可以由侦查人员进行修改，修改后再行使用。对于证据不齐全的，可以由侦查人员进行补充。对于作案工具经查找未果的证明材料，应当补充相应的勘验检查笔录。对于仅有“另案处理”的说明而没有其他材料的，应当要求侦查机关书面说明另案处理的具体理由和依据。在审判过程中发现说明材料不齐全的，也可以补充。最高人民法院《关于执行〈中华人民共和国刑事诉讼法〉若干问题的解释》第159条规定，合议庭在案件审理过程中，发现被告人可能有自首、立功等法定量刑情节，而起诉和移送的证据材料中没有这方面的证据材料的，应当建议人民检察院补充侦查。《死刑案件证据规定》规定被告人累犯的证明材

料不全，应当要求有关机关提供证明材料。对此，人民检察院应当予以补充。

3. 由侦查人员重新制作说明材料。对于说明材料上缺少办案机关的盖章或者办案人员签名、非本案侦查人员签字、办案机关名称与所盖印章不一致的情况，为了保证说明材料的严肃性，可以由侦查人员重新制作说明材料。

4. 对于其他说明材料存在瑕疵，如果可以由办案人员等出庭作证加以解决的，可以由相关人员出庭作证。

（二）非法说明案件相关情况的材料的处理

非法说明案件相关情况的材料的处理包括以下几种方式：

1. 不具备法定形式要件的说明材料，如没有办案机关的盖章或者办案人员签名的说明材料或者没有侦查人员资格的人员签字的说明材料。说明材料应当有出具该说明材料的办案机关盖章和直接办案人等确认无误后的签名，当缺乏这些法定要件的时候，该说明材料即为非法证据，应当予以排除。《非法证据排除规定》规定：公诉人提交加盖公章的说明材料，未经有关讯问人员签名或者盖章的，不能作为证明取证合法性的证据。

2. 无法进行合理说明的说明材料。存在瑕疵的说明材料如果没有合理的说明不能成为证据。如说明材料中时间、人员与案件证据存在矛盾，对此侦查机关、侦查人员不能作出合理解释，则该说明材料不能作为证据。

3. 无法进行印证的说明材料，即侦查机关出具的说明材料与案件证据无法对照，无法判断真伪，对此说明材料应当排除。如在案件移送审查起诉时，案件中只有犯罪嫌疑人供述承认有前科，侦查机关对此进行了说明，但移送案卷中没有载明相关材料，也没有合理的说明，这种说明犯罪嫌疑人前科的说明材料不能成为证据。

（三）其他说明案件相关情况的材料的处理

在刑事案件中，尽管收集了说明材料和其他证据，由于种种原因，不同机关对说明材料和其他证据存在分歧，说明材料和其他证据的效力就存在疑问，对此应当用综合判断的方式，对说明材料和其他证据的效力予以认定。《死刑案件证据规定》第39条规定：被告人及其辩护人提出有自首的事实及理由，有关机关未予认定的，应当要求有关机关提供证明材料或者要求相关人员作证，并结合其他证据判断自首是否成立。被告人是否协助或者如何协助抓获同案犯的证明材料不全，导致无法认定被告人构成立功的，应当要求有关机关提供证明材料或者要求相关人员作证，并结合其他证据判断立功是否成立。被告人有检举揭发他人犯罪情形的，应当审查是否已经查证属实；尚未查证的，应当及时查证。

在认定犯罪嫌疑人、被告人年龄时，现在公安机关已经建设了全国人口信息资源库，将常住人口的户籍信息进行了录入，认定犯罪嫌疑人、被告人年龄一般以全国人口信息资源库的常住人口信息作为依据。在司法实践中，一些犯罪嫌疑人、被告人往往对自己的年龄提出异议，由于全国人口信息资源库的常住人口信息记载的犯罪嫌疑人、被告人年龄很清楚，为了慎重，办案人员常常向犯罪嫌疑人、被告人原籍打电话就其年龄进行核实，然后根据核实的情况写出说明材料，并将说明材料与其他证明犯罪嫌疑人、被告人年龄的书证一并移送。对于此种说明材料与其他证据，《死刑案件证据规定》作出了特别规定，《死刑案件证据规定》第 40 条规定：审查被告人实施犯罪时是否已满十八周岁，一般应当以户籍证明为依据；对户籍证明有异议，并有经查证属实的出生证明文件、无利害关系人的证言等证据证明被告人不满十八周岁的，应认定被告人不满十八周岁；没有户籍证明以及出生证明文件的，应当根据人口普查登记、无利害关系人的证言等证据综合进行判断，必要时，可以进行骨龄鉴定，并将结果作为判断被告人年龄的参考。未排除证据之间的矛盾，无充分证据证明被告人实施被指控的犯罪时已满十八周岁且确实无法查明的，不能认定其已满十八周岁。这一规定与最高人民法院《关于审理未成年人刑事案件具体应用法律若干问题的解释》相关内容是一致的。

第十五节　其他证据材料的收集与审查

一、采取技术侦查措施获取的材料

（一）技术侦查措施概述

技术侦查措施又被称为刑事侦查措施中的秘密侦查手段技术，是指侦查机关在办理刑事案件过程中，根据国家赋予的特殊侦查权力，运用各种专门的技术手段和秘密侦查收集证据、查明案情的专门的特殊侦查手段。具体包括：跟踪监视、密搜密取、秘密辨认、刑事特情、化装侦查、电话监听、谈话窃听、邮检、密拍密录等。在侦查中使用秘密侦查手段是世界各国普遍使用的侦查策略之一，但很多国家都是在刑事诉讼法中明确规定秘密侦查手段的种类、方法、令状的获得、令状的签发权限等，以防警察任意采用秘密侦查手段侵犯公民的隐私权。1996 年刑事诉讼法对技术侦查措施没有进行规定，2009 年修正的《国家安全法》第 10 条规定：国家安全机关因侦察危害国家安全行为的需要，根据国家有关规定，经过严格的批准手续，可以采取技术侦察措施。但是当时在法律上缺少对秘密侦查手段获得证据的可采性的具体规定。在司法实践中，公安机关、国家安全机关和人民检察院的侦查人员在侦查过程中，都可以使用秘密侦查手段收集犯罪证据，以增强打击犯罪的力度，更迅速、更准确地侦破案件。为了规范使用秘密侦查手段，修改后的刑事诉讼法在第二编第八节规定了技术侦查措施，加强对秘密侦查手段监督和限制，规定了秘密侦查手段审批、实施期限、使用范围等内容。其中，修改后的《刑事诉讼法》第 148 条规定了公安机关、人民检察院采取技术侦查措施的案件范围；第 149 条规定了批准决定有效期限；第 150 条规定了采取技术侦查措施的保密义务；第 151 条规定了采取技术侦查措施的注意事项；第 152 条规定了采取技术侦查措施获取的材料的使用。

（二）技术侦查措施获取的材料的形式

采取技术侦查措施种类不同，形成的证据种类也就不同。采取技术侦查措施可以形成以下证据种类：物证、书证、电子数据，如通过密搜、密取、邮检等秘密侦查手段可以取得书信、款物、文件等物证、书证以及电子数据等；证人证言，如刑事特情人员出具的犯罪嫌疑人涉嫌犯罪的证言；视听资料，如采取电话监听、谈话窃听、密拍、密录措施形成的视听资料；辨认笔录，如辨认人在秘密状态下进行辨认，可以形成辨认笔录；侦查机关根据采取技术侦查措施情况出具的说明案件相关情况的材料等。可见，采取技术侦查措施可以取得的证据种类是十分广泛的。

（三）技术侦查措施获取的材料的审查要点

技术侦查措施获取的材料应当根据其证据形式进行相应的审查，对其中的瑕疵、非法证据依据相应的证据种类处理。对通过技术侦查措施获取的材料既要确定其证据的客观性、关联性、合法性，更要分析采取技术侦查措施的合法性。

对技术侦查措施的合法性主要应当审查：

1. 技术侦查措施的条件。技术侦查措施应当是在刑事案件立案后采取，未经立案不得采取技术侦查措施。

2. 技术侦查措施的对象。根据修改后的《刑事诉讼法》第 148 条的规定，公安机关在立案后，对于危害国家安全犯罪、恐怖活动犯罪、黑社会性质的组织犯罪、重大毒品犯罪或者其他严重危害社会的犯罪案件，根据侦查犯罪的需要，经过严格的批准手续，可以采取技术侦查措施。人民检察院在立案后，对于重大的贪污、贿赂犯罪案件以及利用职权实施的严重侵犯公民人身权利的重大犯罪案件，根据侦查犯罪的需要，经过严格的批准手续，可以采取技术侦查措施，按照规定交有关机关执行。对于特定的犯罪嫌疑人、被告人采取技术侦查措施应当限于追捕被通缉或者批准、决定逮捕的在逃的犯罪嫌疑人、被告人。除这些案件和犯罪嫌疑人、被告人以外，均不得采取技术侦查措施。

3. 技术侦查措施的审批。不同的技术侦查措施审批的权限是不同的，对这些技术侦查措施的审批是保证技术侦查措施合法的重要前提，应当根据有关规定审查采取技术侦查措施是否经过了相应的严格的批准手续。

4. 技术侦查措施的时限。修改后的《刑事诉讼法》第149条规定，采取技术侦查措施的批准决定自签发之日起3个月以内有效。对于不需要继续采取技术侦查措施的，应当及时解除；对于复杂、疑难案件，期限届满仍有必要继续采取技术侦查措施的，经过批准，有效期可以延长，每次不得超过3个月。技术侦查措施应当在上述期限内实施，超过期限不得实施。对于没有必要继续采取技术侦查措施的，应当及时解除。

（四）非法技术侦查措施获取的材料的处理

非法技术侦查措施获取的材料是指违反法律规定采取技术侦查措施而获取的材料。技术侦查措施如果不受到一定的制约，其对公民权利侵犯的程度要远远大于普通的侦查工作，因此应当正确处理非法采取技术侦查措施而获取的材料。非法技术侦查措施获得材料包括：未经立案采取技术侦查措施获得的证据材料，对法律规定范围以外的案件和犯罪嫌疑人、被告人采取技术侦查措施获得的证据材料，未经批准采取技术侦查措施获得的证据材料，非法定的机关采取技术侦查措施获得的证据材料，超过法定期限采取技术侦查措施获得的证据材料等。这些证据材料的取得都没有法律依据，因此均属于非法证据，不得作为定案的根据。

（五）技术侦查措施获取的材料的运用

技术侦查措施经过严格审批，通过采取一定的技术手段获取的材料，应当是通过法定侦查手段获得的证据，经法庭查证属实，可以作为定案的根据。修改后的《刑事诉讼法》第152条规定：依照本节规定采取侦查措施收集的材料在刑事诉讼中可以作为证据使用。由于技术侦查措施的秘密性和特殊性，在运用中既要注意保护犯罪嫌疑人、被告人的合法权益，又要保护侦查人员的合法权益和国家的利益。在运用技术侦查措施获得的证据时，应当做到：

1. 注意保密。侦查人员对采取技术侦查措施过程中知悉的国家秘密、商业秘密和个人隐私，应当保密；对采取技术侦查措施获取的与案件无关的材料，必须及时销毁。

2. 注意使用范围。采取技术侦查措施获取的材料，只能用于对犯罪的侦查、起诉和审判，不得用于其他用途。

3. 注意采取相应的方式。修改后的刑事诉讼法规定：使用技术侦查措施获取的证据可能危及有关人员的人身安全，或者可能产生其他严重后果的，应当采取不暴露有关人员身份、技术方法等保护措施，必要的时候，可以由审判人员在庭外对证据进行核实。依据《死刑案件证据规定》第35条的规定，侦查机关依照有关规定采用特殊侦查措施所收集的物证、书证及其他证据材料，经法庭查证属实，可以作为定案的根据。法庭依法不公开特殊侦查措施的过程及方法。因此法庭在运用技术侦查措施获取的证据时，公诉人在举证时不可泄露技术侦查措施、不能宣读相关人员情况、不公开相关人员的真实姓名、住址和工作单位等个人信息，相关人员必须出庭作证时，可以采取不暴露外貌、真实声音等保护措施。辩护人在讯问、询问过程中提出涉及技术侦查措施内容时，公诉人要及时打断讯问、询问并提请法庭予以制止。技术侦查措施不能纳入法庭辩论。如果确有问题，可以建议法庭暂时休庭，由审判人员召集公诉人、辩护人对使用技术侦查措施获取的证据问题，了解情况，听取意见。必要的时候，可以由审判人员在庭外对证据进行核实。

二、行政执法机关的调查材料

（一）行政执法机关的调查材料概述

行政执法是指行政机关及其工作人员在行政管理中，依照法定职权和程序，运用行政法律规范实际处理某一公民、法人或者其他组织的特定具体事项，并对该公民、法人或者其他组织的权利义务发生影响的活动。在行政执法活动中，行政机关要在当事人和其他参与人的参加下采取一系列调查措施，收集证据，查明事实，为行政决定的作出提供依据。行政机关发现公民、法人或者其他组织有依法应当给予行政处罚的行为时，必须全面、客观、公正地调查，收集有关证据；必要时，依照法律、法规的规定，可以进行检查。行政机关在调查或者进行检查时，执法人员不得少于两人，并应当向当事人或者有关人员出示证件。当事人或者有关人员应当如实回答询问，并协助调查或者检查，不得阻挠。询问或者检查应当制作笔录。可见行政执法机关的调查材料包括书证、物证、证人证言、视听资料、勘验笔录、鉴定结论以及当事人陈述等。

行政执法往往是发现刑事犯罪的重要前提，行政执法机关在依法查处违法行为过程中，发现违法事实涉及的金额、违法事实的情节、违法事实造成的后果等，根据刑法关于破坏社会主义市场经济秩序罪、妨害社会管理秩序罪等罪的规定和最高人民法院、最高人民检察院关于破坏社会主义市场经济秩序罪、妨害社会管理秩序罪等罪的司法解释以及最高人民检察院、公安部关于经济犯罪案件的追诉标准等规定，涉嫌构成犯罪，依法需要追究刑事责任的，必须向公安机关移送。同时要移送涉案物品清单、有关检验报告或者鉴定结论、其他有关涉嫌犯罪的材料。长期以来，行政执法机关收集的材料能否直接作为证据在法庭上使用争议较大。一种观点认为：因为这些证据材料是由行政执法机关、纪检机关获取的，没有经过司法部门认定，其证据形式不合法，所以不能质证。只有经过侦查或起诉人员重新转换，重新调取，才能认可。还有一种观点认为可以直接作为证据。因为，行政执法机关、纪检机关也是依法获得的材料，有法律依据，只是这种法律依据和刑事诉讼程序的法律根据不同，但其结果是相同的。① 修改后的《刑事诉讼法》第52条第2款规定：行政机关在行政执法和查办案件过程中收集的物证、书证、视听资料、电子数据等证据材料，在刑事诉讼中可以作为证据使用。这一规定基本上将行政执法中获得的部分证据与刑事诉讼证据等同起来，可以直接进入刑事诉讼程序。

值得注意的是，行政执法机关收集的能够进入刑事诉讼程序的证据是有条件限制的，一是这些证据应当是在行政执法和查办案件过程中收集的；二是证据的种类仅限于物证、书证、视听资料、电子数据等证据材料，其他如当事人陈述、证人证言等不能进入刑事诉讼程序；三是能够提交证据的机关只限于行政机关，党的纪检机关无权移送刑事证据材料。

（二）行政执法机关的调查材料的种类及其效力认定

行政执法机关收集的证明有关涉嫌犯罪的材料包括有关检验报告或者鉴定结论、其他有关涉嫌犯罪的材料，具体有四类：第一类是原始的物证、书证；第二类是调查笔录，包括证人证言、被害人陈述、犯罪嫌疑人或被告人供述和辩解；第三类是证人、被害人或犯罪嫌疑人、被告人亲笔书写的材料；第四类是视听资料。行政执法机关、纪检机关收集的上述材料与刑事诉讼所要求的证据合法性还是有区别的。对于行政执法机关、纪检机关收集的有关材料和扣押的物品，应用以下方法确定其效力：第一，如果行政执法机关、纪检机关在办理案件过程中，犯罪嫌疑人或证人写了亲笔供词、亲笔证词，后来这些材料移交给刑事侦查部门，那么侦查人员在有条件的情况下，应该向犯罪嫌疑人或证人进行核实。如果犯罪嫌疑人或证人承认在行政执法机关、纪检机关调查期间，所写的亲笔供词、亲笔证词是真实的，自己确认了，这就既符合证据形式的合法性，又符合客观真实性，可以在法庭上作为证据材料使用。第二，行政

① 姜伟主编：《公诉业务教程》，中国检察出版社2003年版，第101页。

执法机关、纪检机关所扣押、冻结的物品或书证有一定特殊性，既然已经扣押了就不可能恢复到原来的状态，再由刑事侦查部门去扣押一次。只要司法机关在物品扣押机关办理了调取手续，这些物品就可以在法庭上作为证据使用。但还要注意，行政执法机关、纪检机关在扣押或冻结物品时，法律手续一定要完备。行政执法机关、纪检机关一定要依法扣押，把法律手续作全，再经过侦查机关的调取，就可以作为证据使用。第三，行政执法机关、纪检机关所作的犯罪嫌疑人供述的笔录及证人证言笔录，原则上不能由司法机关作为证据使用。根据刑事诉讼法的规定，必须对有关当事人告知必要的权利，行政执法机关、纪检机关在讯问期间不告知权利，那么犯罪嫌疑人原来所承认的或者其他证人所证实的内容，在证据形式的合法性上就存在一定的欠缺。由行政执法机关、纪检机关作的笔录不宜直接在法庭上举证，应该由侦查机关重新制作笔录。但也有例外，如有的证人突然去世，但其证言又很重要，确实能够证实案件的重要情节，在这种情况下，可以将此证言拿到法庭质证，经过双方质证能认可的，这个证据就可以采信；如果双方质证后有争议，这是采信与否的问题，但并不影响此证言作为证据使用。总之，司法机关在有条件的情况下应尽量重新提取犯罪嫌疑人供述的笔录及证人证言笔录，无法重新取证时，也不能把行政执法机关、纪检机关取得的证言全部推翻，可以直接拿到法庭上质证，质证后由审判长来决定这些证据能否作为定案的依据。①

（三）行政机关的调查材料的审查要点

行政机关收集的物证、书证、视听资料、电子数据等证据应当按照刑事诉讼物证、书证、视听资料、电子数据等证据形式进行相应审查后才能纳入刑事诉讼。另外，对行政机关调查的材料还要审查其种类，行政机关调查的能够进入刑事诉讼的证据种类仅限于物证、书证、视听资料、电子数据等，其他种类的证据不能进入刑事诉讼程序；审查行政机关调查材料的主体，确定取证主体是否符合法律规定。《行政处罚法》规定，行政机关在调查或者进行检查时，执法人员不得少于两人，并应当向当事人或者有关人员出示证件。审查扣押物品的手续，行政机关在扣押时应当先办理扣押手续，填写报告、领导审批，然后在物品被扣押人、证人在场的情况下，开具清单，由扣押人、被扣押人、证人在清单上签名或者盖章。对于不需要扣押或者无权处理的物品可以采取复制、拍照的方式加以固定。应当看到公安机关在办理行政治安案件时具有特殊

① 陈永生、黄河：《论非法证据排除规则及其具体应用》，载姜伟主编：《刑事司法指南》（2003 年第 1 辑），法律出版社 2003 年版。

的主体资格，当一般行政治安案件发展到刑事案件时，在办理行政治安案件时收集的各种证据均可以纳入刑事诉讼程序成为刑事案件的证据，同时注意补办相应的告知等程序事项。党的纪检部门由于其不是行政机关，所以纪检部门在办理违纪案件时收集的证据不能直接作为刑事证据。但是，由于党的纪检部门常常与行政监察机关共同办案，可以将主体身份转变为行政监察机关办案人员，这样其收集的相应证据可以进入刑事诉讼程序成为刑事证据。

（四）对行政机关移送的调查材料的处理

对于行政机关收集的物证、书证、视听资料、电子数据等证据存在瑕疵、非法情形的，按照相应种类的证据的处理办法进行处理。同时还应当考虑以下方式：行政机关移送调查材料的种类不符合修改后的刑事诉讼法规定的种类的，对这种证据材料不应纳入刑事诉讼程序。但是也不能视为非法证据，可以采取由侦查人员重新收集的方式对证据材料进行转换，对其效力予以认可。对于行政机关移送的证人、被害人或犯罪嫌疑人、被告人亲笔书写的材料的，除了可以由侦查人员采用重新收集的方式予以认可外，还应当补充告知各种诉讼权利。物证、书证手续不全的应当补充各种手续，如果不能补充相应手续且物证、书证不能证明其来源的，应当予以排除。

另外，行政机关向侦查机关移送调查材料的，侦查机关接受后发现调查材料存在问题或者瑕疵的，不应当采用退回由行政机关工作人员修改、补充证据的方式，而应当由侦查人员进行补充，必要时重新制作相应证据，加以转换。

参考文献

1. 樊崇义主编:《证据法学》,法律出版社 2003 年版。

2. 卞建林主编:《证据法学》,中国政法大学出版社 2000 年版。

3. 陈光中主编:《中华人民共和国刑事证据法专家拟制稿》,中国法制出版社 2004 年版。

4. 樊崇义主编:《证据学》,中国人民公安大学出版社 2003 年版。

5. 张建伟:《证据法要义》,北京大学出版社 2009 年版。

6. 孙永久主编:《刑事诉讼证据与程序》,中国检察出版社 2003 年版。

7. 何家弘主编:《外国证据法》,法律出版社 2003 年版。

8. 程荣斌主编: 《外国刑事诉讼法教程》,中国人民大学出版社 2002 年版。

9. 陈一云主编:《证据学》(第二版),中国人民大学出版社 2000 年版。

10. 张军主编:《刑事证据规则理解与适用》,法律出版社 2010 年版。

11. 叶青主编:《刑事诉讼法学专题研究》,北京大学出版社 2007 年版。

12. 易延友:《刑事诉讼法》(第二版),法律出版社 2004 年版。

13. 王以真主编:《外国刑事诉讼法学》,北京大学出版社 1990 年版。

14. 陈光中主编:《刑事诉讼法学(新编)》,中国政法大学出版社 1996 年版。

15. 沈政主编:《法律心理学》,北京大学出版社 1986 年版。

16. 汪建成、黄德明:《欧盟成员国刑事诉讼概论》,中国人民大学出版社 2000 年版。

17. 姜伟主编:《公诉业务教程》,中国检察出版社 2003 年版。

18. 李国光主编:《最高人民法院〈关于民事诉讼证据的若干规定〉的理解与适用》,中国法制出版社 2002 年版。

19. 郎胜主编:《中华人民共和国刑法解读》,中国法制出版社 2009 年版。

20. 江礼华、杨诚主编: 《外国刑事诉讼制度探微》,法律出版社 2000 年版。

21. 何家弘、杨迎泽:《检察证据实用教程》,中国检察出版社 2006 年版。

22. 何家弘主编：《新编证据法学》，法律出版社 2000 年版。

23. 宁致远主编：《法律文书教程》，中央广播电视大学出版社 2001 年版。

24. 叶奕乾、祝蓓里主编：《心理学》，华东师范大学出版社 1996 年版。

25. 杨迎泽、张红梅主编：《刑事证据适用指南》，中国检察出版社 2010 年版。

26. ［美］威廉·奇泽姆等：《犯罪重建》，刘静坤译，中国人民公安大学出版社 2010 年版。

27. ［美］约翰·斯特龙等：《麦考密克论证据》，汤维建等译，中国政法大学出版社 2003 年版。

28. 陈卫东主编：《刑事诉讼法教学参考书》，中国人民大学出版社 2004 年版。

29. 朱云编著：《刑事诉讼证据制度》，法律出版社 1986 年版。

30. 张子培主编：《刑事诉讼法》，群众出版社 1987 年版。

31. 王伯庭、陈伯诚、汤茂林：《刑事证据规则研究》，吉林人民出版社 2002 年版。

32. 李国光主编：《最高人民法院〈关于行政诉讼证据若干问题的规定〉释义与适用》，人民法院出版社 2002 年版。

33. 赵秉志主编：《刑法学》，中央广播电视大学出版社 2003 年版。

34. 杨迎泽、郭欣阳主编：《两个〈规定〉的理解与适用》，中国检察出版社 2010 年版。

35. 本书编委会编：《刑事证据规则运用手册》，法律出版社 2010 年版。

36. 苏惠渔主编：《刑法学》，中国政法大学出版社 1997 年版

37. 孙言文主编：《物证技术学》，中国人民大学出版社 2000 年版。

38. 张新枫主编：《刑事侦查教材》，警官教育出版社 1999 年版。

39. 周应德主编：《犯罪侦查学》，法律出版社 1987 年版。

40. 吴中林编著：《证人心理学》，四川大学出版社 1987 年版。

41. 云山城主编：《预审学》，中国人民公安大学出版社 2007 年版。

42. 贾谊诚等编著：《实用司法精神病学》，安徽人民出版社 1988 年版。

后　　记

英国有一位名人古德曼曾说："证据科学是科学中之最为精妙最为繁难者。它实际上是科学中的科学。"参加检察工作以来，我长期在公诉部门工作，每办理一起案件都使我对刑事证据的理论和运用产生浓厚的兴趣，总想有时间将学习刑事证据理论的心得和实际工作中运用证据的经验及思考写出来。

2010 年 7 月最高人民法院、最高人民检察院、公安部、国家安全部和司法部联合发布《关于办理死刑案件审查判断证据若干问题的规定》和《关于办理刑事案件排除非法证据若干问题的规定》以后，我认识到《两个证据规定》系统地总结了刑事司法实践中的证据运用规则，将对刑事司法产生重大影响，于是将刑事证据规则的研究和写作作为工作之余的重中之重，此间对《中华人民共和国刑事诉讼法修正案（草案）》规定的证据制度作了认真的研究和思考，并于 2012 年初形成了初稿。适逢第十一届全国人民代表大会第五次会议审议通过《关于修改〈中华人民共和国刑事诉讼法〉的决定》，其中对刑事证据制度进行了重大修改。为了加强对修改后的刑事诉讼法的学习交流，我结合此前的研究和实践运用中的体会，将自己对修改后的刑事诉讼法关于证据制度的规定的解读梳理成书。由于时间仓促，错误、疏漏在所难免，恳请读者批评指正。

在此，我要感谢中国检察出版社的编辑俞骊同志。当她得知我正在研究刑事证据规则时，就鼓励我将思考的内容写下来并结合刑事证据的实践运用进行系统研究，并建议将本书纳入《新刑事诉讼法适用指导丛书》，对本书写作体例的确定给予了大力帮助。没有她的鼎力相助，很难有今天的成果。

从事检察工作以来，我始终能够以事业为重，以单位为重，刻苦钻研检察业务。长期忘我的工作，使我疏于管理家中事务。在本书出版之际，我要感谢我的妻子王会霞，她长年打理家中所有的事务，极尽人妻人母责任，使我能够全身心地投入到工作中。如果不是她始终如一地支持、体贴我，要在种种困难中坚持下来并有所成绩是难以做到的。

在本书的写作中，天津财经大学图书馆的范洁同志帮助提供了部分资料，在此并致谢忱！

冯承远

2012 年 4 月 5 日